AF238230

YOUCAT

ESPAÑOL

CATECISMO JOVEN DE LA IGLESIA CATÓLICA

Nuevo Prólogo del
papa Francisco

Prólogo del
papa Benedicto XVI

© Ediciones Encuentro S.A., Madrid ¹2011, y la presente, 2024

El original alemán de esta obra fue aprobado
por la Conferencia Episcopal Austríaca el 3 de mayo de 2010,
por la Conferencia Episcopal Alemana el 29 de noviembre de 2010, y
por la Conferencia Episcopal Suiza el 6 de diciembre de 2010.
Traducción y adaptación española, con las debidas licencias del Arzobispado de Madrid
(28 de enero de 2012).

Indicaciones para el uso

El *Catecismo Joven de la Iglesia católica* abarca en un lenguaje adaptado a los jóvenes la totalidad de la fe católica, como ha sido expuesta en el *Catecismo de la Iglesia Católica* (CCE de 1997), sin aspirar a abarcar, sin embargo, la integridad de los contenidos del mismo. La obra se presenta en forma de **preguntas** y **respuestas** y en los **números** inmediatamente siguientes a cada respuesta remite a las explicaciones, más extensas y profundas del CCE. El **comentario** que se añade a continuación quiere ofrecer a los jóvenes una ayuda complementaria para la comprensión y para el significado existencial de las cuestiones tratadas. Además de esto el *Catecismo Joven* ofrece en una columna lateral continua elementos complementarios, tales como **imágenes**, **definiciones** resumen (ver índice en página 298), citas de la **Sagrada Escritura**, citas de **santos** y de **maestros de la fe**, pero también de escritores que no son creyentes. Al final de la obra se encuentra un índice temático, con cuya ayuda se pueden localizar con facilidad puntos concretos.

Los símbolos y su significado:

    Cita de la Sagrada Escritura*

    Cita de un santo o de un autor

    Definición

   Referencia a otros puntos de este Catecismo, para ampliar contenidos

* Las citas de la Sagrada Escritura están tomadas siempre de *Sagrada Biblia. Versión oficial de la Conferencia Episcopal Española*, 2010

Traducción: Irene Szumlakowski
Adaptación de citas marginales: Carmen Giussani
Maquetación de la edición española: o3, s.l. - www.o3com.com

© 2015 de la edición alemana: YOUCAT Foundation gemeinnützige GmbH
El accionista único de la Fundación YOUCAT es la **Fundación pontificia internacional Ayuda a la Iglesia Necesitada**, con sede en Königstein im Taunus, Alemania.
Todos los derechos reservados. Uso de la marca por cortesía de la Fundación YOUCAT. El nombre comercial y el logo YOUCAT® están registrados y protegidos internacionalmente con número de registro GM: 011929131
Diseño, maquetación e ilustraciones: Alexander von Lengerke, Colonia, Alemania

ÍNDICE

PRÓLOGO
Carta del papa Francisco a los jóvenes

PRÓLOGO A LA EDICIÓN ORIGINAL DE 2011
Benedicto XVI

PRIMERA PARTE
Lo que creemos 13

Por qué podemos creer 14 | El hombre es «capaz de Dios» 14
Dios nos sale al encuentro 16 | Los hombres responden a Dios 25
La profesión de la fe cristiana 28 | Creo en Dios Padre 31
Creo en Jesucristo 51 | Creo en el Espíritu Santo 73

SEGUNDA PARTE
Cómo celebramos los misterios cristianos 101

Dios actúa para nosotros mediante signos sagrados 102 | Dios y la sagrada Liturgia 104 |
Cómo celebramos los misterios de Cristo 108 | Los sacramentos de la iniciación
(Bautismo, Confirmación, Eucaristía) 116 | Los sacramentos de la curación (Penitencia
y Unción de los enfermos) 133 | Los sacramentos al servicio de la comunidad y de la
misión (Orden y Matrimonio) 143 | Otras celebraciones Litúrgicas 156

TERCERA PARTE
Cómo obtenemos la vida en Cristo 161

Para qué estamos en la tierra, qué debemos hacer y cómo nos ayuda el Espíritu
Santo de Dios 162 | La dignidad del hombre 162 | La comunidad humana 180 | La
salvación de Dios, la ley y la gracia 186 | Los diez mandamientos 192 | «Amarás al
Señor tu Dios con todo tu corazón, con toda tu alma y con todas tus fuerzas» 194
| «Amarás a tu prójimo como a ti mismo» 202

CUARTA PARTE
Cómo debemos orar 257

La oración en la vida cristiana 258 | Orar: cómo Dios nos regala su cercanía
258 | Las fuentes de la oración 270 | El camino de la oración 274 | La oración
del Señor: el Padrenuestro 280

ÍNDICES
Índice temático 288 | Definiciones 298 | Abreviaturas de los libros bíblicos 299
| Siglas de documentos 300 | Referencias de las fotografías 300

Queridos jóvenes,

El amor es la primera razón de la existencia de la Iglesia. Hablo, sobre todo, del amor de ternura y de misericordia que Dios Padre siente por cada ser humano, y que Jesús el Hijo nos ha revelado con su vida, su muerte y su resurrección. Por ese amor llegamos a ser cristianos, y es precisamente ese amor lo que siempre experimentamos al participar en la vida de la comunidad, especialmente el domingo, gracias a la acción del Espíritu Santo. Pero también quiero hablaros del amor que, como creyentes, experimentamos hacia Jesús. Él es el centro de nuestro corazón. En efecto, ¿cómo no tener sentimientos de verdadero afecto hacia aquel que nos ha hecho partícipes de un amor —el del Padre— mayor que ninguno que podamos imaginar? Por eso, el creyente es siempre un enamorado de Jesús.

Así se entiende por qué la forma propia de hacerse cristianos es la de un encuentro. Lo decía muy bien Benedicto XVI, cuando al comienzo de su primera Encíclica Deus caritas est escribía: «No se comienza a ser cristiano por una decisión ética o una gran idea, sino por el encuentro con un acontecimiento, con una Persona, que da un nuevo horizonte a la vida y, con ello, una orientación decisiva». Ser cristianos es pues, al mismo tiempo, encontrarse con Jesús y enamorarse de Jesús.

Pero, queridos jóvenes, ¿qué amor sería el que «no siente la necesidad de hablar del ser amado, de mostrarlo, de hacerlo conocer?» (Evangelii gaudium, 264). Y por eso nosotros que ya somos adultos en la fe no podemos no hablar de Jesús, no podemos no mostrarlo y no comprometernos para que lo conozcan quienes aún no han tenido la posibilidad o solo han recibido una noticia incipiente. Verdaderamente, esta es la dulce alegría de la evangelización: la alegría de llevar al mundo entero nuestro amor por Jesús.

Pues bien, este hermoso libro que ahora tenéis en vuestras manos nace precisamente de ese amor: el amor por Jesús que nosotros los creyentes llevamos dentro. YOUCAT, en efecto, es el catecismo de la Iglesia católica pensado para jóvenes como vosotros. Se basa en el gran Catecismo de la Iglesia católica, pero se presenta con un estilo y con un ritmo que —estoy seguro— os harán disfrutar de la experiencia de la vida cristiana exactamente como una extraordinaria y fascinante aventura de encuentro y conocimiento de Jesús, de las cosas que él ha dicho, de los gestos que él ha realizado, de su misión en la tierra y finalmente de la grandeza de su amor por nosotros los seres humanos, que lo ha llevado incluso a su muerte en la cruz y al evento glorioso de su resurrección.

Os invito, por tanto, a leer este libro con confianza. Es más, me atrevo a deciros: amad este libro, porque es fruto de amor. Descubriréis que no busca otra cosa que despertar o volver a despertar en vosotros un amor grande por Jesús. Esta es su única intención. El papa Benedicto XVI, en el prólogo a la primera edición, presentando a su vez este catecismo, utilizó palabras fuertes y significativas y que es bueno recordar: «[...] este libro es fascinante porque habla de nuestro propio destino y por ello nos afecta profundamente a cada uno. Por eso os invito: ¡estudiad el catecismo! Es mi deseo más ardiente. Este catecismo no os regala los oídos. No os lo pone fácil. Pues os exige una vida nueva. Os presenta el mensaje del Evangelio como la 'perla de gran valor' (Mt 13,46), por la que hay que dejarlo todo. Por eso os pido: ¡estudiad el catecismo con pasión y constancia! ¡Dedicadle tiempo! Estudiadlo en el silencio de vuestra habitación, leedlo con un amigo, formad grupos de trabajo y redes, intercambiad opiniones en Internet. ¡De cualquier forma, mantened conversaciones acerca de vuestra fe!».

Sí, estudiemos este catecismo. Démosle la posibilidad de acercarnos a Jesús, a su proyecto de vida, a su mensaje de amor, a la revelación que él ha realizado del rostro de Dios y del rostro del hombre. Por lo demás, como ya he tenido ocasión de subrayar en la Exhortación apostólica postsinodal Christus vivit, para los jóvenes como vosotros no puede haber nada más adecuado, para la etapa de la vida que estáis atravesando, que la proximidad con el misterio mismo de Jesús: «Jesús no los ilumina a ustedes, jóvenes, desde lejos o desde afuera, sino desde su propia juventud, que comparte con ustedes».

Realmente, queridos amigos, todos nosotros necesitamos a Jesús, necesitamos conocer bien lo que nos ha revelado, necesitamos entrar en contacto con él, porque nosotros necesitamos sus ojos, sus sentimientos, su humanidad, su fe para poder vivir con dignidad y felicidad nuestra aventura en esta tierra.

Por eso, necesitamos no perder nunca la conexión con Jesús, precisamente para evitar perder la conexión con nuestra historia personal y con la historia de toda la humanidad. ¿Y cuál es el secreto para no perder nunca la conexión con Jesús? El secreto —como les recordé hace tiempo a los jóvenes de Chile— nos lo ha desvelado con mucha claridad san Alberto Hurtado, el segundo santo de aquel país. Decía en aquella ocasión: «Hurtado tenía una regla de oro, una regla para encender su corazón con ese fuego capaz de mantener viva la alegría. Porque Jesús es ese fuego al cual quien se acerca queda encendido. Y la contraseña de Hurtado para reconectar, para mantener la señal es muy simple —seguro que ninguno de ustedes trajo un teléfono, ¿no? Me gustaría que la anotaran en el teléfono, a ver si se animan, yo se las dicto—. Hurtado se pregunta —esta es la contraseña—: '¿Qué haría Cristo en mi lugar?'. Los que pueden anótenlo: '¿Qué haría Cristo en mi lugar?'. Qué haría Cristo en mi lugar, en la escuela, en la universidad, en la calle, en la casa, entre amigos, en el trabajo; frente al que le hacen bullying: '¿Qué haría Cristo en mi lugar?'. Cuando salen a bailar, cuando están haciendo deportes o van al estadio: '¿Qué haría Cristo en mi lugar?'. Esa es la contraseña, esa es la batería para encender nuestro corazón, la fe y la chispa en los ojos, que no se les vaya. Eso es ser protagonistas de la historia. Ojos chispeantes porque descubrimos que Jesús es fuente de vida y de alegría».

¿Qué haría Cristo en mi lugar? Esta es la contraseña para una vida verdaderamente «viva» y alegre: mirar y juzgar lo que nos sucede y las decisiones que estamos llamados a tomar con los mismos ojos, con los mismos sentimientos, con la misma postura que Jesús encarnó. Para esto, no hay nada más provechoso que el estudio de este catecismo, junto a la lectura asidua de las páginas del Evangelio y una práctica diaria de oración. Leer el Evangelio, rezar con asiduidad y estudiar con entusiasmo este catecismo nos ayuda, en efecto, a «transferir» a nuestro corazón y a nuestra mente los ojos de Jesús, los sentimientos de Jesús, las actitudes de Jesús, haciéndonos cada vez más capaces no solo de responder de manera correcta a la pregunta «¿qué haría Cristo en mi lugar?», sino de decidir y actuar según esa respuesta. Es un poco lo mismo que sucede cuando nos bajamos un programa en nuestro ordenador o en nuestro móvil. Cuando hemos terminado, basta activar el icono adecuado e inmediatamente estamos preparados para lo que deseamos realizar.

Os recomiendo este catecismo. Se trata de un instrumento realmente eficaz, a fin de cuentas, para alcanzar el corazón de nuestra experiencia de fe y para dejarnos iluminar por él. Me refiero a la noticia siempre sorprendente de Cristo resucitado, quien nos alcanza, más allá del tiempo y del espacio, y nos sumerge siempre en el amor del Padre y del Espíritu. Os lo ruego, no lo olvidéis nunca: «Vive Cristo, esperanza nuestra, y Él es la más hermosa juventud de este mundo. Todo lo que Él toca se vuelve joven, se hace nuevo, se llena de vida» (Christus vivit, 1)

Esta juventud de vida, esta novedad de vida, esta plenitud de vida es lo que os deseo, queridos jóvenes amigos. Y no os olvidéis de rezar por mí. Como yo rezo por vosotros.

Os bendigo.

Franciscus

Francisco

Queridos jóvenes amigos,

Hoy os recomiendo la lectura de un libro poco común. Es poco común por su contenido y también por el modo como se elaboró. Y quiero comentaros algo de este origen, porque a la vez quedará claro así qué es lo especial de este libro.

Por así decir, surgió a partir de otra obra cuyo desarrollo se remonta a los años ochenta. Era un tiempo difícil tanto para la Iglesia como para la sociedad mundial, en el que se necesitaban nuevas orientaciones para encontrar el camino hacia el futuro. Después del Concilio Vaticano II (1962-1965) y en una situación cultural nueva, muchas personas ya no sabían bien qué es lo que creen en realidad los cristianos, qué enseña la Iglesia, si puede siquiera enseñar algo y cómo se casa todo esto con una cultura transformada desde su base. ¿No está superado el cristianismo como tal? ¿Se puede ser cristiano hoy de un modo razonable? Éstas eran preguntas que se planteaban también los buenos cristianos.

El papa san Juan Pablo II tomó entonces una decisión atrevida. Decidió que obispos de todo el mundo tenían que escribir juntos un libro en el que dieran respuesta a estas preguntas. Me confió la tarea de coordinar el trabajo de los obispos y de ocuparme de que de sus aportaciones resultara un libro —un verdadero libro, no una agrupación de textos diversos—. Este libro debía llevar el viejo título de *Catecismo de la Iglesia Católica*, pero debía ser, sin embargo, algo nuevo y fascinante. Debía mostrar qué es lo que cree hoy la Iglesia católica y cómo se puede creer de un modo razonable.

Yo estaba asustado ante este encargo. Tengo que confesar que dudaba de que se pudiera lograr algo así. Porque ¿cómo era posible que autores dispersos por todo el mundo pudieran realizar juntos un libro legible? ¿Cómo podían personas que viven en diferentes continentes, no sólo geográficos, sino también en el nivel intelectual y espiritual, realizar juntas un texto que debía tener una unidad interna y ser comprensible también en todos los continentes? A ello se añadía que estos obispos no debían escribir sin más como autores individuales, sino en contacto con sus hermanos obispos y con las iglesias locales. Tengo que confesar que aún hoy me sigue pareciendo un milagro que finalmente se pudiera lograr este plan.

Nos encontrábamos tres o cuatro veces al año durante una semana y discutíamos apasionadamente acerca de los fragmentos que habían surgido en los intervalos. Ciertamente lo primero fue establecer la estructura del libro. Tenía que ser sencilla, para que cada uno de los grupos de autores que establecimos pudiera recibir una tarea clara y no tuvieran que meter a presión sus mensajes dentro de un sistema complicado. Es la misma estructura que podéis encontrar en este libro que tenéis ahora en las manos. Está tomada sencillamente de la experiencia catequética de muchos siglos: lo que creemos – cómo celebramos los misterios cristianos – cómo obtenemos la vida en Jesucristo – cómo debemos orar. No voy a contar ahora cómo nos abrimos paso a través de un montón de cuestiones hasta que finalmente surgió un libro. Naturalmente se puede criticar esto o aquello en una obra de este tipo: todo lo que hacen los hombres es insuficiente y puede ser mejorado. Sin embargo es un gran libro: un testimonio de la unidad en la diversidad. A partir de muchas voces pudo formarse un coro común, porque teníamos la partitura común de la fe, que, desde los apóstoles, la Iglesia ha transmitido a través de los siglos.

¿Por qué cuento todo esto? Ya en el momento de la composición del libro pudimos constatar que no sólo son diferentes los continentes y las culturas de sus pueblos, sino que dentro de cada sociedad existen a su vez diferentes «continentes»: el trabajador piensa diferente al campesino, un físico diferente a un filólogo, un empresario diferente a un periodista, una persona joven diferente a una mayor. Por eso tuvimos que colocarnos, en cuanto al lenguaje y al pensamiento, un poco por encima de estas diferencias; por así decir, buscar el espacio común entre los diferentes modos de pensar. Y con ello fuimos cada vez más conscientes de que el texto necesita «traducciones» para los diferentes espacios vitales, para tocar a las personas en sus propios pensamientos y cuestiones.

En las Jornadas Mundiales de la Juventud celebradas desde entonces —Roma, Toronto, Colonia, Sídney— se han encontrado los jóvenes de todo el mundo que quieren creer, que buscan a Dios, que aman a Cristo y que quieren una comunidad para el camino. En este contexto surgió la idea: ¿No deberíamos intentar traducir el *Catecismo de la Iglesia católica* al lenguaje de la juventud? ¿Llevar sus grandes mensajes al mundo de los jóvenes de hoy? Por supuesto que entre los jóvenes de hoy también hay, a su vez, muchas diferencias. De este modo, bajo la acreditada dirección del arzobispo de Viena, Christoph Schönborn, se ha elaborado un YOUCAT para los jóvenes. Espero que muchos jóvenes se dejen fascinar por este libro.

Algunas personas me dicen que a los jóvenes de hoy no les interesa esto. Yo no estoy de acuerdo y estoy seguro de tener razón. Los jóvenes de hoy no son tan superficiales como se dice de ellos. Quieren saber qué es lo verdaderamente importante en la vida. Una novela policíaca es fascinante porque nos mete en el destino de otras personas, que podría ser también el nuestro. Este libro es fascinante porque habla de nuestro propio destino y por ello nos afecta profundamente a cada uno.

Por eso os invito: ¡estudiad el catecismo! Es mi deseo más ardiente. Este catecismo no os regala los oídos. No os lo pone fácil. Pues os exige una vida nueva. Os presenta el mensaje del Evangelio como la «perla de gran valor» (Mt 13,46), por la que hay que dejarlo todo. Por eso os pido: ¡estudiad el catecismo con pasión y constancia! ¡Dedicadle tiempo! Estudiadlo en el silencio de vuestra habitación, leedlo con un amigo, formad grupos de trabajo y redes, intercambiad opiniones en Internet. ¡De cualquier forma, mantened conversaciones acerca de vuestra fe!

Tenéis que saber qué es lo que creéis. Tenéis que conocer vuestra fe de forma tan precisa como un especialista en informática conoce el sistema operativo de su ordenador, como un buen músico conoce su pieza musical. Sí, tenéis que estar más profundamente enraizados en la fe que la generación de vuestros padres, para poder enfrentaros a los retos y tentaciones de este tiempo con fuerza y decisión. Necesitáis la ayuda divina para que vuestra fe no se seque como una gota de rocío bajo el sol, si no queréis sucumbir a las seducciones del consumismo, si vuestro amor no quiere ahogarse en la pornografía, si no queréis traicionar a los débiles ni dejar tiradas a las víctimas.

Y cuando os dediquéis con empeño al estudio del catecismo, quiero daros aún un último consejo: Sabéis de qué modo la comunión de los creyentes ha sido herida profundamente en los últimos tiempos por ataques del enemigo, por la entrada del pecado incluso en lo más interno, en el mismo corazón de la Iglesia. ¡No lo toméis como pretexto para huir del rostro de Dios! ¡Vosotros mismos sois el Cuerpo de Cristo, la Iglesia! Introducid el fuego nuevo y lleno de energía de vuestro amor en la Iglesia, por más que algunas personas hayan desfigurado su rostro. «En la actividad, no seáis negligentes; en el espíritu manteneos fervorosos, sirviendo constantemente al Señor» (Rom 12,11).

Cuando Israel estaba en el momento más bajo de su historia Dios no llamó en su auxilio a los grandes y apreciados, sino a un jovencito llamado Jeremías. Jeremías se vio superado por la tarea: «¡Ay, Señor, Dios mío! Mira que no sé hablar, que sólo soy un niño» (Jer 1,6). Pero Dios no cambió de idea: «No digas que eres un niño, pues irás a donde yo te envíe y dirás lo que yo te ordene» (Jer 1,7).

Os bendigo y rezo cada día por todos vosotros.

Benedictus PP XVI

PRIMERA PARTE

1

Lo que creemos

PREGUNTAS
1
165

Por qué podemos creer 14
El hombre es «capaz» de Dios 14
Dios nos sale al encuentro 16
Los hombres responden a Dios 25
La profesión de fe cristiana 28
Creo en Dios Padre 31
Creo en Jesucristo 51
Creo en el Espíritu Santo 73

Dios quiere que todos se salven y lleguen al conocimiento de la verdad.

1 Tim 2,4

99 Hay que conocer a los hombres y las cosas humanas para amarlos; hay que amar a Dios y las cosas divinas para conocerlos.

BLAISE PASCAL
(1623-1662, matemático y filósofo francés)

Dios es amor.

1 Jn 4,16b

99 La medida del amor es amar sin medida.

SAN FRANCISCO DE SALES (1567-1622, obispo importante, genial pastor de almas, fundador y Doctor de la Iglesia)

99 El amor es la alegría ante el bien; el bien es el único fundamento del amor. Amar quiere decir: querer hacer el bien a alguien.

SANTO TOMÁS DE AQUINO (1225-1274, figura espiritual destacada de la Edad Media, Doctor de la Iglesia y el mayor teólogo de la Iglesia)

◇ PRIMERA SECCIÓN ◇
Por qué podemos creer

1 ¿Para qué estamos en la tierra?

Estamos en la tierra para conocer y amar a Dios, para hacer el bien según su voluntad y para ir un día al cielo. [1-3, 358]

Ser hombre quiere decir: venir de Dios e ir hacia Dios. Tenemos un origen más remoto que nuestros padres. Venimos de Dios, en quien reside toda la felicidad del Cielo y de la Tierra, y somos esperados en su bienaventuranza eterna e ilimitada. Mientras tanto vivimos en la tierra. A veces experimentamos la cercanía de nuestro Creador, con frecuencia no experimentamos nada en absoluto. Para que podamos encontrar el camino a casa, Dios nos ha enviado a su Hijo, que nos ha liberado del pecado, nos ha salvado de todo mal y nos conduce infaliblemente a la verdadera vida. Él es «el camino y la verdad y la vida» (Jn 14,6). → 285

2 ¿Por qué nos creó Dios?

Dios nos creó por un amor libre y desinteresado. [1-3]

Cuando un hombre ama, su corazón se desborda. Le gustaría compartir su alegría con los demás. Esto le viene de su Creador. Aunque Dios es un misterio, podemos sin embargo pensar en él al modo humano y afirmar: nos ha creado a partir de un «desbordamiento» de su amor. Quería compartir su alegría infinita con nosotros, que somos criaturas de su amor.

◇ CAPÍTULO PRIMERO ◇
El hombre es «capaz» de Dios

3 ¿Por qué buscamos a Dios?

**Dios ha puesto en nuestro corazón el deseo de buscarle y encontrarle. San Agustín dice: «Nos hiciste, Señor, para ti y nuestro corazón está inquieto hasta que descansa en ti». Este deseo y búsqueda de Dios lo denominamos → RELIGIÓN.
[27-30]**

RELIGIÓN

Por «religión» se puede entender genéricamente una relación con la divinidad. Un hombre religioso reconoce algo divino como el poder que le ha creado a él y al mundo, del que depende y al que está orientado. Quiere agradar a la divinidad mediante su forma de vida y adorarla.

" La fuente de la alegría cristiana es la certeza de ser amado por Dios, de ser amado personalmente por nuestro Creador... con un amor apasionado y fiel, un amor que es mayor que nuestra infidelidad y nuestros pecados, con un amor que perdona.

BENEDICTO XVI,
01.06.2006

Para el ser humano es natural buscar a Dios. Todo su afán por la verdad y la felicidad es en definitiva una búsqueda de aquello que lo sostiene *absolutamente*, lo satisface *absolutamente* y lo reclama *absolutamente*. El hombre sólo es plenamente él mismo cuando ha encontrado a Dios. «Quien busca la verdad busca a Dios, sea o no consciente de ello» (santa Edith Stein). ➜ 5, 281-285

4 *¿Podemos conocer la existencia de Dios mediante la razón?*

Sí. La razón humana puede conocer a Dios con certeza. [31-36, 44-47]

El mundo no puede tener su origen y su meta en sí mismo. En todo lo que existe hay más de lo que se ve. El orden, la belleza y la evolución del mundo señalan más

Con el fin de que lo buscasen a él, a ver si, al menos a tientas, lo encontraran; aunque no está lejos de cada uno de nosotros, pues en él vivimos, nos movemos y existimos.

Hch 17,27–28a

99 La más noble fuerza del hombre es la razón. El fin más elevado de la razón es el conocimiento de Dios.

SAN ALBERTO MAGNO (*ca.* 1200-1280, dominico, maestro universal, Doctor de la Iglesia y uno de los mayores teólogos de la Iglesia)

99 De ahí procede que en semejantes materias los hombres se persuadan fácilmente de la falsedad o al menos de la incertidumbre de las cosas que no quisieran que fuesen verdaderas.

PÍO XII, *Humani Generis*

99 Era su esfera Dios para quietarse,/ y como fuera de Él lo pretendía/ no pudo hasta tenerle sosegarse.

LOPE DE VEGA (1562-1635, poeta e insigne dramaturgo español)

99 Entre el Creador y la criatura no se puede señalar una semejanza tal que la diferencia entre ellos no sea mayor todavía.

IV Concilio de Letrán, 1215

allá de sí mismas, en dirección a Dios. Todo hombre está abierto a la Verdad, al Bien y a la Belleza. Oye dentro de sí la voz de la conciencia, que le impulsa hacia el Bien y le alerta ante el Mal. Quien sigue esta pista razonablemente encuentra a Dios.

5 *¿Por qué entonces los hombres niegan a Dios, si pueden conocerlo mediante la razón?*

Conocer al Dios invisible es un gran reto para el espíritu humano. Muchos se acobardan ante él. Otros no quieren conocer a Dios, porque ello supondría tener que cambiar su vida. Quien dice que la pregunta acerca de Dios carece de sentido, porque no se puede resolver, se lo pone demasiado fácil. [37-38] → 357

6 *¿Se puede acaso captar a Dios mediante conceptos? ¿Podemos hablar con sentido acerca de él?*

Aunque los hombres somos limitados y la grandeza infinita de Dios nunca cabe en los conceptos humanos finitos, sin embargo podemos hablar acertadamente de Dios. [39-43, 48]

Para decir algo acerca de Dios utilizamos imágenes imperfectas y representaciones limitadas. Cada palabra sobre Dios está por tanto bajo la reserva de que nuestro lenguaje no está a la altura de la grandeza de Dios. Por eso debemos purificar y perfeccionar una y otra vez nuestra manera de hablar de Dios.

<> CAPÍTULO SEGUNDO <>
Dios nos sale al encuentro

7 *¿Por qué tuvo Dios que mostrarse para que sepamos cómo es?*

El hombre, mediante la razón, puede conocer *que existe* Dios, pero no *cómo es* Dios realmente. Pero como Dios quería ser conocido, se ha revelado a sí mismo. [50-53, 68-69]

Dios no estaba obligado a revelarse a los hombres. Lo ha hecho por amor. Como en el amor humano podemos saber algo de la persona amada sólo cuando nos abre su corazón, del mismo modo sólo sabemos algo de los más íntimos pensamientos de Dios porque el Dios eterno y misterioso se ha abierto por amor a nosotros. Desde la Creación, pasando por los patriarcas y profetas hasta la → REVELACIÓN definitiva en su Hijo Jesucristo, Dios ha hablado una y otra vez a los hombres. En Él nos ha abierto su corazón y mostrado claramente para siempre su ser más íntimo.

8 *¿Cómo se revela Dios en el Antiguo Testamento?*

En el → ANTIGUO TESTAMENTO Dios se revela como el Dios que ha hecho el mundo por amor y que es fiel al hombre incluso cuando éste se separa de él por el pecado. [54-64, 70-72]

Dios se da a conocer en la historia: Sella con Noé una Alianza para salvar a todos los seres vivos. Llama a Abraham para hacer de él «padre de muchedumbre de pueblos» (Gén 17,5b) y bendecir en él a «todas las familias de la tierra» (Gén 12,3b). El pueblo de Israel, nacido de Abraham, será su propiedad personal. Dios se da a conocer a Moisés por su nombre. Su nombre misterioso יהוה, transcrito → YAHVÉ, significa «Yo soy» (Éx 3,14). Libera a Israel de la esclavitud en Egipto, sella una alianza en el Sinaí y por medio de Moisés da a su pueblo la Ley. Una y otra vez envía Dios profetas a su pueblo, para llamarlo a la conversión y a la renovación de la Alianza. Los profetas anuncian que Dios establecerá una Alianza nueva y eterna, que realizará una renovación radical y la redención definitiva. Esta Alianza estará abierta a todos los hombres.

9 *¿Qué nos muestra Dios de sí cuando nos envía a su Hijo?*

En Jesucristo Dios nos muestra toda la profundidad de su amor misericordioso. [65-66, 73]

Por medio de Jesucristo el Dios invisible se hace visible. Se hace hombre como nosotros. Esto nos enseña hasta dónde alcanza el amor de Dios. Lleva toda nuestra carga. Anda todos los caminos con nosotros. Está en nuestro

---

,, Dispuso Dios en su sabiduría revelarse a sí mismo y dar a conocer el misterio de su voluntad, mediante el cual los hombres, por medio de Cristo, Verbo encarnado, tienen acceso al Padre en el Espíritu Santo y se hacen consortes de la naturaleza divina.

Concilio Vaticano II,
Dei Verbum (DV)

REVELACIÓN
Revelación significa: Dios se abre, se muestra a sí mismo y habla al mundo voluntariamente.

,, La felicidad que buscáis, la felicidad a la que tenéis derecho tiene un nombre, un rostro: es Jesús de Nazaret.

BENEDICTO XVI,
18.08.2005

ENCARNACIÓN
(del lat. *caro, carnis* = carne, encarnación): Dios se hace hombre en Jesucristo. Es el fundamento de la fe cristiana y la esperanza de la salvación del hombre.

En Jesucristo Dios ha asumido un rostro humano y se ha convertido en nuestro amigo y nuestro hermano.

BENEDICTO XVI, 06.09.2006

En muchas ocasiones y de muchas maneras habló Dios antiguamente a los padres por los Profetas. En esta etapa final, nos ha hablado por el Hijo.

Heb 1,1-2

Fuera de Cristo no sabemos quién es Dios, qué son la vida y la muerte y quiénes somos nosotros mismos.

BLAISE PASCAL

MISIÓN
(lat. *missio* = envío): La misión es la esencia de la Iglesia y el encargo de Jesús a todos los cristianos de anunciar el Evangelio con palabras y obras, de modo que todos los hombres puedan optar libremente por Cristo.

Porque yo he recibido una tradición, que procede del Señor y que a mi vez os he transmitido.

San Pablo en 1 Cor 11, 23

abandono, nuestro dolor, nuestro miedo ante la muerte. Está allí donde no podemos avanzar más, para abrirnos la puerta hacia la Vida. → 314

10 *¿Está dicho todo con Jesucristo o continúa todavía después de él la revelación?*

En Jesucristo Dios mismo ha venido al mundo. Él es la última Palabra de Dios. Oyéndole a él los hombres de todos los tiempos pueden saber quién es Dios y lo que es necesario para su salvación. [66-67]

Con el Evangelio de Jesucristo la → REVELACIÓN de Dios está concluida y completa. Para que la comprendamos, el Espíritu Santo nos introduce cada vez más profundamente en la verdad. En la vida de algunas personas entra la luz de Dios de un modo tan fuerte que ven «los cielos abiertos» (Hch 7,56). Así han surgido los grandes lugares de peregrinación como Guadalupe en México y Lourdes en Francia. Las «revelaciones privadas» de los videntes no pueden mejorar el Evangelio de Cristo. Pero nos pueden ayudar a comprenderlo mejor. Estas revelaciones no son vinculantes para todos. Su veracidad es comprobada por la Iglesia.

11 *¿Por qué transmitimos la fe?*

Transmitimos la fe porque Jesús nos encarga: «Id, pues, y haced discípulos a todos los pueblos» (Mt 28,19). [91]

Ningún cristiano auténtico deja la transmisión de la fe sólo en manos de los especialistas (maestros, sacerdotes, misioneros). Uno es cristiano para los demás. Esto quiere decir que todo cristiano auténtico desea que Dios llegue también a los demás. Se dice: «¡El Señor me necesita! Estoy bautizado, confirmado y soy responsable de que las personas de mi entorno tengan noticia de Dios y 'lleguen al conocimiento de la verdad'» (1 Tim 2,4b). La Madre Teresa empleaba una buena comparación: «A menudo puedes ver cables que cruzan las calles. Antes de que la corriente fluya por ellos no hay luz. El cable somos tú y yo. ¡La corriente es Dios! Tenemos el poder de dejar pasar la corriente a través de nosotros y de este modo generar la luz del mundo —JESÚS— o de negarnos

> Es necesario y urgente que surja una nueva generación de apóstoles, arraigados en la palabra de Cristo, capacitados para dar una respuesta a los retos de nuestro tiempo y dispuestos a anunciar en todas partes el Evangelio.

BENEDICTO XVI, 22.02.2006

> ¿Saben cuál es el mejor medio para evangelizar a los jóvenes? Otro joven. ¡Éste es el camino que ha de ser recorrido por ustedes!

PAPA FRANCISCO 2013 en la JMJ de Río de Janeiro

a ser utilizados y de este modo permitir que se extienda la oscuridad». → 123

12 *¿Cómo sabemos qué es lo que pertenece a la verdadera fe?*

La verdadera fe la encontramos en la Sagrada Escritura y en la Tradición viva de la → IGLESIA. [76, 80-82, 85-87, 97, 100]

El → NUEVO TESTAMENTO ha surgido de la fe de la Iglesia. Escritura y Tradición van unidas. La transmisión de la fe no se da en primer lugar a través de textos. En la Iglesia antigua se decía que la Sagrada Escritura estaba escrita «más en el corazón de la Iglesia que sobre pergamino». Ya los discípulos y los → APÓSTOLES experimentaron la nueva vida ante todo a través de la comunión de vida con Jesús. A esta comunión, que se continuó de un modo diferente tras la Resurrección, invitaba la Iglesia naciente a los hombres. Los primeros cristianos «perseveraban en la enseñanza de los apóstoles, en la comunión, en la fracción del pan y en las oraciones» (Hch 2,42). Estaban

> La Sagrada Tradición y la Sagrada Escritura están íntimamente unidas y compenetradas. Porque surgiendo ambas de la misma fuente, se funden en cierto modo y tienden a un mismo fin.

Concilio Vaticano II, DV

APÓSTOL
(grieg. *apostolos*
= enviado, mensajero):
En el Nuevo Testamento
es en primer lugar
la denominación de
aquellos doce hombres
que fueron llamados
por Jesús a ser sus
colaboradores más
íntimos y sus testigos.
También Pablo se
consideró un apóstol
elegido por Jesús.

MAGISTERIO
Denominación
del oficio de la Iglesia
católica de exponer la
fe, de interpretarla bajo
el auxilio del Espíritu
Santo y de protegerla de
falsificaciones.

99 Meditad con
frecuencia la Palabra
de Dios, y permitid
al Espíritu Santo que
sea vuestro maestro.
Entonces descubriréis
que los pensamientos
de Dios no son los de
los hombres; seréis
impulsados a conocer al
verdadero Dios y a leer
los acontecimientos de
la historia a través de
sus ojos; gustaréis en
plenitud la alegría que
brota de la verdad.
BENEDICTO XVI,
22.02.2006

unidos entre sí y sin embargo tenían espacio para otros.
Esto es lo que constituye la fe hasta hoy: los cristianos
invitan a otros hombres a conocer una comunión con
Dios, que desde los tiempos de los apóstoles se ha mantenido inalterada en la Iglesia católica.

13 *¿Se puede equivocar la Iglesia en cuestiones de fe?*

**La totalidad de los fieles no puede equivocarse en la
fe, porque Jesús prometió a sus discípulos que les
enviaría el Espíritu de la verdad, que los sostendría
en la verdad (Jn 14,17).**
[80-82, 85-87, 92, 100]

Así como los discípulos creyeron de corazón en Jesús,
un cristiano cuando pregunta por el camino de la vida
puede fiarse completamente de la → IGLESIA. Dado que
Jesús mismo encargó a sus → APÓSTOLES el ministerio
de la enseñanza, la Iglesia tiene un → MAGISTERIO y no
puede callar. Ciertamente miembros aislados de la Iglesia pueden equivocarse e incluso cometer faltas graves,
pero en su conjunto la Iglesia no puede desviarse de la
verdad de Dios. La Iglesia es portadora a través de los
tiempos de una verdad viva que es mayor que ella misma.
Se habla del *depositum fidei*, del depósito de la fe que
hay que custodiar. Si esa verdad es negada o deformada
públicamente, la Iglesia debe hacer resplandecer de
nuevo «lo que se ha creído en todas partes, siempre
y por todos» (san Vicente de Lérins, † 450).

14 *¿Es verdadera la Sagrada Escritura?*

**«Los Libros sagrados enseñan sólidamente, fielmente
y sin error la verdad, porque escritos por *inspiración*
del Espíritu Santo, tienen a Dios como autor» (Concilio Vaticano II, DV 11). [103-107]**

Ni la → BIBLIA cayó ya acabada del cielo ni fue dictada
a unos escribas autómatas. Más bien Dios «se valió de
hombres elegidos, que usaban de todas sus facultades
y talentos; de este modo, obrando Dios en ellos y por
ellos, como verdaderos autores, pusieron por escrito
todo y sólo lo que Dios quería» (Concilio Vaticano II, DV
11). Para que determinados textos fueran reconocidos
como *Sagrada Escritura* se requería además la aceptación

universal en la →IGLESIA. En las comunidades debía existir el consenso: «Sí, Dios nos habla a través de estos textos; esto está inspirado por el Espíritu Santo». Desde el siglo IV está establecido en el →CANON DE LAS SAGRADAS ESCRITURAS cuáles de los muchos textos cristianos primitivos están inspirados realmente por el Espíritu Santo.

15 *¿Cómo puede ser «verdad» la Sagrada Escritura, si no todo lo que contiene es correcto?*

La →Biblia no pretende transmitirnos precisión histórica ni conocimientos de ciencias naturales. Los autores eran además hijos de su tiempo. Compartían las representaciones culturales de su entorno y en ocasiones estaban influidos por sus limitaciones. Pero todo lo que el hombre debe saber acerca de Dios y del camino de la salvación se encuentra con certeza infalible en la Sagrada Escritura. [106-107, 109]

16 *¿Cómo se lee correctamente la Biblia?*

La Sagrada Escritura se lee correctamente en actitud orante, es decir, con la ayuda del Espíritu Santo, bajo cuya influencia se ha formado. Es la Palabra de Dios y contiene la comunicación decisiva de Dios para nosotros. [109-119, 137]

La →BIBLIA es como una larga carta de Dios a cada uno de nosotros. Por eso debo acoger las Sagradas Escrituras con gran amor y con reverencia. En primer lugar se trata de leer realmente la carta de Dios, es decir, no de escoger detalles y dejar de lado el conjunto. El conjunto debo interpretarlo desde su corazón y misterio: Jesucristo, de quien habla toda la Biblia, también el →ANTIGUO TESTAMENTO. Por tanto debo leer las Sagradas Escrituras en la misma fe viva de la Iglesia, de la cual han nacido.

→ 491

INSPIRACIÓN
(lat.: *inspiratio* = inspiración): La influencia de Dios sobre los redactores humanos de la Biblia, de modo que es Dios mismo quien es considerado el autor de los Libros sagrados.

CANON
(lat. *canon* = cordel de medir, regla): La determinación vinculante de los escritos sagrados que pertenecen a la Biblia en el Antiguo y en el Nuevo Testamento.

BIBLIA
Como «Biblia» (grieg. *biblos* = rollo de escritura, libro) designan los judíos y los cristianos una colección de escritos sagrados surgida en un período de más de mil años, y que es para ambos el documento originario de su fe. La Biblia cristiana es mucho más amplia que la judía, porque además de los escritos de ésta, contiene los cuatro evangelios, las cartas de san Pablo y otros escritos de la primera Iglesia.

> Toda la Escritura divina habla de Cristo, y toda la Escritura divina se cumple en Cristo.

HUGO DE SAN VÍCTOR
(*ca.* 1096-1141, monje agustino)

ANTIGUO TESTAMENTO
(lat. *testamentum* = legado): La primera parte de la Biblia y la Sagrada Escritura de los judíos. El antiguo Testamento de la Iglesia católica abarca 46 libros: escritos históricos, proféticos y la literatura sapiencial junto con los salmos.

NUEVO TESTAMENTO
La segunda parte de la Biblia. Contiene los textos propios del cristianismo, los cuatro Evangelios, los Hechos de los Apóstoles, catorce epístolas de san Pablo, siete epístolas católicas y el Apocalipsis.

Los libros de la Biblia (→ CANON)

ANTIGUO TESTAMENTO (46 libros)

Libros históricos
Génesis (Gén), Éxodo (Éx), Levítico (Lev), Números (Núm), Deuteronomio (Dt), Josué (Jos), Jueces (Jue), Rut (Rut), 1° Samuel (1 Sam), 2° Samuel (2 Sam), 1° Reyes (1 Re), 2° Reyes (2 Re), 1° Crónicas (1 Crón), 2° Crónicas (2 Crón), Esdras (Esd), Nehemías (Neh), Tobías (Tob), Judit (Jdt), Ester (Est), 1° Macabeos (1 Mac), 2° Macabeos (2 Mac)

Libros sapienciales
Job (Job), Salmos (Sal), Proverbios (Prov), Eclesiastés (Ecl), Cantar de los Cantares (Cant), Sabiduría (Sab), Eclesiástico (Eclo)

Libros proféticos
Isaías (Is), Jeremías (Jer), Lamentaciones (Lam), Baruc (Bar), Ezequiel (Ez), Daniel (Dan), Oseas (Os), Joel (Jl), Amos (Am), Abdías (Abd), Jonás (Jon), Miqueas (Miq), Nahúm (Nah), Habacuc (Hab), Sofonías (Sof), Ageo (Ag), Zacarías (Zac), Malaquías (Mal)

NUEVO TESTAMENTO (27 libros)

Los Evangelios
Mateo (Mt), Marcos (Mc), Lucas (Lc), Juan (Jn)

Hechos de los Apóstoles (Hch)

Epístolas de san Pablo
Romanos (Rom), 1ª Corintios (1 Cor), 2ª Corintios (2 Cor), Gálatas (Gál), Efesios (Ef), Filipenses (Flp), Colosenses (Col), 1ª Tesalonicenses (1 Tes), 2ª Tesalonicenses (2 Tes), 1ª Timoteo (1 Tim), 2ª Timoteo (2 Tim), Tito (Tit), Filemón (Flm), Hebreos (Heb)

Epístolas católicas
Santiago (Sant), 1ª Pedro (1 Pe), 2ª Pedro (2 Pe), 1ª Juan (1 Jn), 2ª Juan (2 Jn), 3ª Juan (3 Jn), Judas (Jds)

Apocalipsis (Ap)

17 *¿Qué importancia tiene el Antiguo Testamento para los cristianos?*

En el → ANTIGUO TESTAMENTO Dios se muestra como Creador y como quien conserva el mundo y es guía y educador de los hombres. También los libros del Antiguo Testamento son Palabra de Dios y Sagrada Escritura. Sin el Antiguo Testamento no se puede comprender a Jesús. [121-123, 128-130, 140]

En el → ANTIGUO TESTAMENTO comienza la gran historia del aprendizaje de la fe, que da un giro decisivo en el → NUEVO TESTAMENTO y que llegará a su meta con el fin del mundo y el retorno de Cristo. Y en esto el Antiguo Testamento es mucho más que un mero preludio del Nuevo. Los mandamientos y las profecías del pueblo de la antigua alianza y las promesas que se contienen en ellas para todos los hombres, no han sido revocados. En los libros de la antigua alianza se encuentra un tesoro insustituible de oración y de sabiduría; especialmente los salmos pertenecen a la oración cotidiana de la Iglesia.

18 *¿Qué importancia tiene el Nuevo Testamento para los cristianos?*

En el → NUEVO TESTAMENTO se completa la → REVELACIÓN de Dios. Los cuatro evangelios de Mateo, Marcos, Lucas y Juan son el corazón de la Sagrada Escritura y el tesoro más preciado de la Iglesia. En ellos se muestra el Hijo de Dios tal como es y nos sale al encuentro. En los Hechos de los Apóstoles aprendemos acerca de los inicios de la Iglesia y de la acción del Espíritu Santo. En las cartas apostólicas se pone la vida de los hombres en todos sus aspectos ante la luz de Cristo. En el Apocalipsis vemos anticipadamente el fin de los tiempos. [124-127, 128-130, 140]

99 El Nuevo Testamento está escondido en el Antiguo, mientras que el Antiguo se hace manifiesto en el Nuevo.

SAN AGUSTÍN
(354-430, Doctor de la Iglesia, el escritor y teólogo más importante de la Iglesia primitiva)

99 Dios de Abraham, Dios de Isaac, Dios de Jacob —¡no de los filósofos ni eruditos!—, Dios de Jesucristo. Sólo se le encuentra y conserva en los caminos que se enseñan en el Evangelio.

BLAISE PASCAL (tras tener una experiencia de Dios)

99 Sólo cuando encontramos al Dios vivo en Jesucristo aprendemos qué es la vida. No hay nada más hermoso que ser encontrado por el evangelio de Jesucristo.

BENEDICTO XVI,
24.04.2005

99 Desconocer la Escritura es desconocer a Cristo.

SAN JERÓNIMO
(347-419, Padre de la Iglesia, Doctor de la Iglesia, exegeta y traductor de la Biblia)

99 La Sagrada Escritura no es algo que pertenezca al pasado. El Señor no habla en el pasado, sino que habla en el presente, él habla hoy con nosotros, nos concede su luz, nos muestra el camino de la vida, nos regala su comunión y nos prepara y nos abre así a la paz.

BENEDICTO XVI, 29.03.2006

99 Leer la Sagrada Escritura es pedir consejo a Cristo.

SAN FRANCISCO DE ASÍS (1182-1226, «el mayor cristiano después de Cristo», fundador, místico)

Jesús es todo lo que Dios nos quiere decir. Todo el → ANTIGUO TESTAMENTO prepara la Encarnación del Hijo de Dios. Todas las promesas de Dios encuentran su cumplimiento en Jesús. Ser cristiano quiere decir unirse cada vez más profundamente con la vida de Cristo. Para ello hay que leer y vivir los evangelios. Madeleine Delbrêl dice: «A través de su Palabra Dios nos dice quién es y lo que quiere; nos lo dice de manera definitiva y para cada día. Cuando tenemos en las manos el Evangelio deberíamos considerar que allí habita la Palabra que quiere hacerse carne en nosotros, apoderarse de nosotros para que comencemos de nuevo su vida en un lugar nuevo, en un tiempo nuevo, en un nuevo entorno humano».

19 *¿Qué función tiene la Sagrada Escritura en la Iglesia?*

La → IGLESIA saca su vida y su fuerza de la Sagrada Escritura. [103-104, 131-133, 141]

Con la excepción de la presencia de Cristo en la sagrada → EUCARISTÍA, no hay nada que la → IGLESIA venere más reverentemente que la presencia de Cristo en la Sagrada Escritura. En la Santa Misa acogemos en pie el Evangelio, porque en las palabras humanas que escuchamos es Dios mismo quien nos habla. → 128

❧ CAPÍTULO TERCERO ❧
Los hombres responden a Dios

20 *¿Cómo podemos responder a Dios cuando él se dirige a nosotros?*

Responder a Dios es creer en él.
[142-149]

Quien quiera creer necesita «un corazón atento» (1 Re 3,9). Dios busca de muchas maneras establecer contacto con nosotros. En cada encuentro humano, en cada experiencia conmovedora en la naturaleza, en cada aparente casualidad, en cada reto, en cada dolor, está escondido un mensaje de Dios para nosotros. De manera más clara aún nos habla cuando se dirige a nosotros en su palabra o en la voz de la conciencia. Nos habla como a amigos. Por ello debemos responderle también como amigos y creer en él, creer totalmente en él, aprender a comprenderle cada vez mejor y a aceptar sin reservas su voluntad.

21 *¿Qué es la fe?*

La fe es saber y confiar. Tiene siete rasgos:
- **La fe es un *puro don* de Dios, que recibimos, si lo pedimos ardientemente.**
- **La fe es la fuerza sobrenatural que nos es *necesaria* para obtener la salvación.**
- **La fe exige la *voluntad libre* y el *entendimiento lúcido* del hombre cuando acepta la invitación divina.**
- **La fe es *absolutamente cierta*, porque tiene la garantía de Jesús.**
- **La fe es incompleta mientras no sea efectiva en el amor.**
- **La fe *aumenta* si escuchamos con más atención la voz de Dios y mediante la oración estamos en un intercambio vivo con él.**
- **La fe nos permite ya ahora *gustar por adelantado la alegría del cielo*.**
[153-165, 179-180, 183-184]

Muchos dicen que creer les parece poco, que quieren saber. Pero la palabra «creer» tiene dos significados diferentes: cuando un paracaidista pregunta al empleado

9️⃣9️⃣ La fe es según su naturaleza la aceptación de una verdad que nuestra razón no puede alcanzar; sencillamente y necesariamente en función de un testimonio.

BEATO JOHN HENRY NEWMAN (1801-1890, converso, más tarde cardenal de la Iglesia católica, filósofo y teólogo inglés)

Si tuviérais fe como un grano de mostaza, le diríais a aquel monte: «Trasládate desde ahí hasta aquí», y se trasladaría. Nada os sería imposible.

Mt 17,20

9️⃣9️⃣ Creo para comprender y comprendo para creer mejor.

SAN AGUSTÍN

9️⃣9️⃣ No creería si no reconociera que es razonable creer.

SANTO TOMÁS DE AQUINO

PRIMERA PARTE – LO QUE CREEMOS

24
25

[I] CAPÍTULO 3° – LOS HOMBRES RESPONDEN A DIOS

del aeropuerto: «¿Está bien preparado el paracaídas?», y aquél le responde, indiferente: «Creo que sí», no será suficiente para él; esto quiere saberlo seguro. Pero si ha pedido a un amigo que le prepare el paracaídas, éste le contestará a la misma pregunta: «Sí, lo he hecho personalmente. ¡Puedes confiar en mí!». Y el paracaidista replicará: «Te creo». Esta fe es mucho más que saber: es certeza. Y ésta es la fe que hizo partir a Abraham a la tierra prometida, ésta es la fe que hizo que los → MÁRTIRES perseveraran hasta la muerte, ésta es la fe que aún hoy mantiene en pie a los cristianos persegui-dos. Una fe que afecta a todo el hombre.

22 *¿Cómo funciona la fe?*

Quien cree busca una relación personal con Dios y está dispuesto a creer todo lo que Dios muestra (revela) de sí mismo.
[150-152]

Al comienzo del acto de fe hay con frecuencia una conmoción o una inquietud. El hombre experimenta que el mundo visible y el transcurso normal de las cosas no pueden ser todo. Se siente tocado por un misterio. Sigue las pistas que le señalan la existencia de Dios y paulatinamente logra la confianza de dirigirse a Dios y finalmente de adherirse a él libremente. En el evangelio de san Juan leemos: «A Dios nadie lo ha visto jamás: Dios unigénito, que está en el seno del Padre, es quien lo ha dado a conocer» (Jn 1,18). Por eso debemos creer en Jesús, el Hijo de Dios, si queremos saber qué nos quiere comunicar Dios. Por eso creer es acoger a Jesús y jugarse toda la vida por él.

23 *¿Hay contradicción entre la fe y la ciencia?*

No hay una contradicción irresoluble entre fe y ciencia, porque no puede haber dos verdades.
[159]

No existe *una* verdad de la fe que pudiera estar en conflicto con *una* verdad de la ciencia. Sólo hay una verdad, a la que se refieren tanto la fe como la razón científica. Dios ha querido tanto la razón, mediante la cual podemos conocer las estructuras razonables del mundo, como ha querido la fe. Por eso la fe cristiana fomenta y potencia las ciencias (naturales). La fe existe para que podamos conocer cosas que, aunque no son contrarias a la razón, sin embargo son reales más allá de la razón. La fe recuerda a la ciencia que no debe ponerse en el lugar de Dios y que tiene que servir a la creación. La ciencia debe respetar la dignidad humana en lugar de atacarla.

24 *¿Qué tiene que ver mi fe con la Iglesia?*

Nadie puede creer por sí solo, como nadie puede vivir por sí solo. Recibimos la fe de la Iglesia y la vivimos en comunión con los hombres con los que compartimos nuestra fe.
[166-169, 181]

La fe es lo más personal de un hombre, pero no es un asunto privado. Quien quiera creer tiene que poder decir tanto «yo» como «nosotros», porque una fe que no se puede compartir ni comunicar sería irracional. Cada creyente da su asentimiento libre al «creemos» de la → IGLESIA. De ella ha recibido la fe. Ella es quien la ha transmitido a través de los siglos hasta él, la ha protegido de falsificaciones y la ha hecho brillar de nuevo. La fe es por ello tomar parte en una convicción común. La fe de los otros me sostiene, así como el fuego de mi fe enciende y conforta a otros. El «yo» y el «nosotros» de la fe lo destaca la Iglesia empleando dos confesiones de la fe en sus celebraciones: el credo apostólico, que comienza con «creo» (→ CREDO) y el credo de Nicea-Constantinopla, que en su forma original comenzaba con «creemos» (Credimus).

> Nadie es capaz de llegar al conocimiento de asuntos divinos y humanos si no ha aprendido previamente a fondo las matemáticas.
>
> SAN AGUSTÍN

> Entre Dios y la ciencia no encontramos jamás una contradicción. No se excluyen, como algunos piensan hoy, se complementan y se condicionan mutuamente.
>
> MAX PLANCK
> (1858-1947, físico, premio Nobel; fundador de la teoría cuántica)

CREDO
(lat. *credo* = yo creo): La primera palabra del credo apostólico se convirtió en el nombre de las diferentes fórmulas de profesión de fe de la Iglesia, en las que se resumen de forma vinculante los contenidos esenciales de la fe.

> Donde dos o tres están reunidos en mi nombre, allí estoy yo en medio de ellos.
>
> Mt 18,20

La profesión de fe cristiana

25 *¿Para qué necesita la fe definiciones y fórmulas?*

En la fe no se trata de palabras vacías, sino de una realidad. A lo largo del tiempo se condensaron en la Iglesia fórmulas de la fe, con cuya ayuda contemplamos, expresamos, aprendemos, transmitimos, celebramos y vivimos esa realidad.
[170-174]

Sin fórmulas fijas el contenido de la fe se disuelve. Por eso la Iglesia da mucha importancia a determinadas frases, cuya formulación precisa se logró en la mayoría de los casos con mucho esfuerzo, para proteger el mensaje de Cristo de malentendidos y falsificaciones. Las fórmulas de la fe son importantes especialmente cuando la fe de la Iglesia se traduce a las diferentes culturas y sin embargo tiene que mantenerse en su esencia. Porque la fe común es el fundamento de la unidad de la Iglesia.

26 *¿Qué son las profesiones de fe?*

Las profesiones de fe son fórmulas sintéticas de la fe, que hacen posible una confesión común de todos los creyentes. [185-188, 192-197]

Este tipo de síntesis se encuentran ya en las cartas de san Pablo. *La profesión de fe o credo de los apóstoles*, de los primeros tiempos del cristianismo, tiene una categoría especial, porque es considerado como el resumen de fe de los → APÓSTOLES. *La profesión de fe larga o símbolo de Nicea-Constantinopla* tiene una gran autoridad, porque procede de los grandes concilios de la Cristiandad aún no dividida (Nicea en el año 325 y Constantinopla en el 381) y hasta el día de hoy constituye la base común de los cristianos de Oriente y Occidente.

27 *¿Cómo surgieron las profesiones de fe?*

Las profesiones de fe se remontan a Jesús, que mandó a sus discípulos que bautizaran. En el bautismo debían

exigir a las personas la profesión de una determinada fe, en concreto la fe en el Padre, el Hijo y el Espíritu Santo (→TRINIDAD).
[188-191]

El germen de todas las fórmulas de fe posteriores es la fe en Jesús, el Señor, y el envío a la misión: «Id, pues, y haced discípulos a todos los pueblos, bautizándolos en el nombre del Padre y del Hijo y del Espíritu Santo» (Mt 28,19). Todas las profesiones de fe de la → IGLESIA son desarrollo de la fe en este Dios trinitario. Comienzan con la confesión de la fe en el *Padre*, Creador y quien sostiene el mundo, se refieren luego al *Hijo*, por quien el mundo y nosotros mismos hemos encontrado la salvación, y desembocan en la confesión de fe en el *Espíritu Santo*, la persona divina por quien se da la presencia de Dios en la Iglesia y en el mundo.

28 *¿Qué dice la fórmula de fe de los apóstoles?*

**Creo en Dios, Padre Todopoderoso,
Creador del cielo y de la tierra.**

**Creo en Jesucristo, su único Hijo,
Nuestro Señor,
que fue concebido por obra y gracia del Espíritu Santo,
nació de Santa María Virgen,
padeció bajo el poder de Poncio Pilato,
fue crucificado, muerto y sepultado,
descendió a los infiernos,
al tercer día resucitó de entre los muertos,
subió a los cielos y está sentado a la derecha de Dios,
Padre todopoderoso.
Desde allí ha de venir a juzgar a vivos y muertos.**

**Creo en el Espíritu Santo,
la santa Iglesia Católica,
La comunión de los santos,
el perdón de los pecados,
la resurrección de la carne y la vida eterna.
Amén.**

> La Iglesia... guarda (esta predicación y esta fe) con cuidado, como no habitando más que una sola casa, cree en ella de una manera idéntica, como no teniendo más que una sola alma y un solo corazón, las predica, las enseña y las transmite con una voz unánime, como no poseyendo más que una sola boca.
>
> SAN IRENEO DE LYON
> (*ca.* 135-*ca.* 202, Padre de la Iglesia)

> Que tu Credo sea para ti como un espejo. Mírate en él, para ver, si crees realmente todo lo que dices creer. Y alégrate cada día por tu fe.
>
> SAN AGUSTÍN

> Ningún hombre vive solo, ningún hombre cree solo. Dios nos da su palabra y al hablar nos convoca, crea una comunidad, su pueblo, su Iglesia. Después de la partida de Jesús, la Iglesia es el signo de su presencia en el mundo.
>
> BASILIO DE SELEUCIA
> (siglo V, obispo)

29 *¿Qué dice el credo largo de Nicea-Constantinopla?*

Creo en un solo Dios,
Padre Todopoderoso,
Creador del cielo y de la tierra,
de todo lo visible e invisible.

Creo en un solo Señor, Jesucristo,
Hijo único de Dios,
nacido del Padre antes de todos los siglos:
Dios de Dios, luz de luz,
Dios verdadero de Dios verdadero,
engendrado, no creado,
de la misma naturaleza del Padre,
por quien todo fue hecho;
que por nosotros, los hombres,
y por nuestra salvación, bajó del cielo,
y por obra del Espíritu Santo se encarnó
de María, la Virgen,
y se hizo hombre;
y por nuestra causa fue crucificado
en tiempo de Poncio Pilato;
padeció y fue sepultado,
y resucitó al tercer día,
según las Escrituras,
y subió al cielo y está sentado
a la derecha del Padre;
y de nuevo vendrá con gloria
para juzgar a vivos y muertos,
y su reino no tendrá fin.

Creo en el Espíritu Santo,
Señor y dador de vida,
que procede del Padre y del Hijo,
que con el Padre y el Hijo
recibe una misma adoración y gloria,
y que habló por los profetas.

Creo en la Iglesia que es una, santa, católica
y apostólica.
Confieso que hay un solo Bautismo
para el perdón de los pecados.
Espero la resurrección de los muertos
y la vida del mundo futuro.
Amén.

⟷ CAPÍTULO PRIMERO ⟷
Creo en Dios Padre

30 *¿Por qué creemos en un solo Dios?*

Creemos en *un solo* Dios porque según el testimonio de la Sagrada Escritura sólo hay un Dios y porque, según las leyes de la lógica, tampoco puede haber más que uno. [200-202, 228]

Si hubiera dos dioses, uno sería el límite del otro; ninguno de los dos sería infinito, ninguno sería perfecto; de modo que ninguno de los dos sería Dios. La experiencia fundamental de Dios que tiene el pueblo de Israel es: «Escucha, Israel: el Señor es nuestro Dios, el Señor es *uno solo*» (Dt 6,4). Una y otra vez los profetas exhortan a abandonar los falsos dioses y a convertirse al único Dios: «Yo soy un Dios justo y salvador, y no hay *ninguno más*» (Is 45,22).

31 *¿Por qué revela Dios su nombre?*

Dios revela su nombre porque quiere que se le pueda invocar. [203-213, 230-231]

Dios no quiere mantenerse en el anonimato. No quiere ser adorado como un ser meramente sentido o intuido. Dios quiere ser conocido y ser invocado como el verdadero y el que actúa. En la zarza ardiente, Dios da a conocer su nombre a Moisés: → Jhwh (Éx 3,14). Dios se hace invocable para su pueblo, pero continúa siendo el Dios escondido, el misterio presente. Por respeto a Dios el pueblo de Israel no pronunciaba (ni pronuncia) el nombre de Dios y lo sustituye por el apelativo *Adonai* (Señor). Justamente esta palabra es la que usa el → Nuevo Testamento, cuando glorifica a Jesús como verdadero Dios: «Jesús es Señor» (Rom 10,9).

32 *¿Qué quiere decir que Dios es la Verdad?*

«Dios es Luz y en él no hay tiniebla alguna» (1 Jn 1,5). Su palabra es verdad (Prov 8,7; 2 Sam 7,28), y su ley es verdad (Sal 119,142). Jesús mismo garantiza la verdad de Dios, cuando declara ante Pilato: «Yo para esto he nacido y para esto he venido al mundo:

El Señor, nuestro Dios, es el único Señor: amarás al Señor, tu Dios, con todo tu corazón, con toda tu alma, con toda tu mente, con todo tu ser.

Mc 12,29-30

MONOTEÍSMO
(del griego *monos* = lo único, y *theos* = Dios, doctrina de la existencia de un único Dios): La doctrina de Dios como un ser único, absoluto y personal, que es el fundamento último de todo. Religiones monoteístas son el judaísmo, el cristianismo y el islam.

JHWH/YAHVÉ
Es el nombre más importante de Dios en el Antiguo Testamento (Éx 3,14). Se puede traducir como «Yo soy». Para los judíos como para los cristianos designa al único Dios de todo el mundo, su Creador, quien lo sostiene, con quien se establece la Alianza, el liberador de Egipto, el juez y salvador.

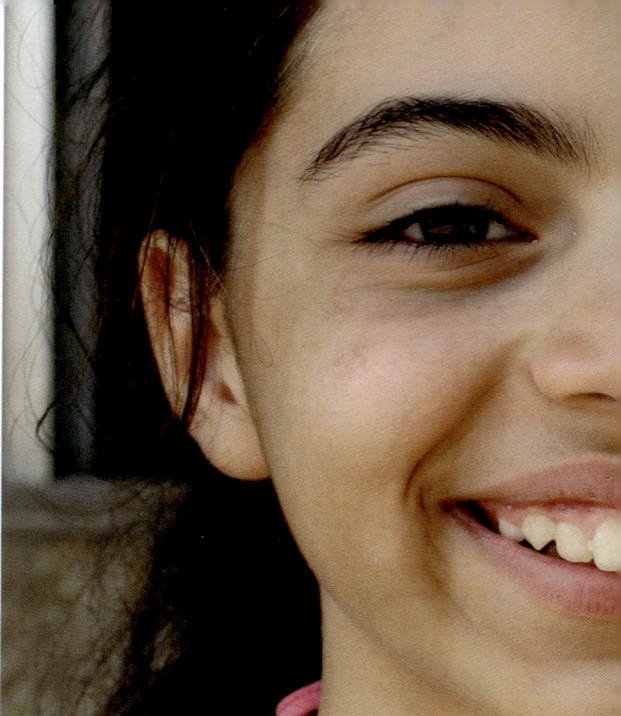

Moisés replicó a Dios: «Mira, yo iré a los hijos de Israel y les diré: 'El Dios de vuestros padres me ha enviado a vosotros'. Si ellos me preguntan: '¿Cuál es su nombre?', ¿qué les respondo?». Dios dijo a Moisés: «Yo soy el que soy; esto dirás a los hijos de Israel: 'Yo soy' me envía a vosotros». Dios añadió: «Esto dirás a los hijos de Israel: 'El Señor, Dios de vuestros padres, el Dios de Abraham, Dios de Isaac, Dios de Jacob, me envía a vosotros. Éste es mi nombre para siempre: así me llamaréis de generación en generación'».

Éx 3,13-15

Jesucristo es la Verdad hecha Persona, que atrae hacia sí al mundo. La luz irradiada por Jesús es el resplandor de la verdad. Cualquier otra verdad es un fragmento de la Verdad que es él y remite a él.

BENEDICTO XVI, 10.02.2006

para dar testimonio de la verdad» (Jn 18,37). [214-217]

No se puede someter a Dios a un procedimiento probatorio, porque la ciencia no puede convertirlo en un objeto verificable. Sin embargo, Dios mismo se somete a un procedimiento probatorio algo especial. Sabemos que Dios es la verdad por la absoluta credibilidad de Jesús. Él es «el Camino, la Verdad y la Vida». Esto lo puede descubrir toda persona que se comprometa con él. Si Dios no fuera «verdadero», la fe y la razón no podrían entablar un diálogo recíproco. Pero ellas pueden entenderse, porque Dios es la verdad y la Verdad es divina.

33 *¿Qué quiere decir que Dios es amor?*

Si Dios es amor no hay nada creado que no sea sostenido y abrazado por una benevolencia infinita. Dios no sólo explica que él es amor, sino que lo demuestra: «Nadie tiene amor más grande que el que da la vida por sus amigos» (Jn 15,13). [218-221]

Ninguna otra → RELIGIÓN dice lo que dice el cristianismo: «Dios es Amor» (1 Jn 4,8.16). La fe se apoya en esta palabra, aunque la experiencia del dolor y del mal en el mundo hace dudar a los hombres si verdaderamente Dios es bueno. Ya en el → ANTIGUO TESTAMENTO Dios comunica a su pueblo, por boca del profeta Isaías: «Porque eres precioso ante mí, de gran precio y yo te amo. Por eso entrego regiones a cambio de ti, pueblos a cambio de tu vida. No temas, porque yo estoy contigo» (Is 43,4-5a), y añade: «¿Puede una madre olvidar al niño que amamanta, no tener compasión del hijo de sus entrañas? Pues aunque ella se olvidara, yo no te olvidaré. Mira, te llevo tatuada en mis palmas» (Is 49,15-16a). Que este lenguaje sobre el amor divino no son palabras vanas lo demuestra Jesús en la cruz, donde entrega su vida por sus amigos.

34 *¿Qué hay que hacer cuando se ha conocido a Dios?*

Cuando se ha conocido a Dios hay que ponerlo en el primer lugar de la vida. Con ello comienza una nueva vida. A los cristianos se les debe conocer porque aman incluso a sus enemigos. [222-227, 229]

Conocer a Dios significa que quien me ha creado y me ha querido, quien me mira con amor a cada segundo, quien bendice y sostiene mi vida, quien tiene en su mano el mundo y las personas que amo, quien me espera ardientemente, quien quiere llenarme y perfeccionarme y hacerme vivir eternamente con él, está aquí. No basta con asentir con la cabeza. Los cristianos deben asumir el estilo de vida de Jesús.

35 *¿Creemos en un solo Dios o en tres dioses?*

Creemos en un solo Dios en tres personas (→ TRINIDAD). «Dios no es soledad, sino comunión perfecta» (Benedicto XVI, 22.05.2005). [232-236, 249-256, 261, 265-266]

Los cristianos no adoran a tres dioses diferentes, sino a un único ser, que es trino (Padre, Hijo y Espíritu Santo) y sin embargo uno. Que Dios es trino lo sabemos por Jesucristo: Él, el Hijo, habla de su Padre del Cielo («Yo y

99 Dios es verdaderamente nuestra madre, tanto como es nuestro padre.

BEATA JULIANA DE NORWICH (*ca.* 1342-*ca.* 1413, mística inglesa)

99 El amor verdadero duele. Tiene que doler siempre. Es doloroso amar a alguien; duele dejarlo, uno querría morir por él. Cuando las personas se casan, deben dejarlo todo para amarse el uno al otro. La madre, que da la vida a un hijo, sufre mucho. ¡Cuánto se malinterpreta y se abusa de la palabra «amor»!

SANTA TERESA DE CALCUTA (1910-1997, el «ángel de Calcuta», fundadora y premio Nobel de la Paz)

99 Señor mío y Dios mío, quítame todo lo que me aleja de ti. Señor mío y Dios mío, dame todo lo que me acerca a ti. Señor mío y Dios mío, despójame de mí mismo para darme todo a ti.

SAN NICOLÁS DE FLÜE (1417-1487, místico y eremita suizo)

> Dios va en primer lugar.

SANTA JUANA DE ARCO (1412-1431, luchadora por la libertad, patrona de Francia)

> Donde está el amor hay una trinidad: uno que ama, uno que es amado y uno que es el amor.

SAN AGUSTÍN

? TRINIDAD (lat. *trinitas* = trinidad): Dios es sólo uno, pero existe en tres personas.

> Este ser [Dios] es cada una/ y éste solo [el amor] las unía/ en un inefable nudo/ que decir no se sabía./ Por lo cual era infinito/ el amor que las unía,/ porque un solo amor tres tienen,/ que su esencia se decía;/ que el amor, cuanto más uno,/ tanto más amor hacía.

SAN JUAN DE LA CRUZ (1542-1591, místico español, Doctor de la Iglesia y poeta)

el Padre somos uno», Jn 10,30). Él ora al Padre y nos envía el Espíritu Santo, que es el amor del Padre y del Hijo. Por eso somos bautizados «en el nombre del Padre y del Hijo y del Espíritu Santo» (Mt 28,19).

36 *¿Se puede deducir por lógica que Dios es trino?*

No. La Trinidad (→ TRINIDAD) de Dios es un misterio. Sólo por Jesucristo sabemos que Dios es Trinidad. [237]

Los hombres no pueden deducir por medio de su propia razón el misterio de la Trinidad. Pero pueden reconocer la razonabilidad de este misterio, cuando aceptan la

→ REVELACIÓN de Dios en Jesucristo. Si Dios estuviera solo y fuera solitario, no podría amar desde toda la eternidad. Iluminados por Jesucristo, podemos encontrar ya en el → ANTIGUO TESTAMENTO (por ejemplo, Gén 1,2; 18,2; 2 Sam 23,2) e incluso en toda la creación huellas de la Trinidad.

37 *¿Por qué es Dios «Padre»?*

Veneramos a Dios como padre por el hecho de que es el Creador y cuida con amor de sus criaturas. Jesús, el Hijo de Dios, nos ha enseñado además a considerar a su Padre como nuestro Padre y a dirigirnos a él como «Padre nuestro». [238-240]

Muchas → RELIGIONES anteriores al cristianismo conocen ya el trato a Dios como «Padre». Ya antes de Jesús se hablaba en Israel de Dios como el Padre (Dt 32,6; Mal 2,10) y se sabía que es también como una madre (Is 66,13). El padre y la madre son en la experiencia humana la representación del origen y la autoridad, de aquello que protege y sostiene. Jesús nos muestra de qué modo es Dios realmente Padre: «Quien me ha visto a mí, ha visto al Padre» (Jn 14,9). En la parábola del hijo pródigo, Jesús responde al deseo más hondo que el ser humano tiene de un Padre misericordioso. → 511-527

38 *¿Quién es el «Espíritu Santo»?*

El Espíritu Santo es la tercera persona de la Santísima Trinidad (→TRINIDAD) y de la misma naturaleza divina del Padre y del Hijo. [243-248, 263-264]

Cuando descubrimos la realidad de Dios *en nosotros*, entramos en contacto con la acción del Espíritu Santo. Dios «envió a nuestros corazones el Espíritu de su Hijo» (Gál 4,6), para que nos llene completamente. En el Espíritu Santo el cristiano encuentra una alegría profunda, la paz interior y la libertad. «Pues no habéis recibido un espíritu de esclavitud para recaer en el temor, sino que habéis recibido un Espíritu de hijos de adopción, en el que clamamos: ¡Abbá, Padre!» (Rom 8,15b). En el Espíritu Santo, que hemos recibido en el Bautismo y la → CONFIRMACIÓN podemos llamar a Dios «Padre».
→ 113-120, 203-206, 310-311

" La memoria de este Padre ilumina la identidad más profunda de los hombres: de dónde venimos, quiénes somos y cuán grande es nuestra dignidad. Venimos ciertamente de nuestros padres y somos sus hijos, pero también venimos de Dios, que nos ha creado a su imagen y nos ha llamado a ser sus hijos. Por eso, en el origen de todo ser humano no existe el azar o la casualidad, sino un proyecto del amor de Dios. Es lo que nos ha revelado Jesucristo, verdadero Hijo de Dios y hombre perfecto. Él conocía de quién venía y de quién venimos todos: del amor de su Padre y Padre nuestro.

BENEDICTO XVI, 09.07.2006

" Ven Espíritu Creador, visita las almas de tus fieles y llena de

la divina gracia los corazones que Tú mismo creaste.

Himno «Veni creator spiritus» (SAN RABANO MAURO, siglo IX)

Vosotros me llamáis «el Maestro» y «el Señor», y decís bien, porque lo soy.

Jn 13,13

Pues bajo el cielo no se ha dado a los hombres otro nombre por el que debamos salvarnos.

Hch 4,12

Yo sé que el Señor es grande, nuestro Dios más que todos los dioses. El Señor todo lo que quiere lo hace, en el cielo y en la tierra, en los mares y en los océanos.

Sal 135,5-6

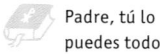
Padre, tú lo puedes todo.

Oración de Jesús en el Huerto de Getsemaní.
Mc 14,36

Amas a todos los seres y no aborreces nada de lo que hiciste; pues, si odiaras algo, no lo habrías creado.

Sab 11,24

39 *¿Es Jesús Dios? ¿Forma parte de la Trinidad?*

Jesús de Nazaret es el Hijo, la segunda persona divina, a quien aludimos cuando rezamos: «En el nombre del Padre y del Hijo y del Espíritu Santo» (Mt 28,19). [243-260]

O bien Jesús era un impostor al hacerse señor del → SÁBADO y dejar que se dirigieran a él con el título de «Señor», o era realmente Dios. Llegó a provocar escándalo al perdonar los pecados. Esto, a los ojos de sus contemporáneos, era un crimen digno de muerte. Mediante los signos y los milagros, pero especialmente a través de la Resurrección, los discípulos se dieron cuenta de quién era Jesús y lo adoraron como el Señor. Ésta es la fe de la → IGLESIA.

40 *¿Dios lo puede todo? ¿Es omnipotente?*

«Para Dios nada hay imposible» (Lc 1,37). Es omnipotente. [268-278]

Quien en su angustia llama a Dios, cree en su omnipotencia. Dios ha creado el mundo de la nada. Es el Señor de la historia. Gobierna todas las cosas y lo puede todo. Ciertamente es un misterio cómo emplea su omnipotencia. No es raro que las personas pregunten: ¿Dónde estaba Dios? A través del profeta Isaías Dios nos dice: «Porque mis planes no son vuestros planes, vuestros caminos no son mis caminos» (Is 55,8). Con frecuencia la omnipotencia de Dios se muestra donde los hombres ya no esperan nada de ella. La impotencia del Viernes Santo fue el requisito de la Resurrección.
→ 51, 478, 506-507

41 *¿Las ciencias naturales hacen innecesario al Creador?*

No. La frase «Dios ha creado el mundo» no es una afirmación ya superada de las ciencias naturales. Se trata de una afirmación teológica, es decir, una afirmación sobre el sentido (*theos* = Dios, *logos* = sentido) y el origen divino de las cosas. [282-289]

El relato de la Creación no es un modelo explicativo del principio del mundo. «Dios ha creado el mundo» es una afirmación teológica sobre la relación del mundo con Dios. Dios ha querido que exista el mundo; él lo acompaña y lo llevará a plenitud. *Ser creadas* es una cualidad permanente *en* las cosas y una verdad elemental *acerca* de ellas.

42 *¿Se puede estar convencido de la evolución y creer sin embargo en el Creador?*

Sí. La fe está abierta a los descubrimientos e hipótesis de las ciencias naturales. [282-289]

La Teología no tiene competencia científico-natural; las ciencias naturales no tienen competencia teológica. Las ciencias naturales no pueden excluir de manera dogmática que en la creación haya procesos orientados a un fin; la fe, por el contrario, no puede definir cómo se producen estos procesos en el desarrollo de la naturaleza. Un cristiano puede aceptar la teoría de la evolución como un modelo explicativo útil, mientras no caiga en la herejía del evolucionismo, que ve al hombre como un producto casual de procesos biológicos. La → EVOLUCIÓN supone que hay algo que puede desarrollarse. Pero con ello no se afirma nada acerca del origen de ese «algo». Tampoco las preguntas acerca del ser, la dignidad, la misión, el sentido y el porqué del mundo y de los hombres se pueden responder biológicamente. Así como el «evolucionismo» se inclina demasiado hacia un lado, el → CREACIONISMO lo hace hacia el lado contrario. Los creacionistas toman los datos bíblicos (por ejemplo, la edad de la Tierra, la creación en seis días) ingenuamente al pie de la letra.

43 *¿Es el mundo un producto de la casualidad?*

No. Es Dios, no la casualidad, la causa del mundo. El mundo, ni por su origen, ni por su orden interno y su finalidad, es el producto de factores que actúen «sin sentido».
[295-301, 317-318, 320]

Los cristianos creen que pueden leer la escritura de Dios en su Creación. A los científicos que hablan de que la totalidad del mundo es un proceso casual, sin sentido y sin finalidad, les replicó san Juan Pablo II en el año 1985:

EVOLUCIÓN
(lat. *evolutio* = literalmente la apertura, el desarrollo): El crecimiento de la forma final de los organismos a través de millones de años. Desde el punto de vista cristiano, la evolución se da como la creación continua de Dios en los procesos naturales.

CREACIONISMO
(del lat. *creatio* = creación): La idea de que Dios mismo creó directamente la tierra de una vez, como si el libro del Génesis fuera un acta de los hechos.

¿Y esto [la enorme precisión de los procesos en el Big Bang] dicen que ha surgido por casualidad? ¡Qué idea más absurda!

WALTER THIRRING (*1927, físico austríaco)

En ninguna cosa veo tu grandeza, mi Dios, como que donde quiera que te busco, te hallo.

LOPE DE VEGA

99 Nosotros no somos el producto casual y sin sentido de la evolución. Cada uno de nosotros es el fruto de un pensamiento de Dios. Cada uno es deseado, es amado, es necesario.

BENEDICTO XVI, 28.04.2005

99 ¡Quién, a través de la observación y el contacto sensible con el maravilloso orden del universo conducido por la sabiduría divina, no es llevado a la admiración del constructor que todo lo ejecuta!

NICOLÁS COPÉRNICO (1473-1543, naturalista y astrónomo)

«Hablar de azar delante de un universo en el que existe tal complejidad en la organización de sus elementos y una intencionalidad tan maravillosa en su vida, sería igual a abandonar la búsqueda de una explicación del mundo como él se nos muestra. De hecho, sería equivalente a aceptar efectos sin causa. Supondría la abdicación de la razón humana, que renunciaría de este modo a pensar y a buscar una solución a los problemas».
→ 49

44 *¿Quién ha creado el mundo?*

Dios solo, que existe ante todo más allá del tiempo y del espacio, ha creado el mundo de la nada y ha convocado al ser a todas las cosas. Todo lo que existe, depende de Dios y sólo perdura en el ser porque Dios quiere que exista. [290-292, 316]

La Creación del mundo es, por decirlo así, una «obra en común» del Dios trino. El Padre es el Creador, el todopoderoso. El Hijo es el sentido y el corazón del mundo: «Todo fue creado por él y para él» (Col 1,16). Sólo cuando conocemos a Jesucristo sabemos para qué es bueno el mundo, y comprendemos que el mundo avanza hacia una meta: la verdad, la bondad y la belleza del Señor. El Espíritu Santo mantiene todo unido; él es «quien da vida» (Jn 6,63).

45 *¿Las leyes de la naturaleza y las ordenaciones naturales también proceden de Dios?*

Sí. También las leyes de la naturaleza y las ordenaciones naturales pertenecen a la Creación de Dios. [339, 346, 354]

El hombre no es una hoja en blanco. Está marcada por el orden y las leyes del ser que Dios ha inscrito en su Creación. Un cristiano no hace, sin más, «lo que quiere». Sabe que se perjudica a sí mismo y a su entorno cuando niega las leyes naturales, usa de las cosas contra su orden interno y quiere ser más listo que Dios, quien las creó. Sobrepasa la capacidad del hombre el pretender hacerse a sí mismo desde cero.

46 *¿Por qué el libro del Génesis describe la Creación como un trabajo de seis días?*

En el símbolo de la semana laboral, que es coronada por un día de descanso (Gén 1,1-2,3), se expresa qué bien, qué hermosa y qué sabiamente ordenada está la Creación. [337-342]

A partir de la simbología de un trabajo de seis días se pueden deducir principios importantes: 1. No hay nada que no haya sido llamado al ser por el Creador; 2. Todo lo que existe es bueno según su naturaleza; 3. También lo que se ha transformado en malo tiene un núcleo bueno; 4. Los seres y cosas creados son interdependientes y se complementan; 5. La Creación, en su orden y armonía, refleja la extraordinaria bondad y belleza de Dios; 6. En la Creación hay una jerarquía: el hombre está por encima del animal, el animal por encima de la planta, la planta por encima de la materia inerte; 7. La Creación está orientada a la gran fiesta final, cuando Cristo venga a buscar al mundo y Dios sea todo en todos.

→ 362

Porque tú has creado el universo; porque por tu voluntad lo que no existía fue creado.

Ap 4,11

Los árboles y las piedras te enseñarán lo que nunca podrás aprender de los maestros.

SAN BERNARDO DE CLARAVAL (1090-1153, segundo fundador de la orden cisterciense)

GÉNESIS (grieg. = origen, surgimiento): Primer libro de la Biblia, que, entre otras cosas, describe la creación del mundo y del hombre.

No creas que Dios quiere prohibirnos todo amor al mundo. No, debemos amarlo, porque todo a lo que Dios dio el ser es digno de nuestro amor.

SANTA CATALINA DE SIENA (1347-1380, mística y Doctora de la Iglesia)

> La gloria de Dios es el hombre vivo; y la vida del hombre es la visión de Dios.

SAN IRENEO DE LYON

> Quien te ha hecho sabe también lo que quiere hacer contigo.

SAN AGUSTÍN

> La confianza en la divina providencia es la fe firme y viva en que Dios nos puede ayudar y lo hará. Que nos puede ayudar es evidente, porque es omnipotente. Que nos ayudará es seguro, porque lo ha prometido en muchos lugares de la Sagrada Escritura y es fiel a todas sus promesas.

SANTA TERESA DE CALCUTA

47 *¿Por qué descansó Dios en el séptimo día?*

El descanso de Dios apunta a la consumación de la Creación, que está más allá de todo esfuerzo humano. [349]

Por mucho que el hombre trabajador sea el socio menor de su Creador (Gén 2,15), tanto menos puede él salvar la tierra mediante su esfuerzo. La meta de la Creación es «un nuevo cielo y una nueva tierra» (Is 65,17) mediante una redención que nos es *concedida*. Por eso el descanso dominical, que es un anticipo del descanso celestial, está por encima del trabajo que nos prepara para ello.
→ 362

48 *¿Para qué ha creado Dios el mundo?*

«El mundo ha sido creado para la gloria de Dios» (Concilio Vaticano I). [293-294, 319]

No hay ninguna otra razón para la Creación más que el amor. En ella se manifiesta la gloria y el honor de Dios. Alabar a Dios no quiere decir por eso aplaudir al Creador. El hombre no es un espectador de la obra de la Creación. Para él, «alabar» a Dios significa, juntamente con toda la Creación, aceptar la propia existencia con agradecimiento. → 489

La Providencia de Dios

49 *¿Dirige Dios el mundo y también mi vida?*

Sí, pero de un modo misterioso; Dios conduce todo por caminos que sólo él conoce, hacia su consumación. En ningún momento deja de su mano aquello que ha creado. [302-305]

Dios influye tanto en los grandes acontecimientos de la historia como en los pequeños acontecimientos de nuestra vida personal, sin que por ello quede recortada nuestra libertad y seamos únicamente marionetas de sus planes eternos. En Dios «vivimos, nos movemos y existimos» (Hch 17,28). Dios está en todo lo que nos sale al encuentro en las vicisitudes de la vida, también en los acontecimientos dolorosos y en las casualidades aparentemente sin sentido. Dios también quiere escribir derecho por medio de los renglones torcidos de nuestra vida. Todo lo que nos quita y lo que nos regala, aquello en lo que nos fortalece y en lo que nos prueba: todo esto son designios y señales de su voluntad. → 43

50 *¿Qué papel juega el hombre en la providencia divina?*

La consumación de la Creación a través de la providencia divina no sucede sin nuestra intervención. Dios nos invita a colaborar en la perfección de la Creación. [307-308]

El hombre puede rechazar la voluntad de Dios. Pero es mejor convertirse en un instrumento del amor divino. La Madre Teresa se esforzó toda su vida por pensar así: «Soy únicamente un pequeño lápiz en la mano de nuestro Señor. Él puede cortar o afilar el lápiz. Él puede escribir o dibujar lo que quiera y donde quiera. Si lo escrito o un dibujo es bueno, no valoramos el lápiz o el material empleado, sino a aquel que lo ha empleado». Si Dios actúa también con nosotros y a través nuestro, no debemos confundir nunca nuestros propios pensamientos, planes y actos con la acción de Dios. Dios no necesita nuestro trabajo como si a Dios le faltara algo sin él.

51 *Si Dios lo sabe todo, ¿por qué no impide entonces el mal?*

«Dios permite el mal sólo para hacer surgir de él algo mejor» (Santo Tomás de Aquino). [309-314, 324]

El mal en el mundo es un misterio oscuro y doloroso. El mismo Crucificado preguntó a su Padre: «Dios mío, ¿por qué me has abandonado?» (Mt 27,46). Hay muchas cosas incomprensibles. Pero tenemos una certeza: Dios es totalmente bueno. Nunca puede ser el causante de algo malo. Dios creó el mundo bueno, pero éste no es aún perfecto. En medio de rebeliones violentas y de procesos dolorosos se desarrolla hasta su consumación definitiva. Existe lo que se denomina el *mal físico*, por ejemplo, una minusvalía de nacimiento o una catástrofe natural. Por el contrario, los *males morales* vienen al mundo por

Pues vosotros hasta los cabellos de la cabeza tenéis contados.

Mt 10,30

Lo que no estaba en mi plan, estaba en el plan de Dios. Y cada vez que me sucede algo así, tanto más viva se convierte dentro de mí la convicción de que —visto desde Dios— no existe la casualidad.

SANTA EDITH STEIN (1891-1942, cristiana de origen judío, filósofa y carmelita, víctima de un campo de concentración)

Vio Dios todo lo que había hecho, y era muy bueno.

Gén 1,31

Pues considero que los sufrimientos de ahora no se pueden comparar con la gloria que un día se nos manifestará.

Rom 8,18

Ningún sufrimiento carece de sentido. Siempre se funda en la sabiduría de Dios.

SANTO TOMÁS

> Dios susurra en nuestras alegrías, habla en nuestra conciencia. Pero en nuestros dolores grita. Son su megáfono para despertar a un mundo que no oye.
>
> CLIVE STAPLES LEWIS (1898-1963, escritor inglés, autor de *Las crónicas de Narnia*)

> Anhelamos la alegría del cielo, donde está Dios. Está en nuestro poder estar ya ahora con él en el cielo, ser felices con él justo en este momento. Pero ser felices con él ahora quiere decir: ayudar como él ayuda, dar como él da, servir como él sirve, salvar como él salva. Estar veinticuatro horas a su lado, encontrarlo en sus disfraces más terribles. Porque él ha dicho: «Todo lo que hagáis al más pequeño, me lo hacéis a mí».
>
> SANTA TERESA DE CALCUTA

> La opción de vida del hombre se hace definitiva con la muerte. Su opción, que se ha fraguado en el transcurso de toda la vida. →

el abuso de la libertad. El «infierno en la tierra» (niños soldado, ataques de terroristas suicidas, campos de concentración) es obra de los hombres la mayoría de las veces. Por eso la cuestión decisiva no es: «¿Cómo se puede creer en un Dios bueno cuando existe tanto mal?», sino: «¿Cómo podría un hombre con corazón y razón, soportar la vida en este mundo si no existiera Dios?». La Muerte y la Resurrección de Jesucristo nos muestran que el mal no tuvo la primera palabra y no tiene tampoco la última. Del peor de los males hizo Dios salir el bien absoluto. Creemos que en el Juicio Final Dios pondrá fin a toda injusticia. En la vida del mundo futuro el mal ya no tiene lugar y el dolor acabará. → 40, 286-287

El cielo y las criaturas divinas

52 *¿Qué es el cielo?*

El cielo es el «medio» de Dios, la morada de los ángeles y los santos y la meta de la Creación. Con la expresión «cielo y tierra» designamos la totalidad de la realidad creada. [325-327]

El cielo no es un lugar en el universo. Es un estado en el más allá. El cielo está allí donde se cumple la voluntad de Dios sin ninguna resistencia. El cielo existe cuando se da la vida en su máxima intensidad y santidad —vida que no se puede encontrar como tal en la tierra—. Cuando con la ayuda de Dios vayamos algún día al cielo, entonces nos espera lo «que ni el ojo vio, ni el oído oyó, ni el hombre puede pensar lo que Dios ha preparado para los que lo aman» (1 Cor 2,9) → 158, 285

53 *¿Qué es el infierno?*

Nuestra fe llama «infierno» al estado de la separación eterna de Dios, el NO absoluto al amor. [1033-1036]

Jesús, que conoce el infierno, dice que son «las tinieblas de fuera» (Mt 8,12). Expresado en nuestros conceptos es seguramente más frío que caliente. Con estremecimiento se adivina un estado de completo entumecimiento y de aislamiento desesperado de todo lo que podría aportar a la vida ayuda, alivio, alegría y consuelo. → 161-162

→ Puede haber personas que han destruido totalmente en sí mismas el deseo de la verdad y la disponibilidad para el amor. [Entonces] la destrucción del bien sería irrevocable: esto es lo que se indica con la palabra «infierno».

BENEDICTO XVI,
Spe Salvi 45

99 Jesús ha venido para decirnos que quiere tenernos a todos en el paraíso y que el infierno, de lo que se habla poco en nuestro tiempo, existe y es eterno para todos los que cierren su corazón a su amor.

BENEDICTO XVI,
08.05.2007

Porque a sus ángeles ha dado órdenes para que te guarden en sus caminos. Te llevará en sus palmas, para que tu pie no tropiece en la piedra.

Sal 91,11-12

99 Cada fiel tiene a su lado un ángel como protector y pastor para conducirlo a la vida.

SAN BASILIO MAGNO
(*ca.* 330-379, Padre de la Iglesia)

54 *¿Qué son los ángeles?*

Los ángeles son criaturas de Dios puramente espirituales, que tienen inteligencia y voluntad. No son corporales, son inmortales y normalmente no son visibles. Viven constantemente en la presencia de Dios y transmiten a los hombres la voluntad y la protección de Dios. [328-333, 350-351]

Un ángel, escribió el cardenal Joseph Ratzinger, es «como el pensamiento personal mediante el cual Dios se vuelve hacia mí». Al mismo tiempo los ángeles están completamente vueltos a su Creador. Arden en amor por él y le sirven noche y día. Nunca cesa su canto de alabanza. Los ángeles separados de Dios son llamados en la Sagrada Escritura diablos o demonios.

55 *¿Se pueden establecer relaciones con los ángeles?*

Sí. Se puede pedir ayuda a los ángeles y solicitar su intercesión ante Dios. [334-336, 352]

Cada persona recibe de Dios un ángel custodio. Rezar al ángel de la guarda por uno mismo y por otros es bueno y

> El hombre no es ni ángel ni animal, y la desgracia hace que quien quiere hacer de él un ángel hace de él un animal.

BLAISE PASCAL

Cuando contemplo el cielo, obra de tus dedos, la luna y las estrellas que has creado. ¿Qué es el hombre para que te acuerdes de él, el ser humano para mirar por él? Lo hiciste poco inferior a los ángeles, lo coronaste de gloria y dignidad.

Sal 8,4-6

> Todas las criaturas de la tierra sienten como nosotros. Todas las criaturas aspiran como nosotros a la felicidad. Todas las criaturas de la tierra aman, sufren y mueren como nosotros, por eso son obra del Creador todopoderoso equiparables a nosotros, nuestros hermanos.

SAN FRANCISCO DE ASÍS

sensato. Los ángeles también se pueden hacer perceptibles por su cuenta en la vida de un cristiano, por ejemplo como portadores de una noticia o como acompañantes que ayudan. La fe no tiene nada que ver con los falsos ángeles del esoterismo.

La criatura hombre

56 *¿Tiene el hombre una posición privilegiada en la Creación?*

Sí. El hombre es la cumbre de la Creación, porque Dios lo creó a su imagen (Gén 1,27). [343-344, 353]

La creación del hombre se distingue claramente de la creación de los demás seres vivos. El hombre es *persona*,

es decir, puede decidir, con su voluntad y su inteligencia, a favor o en contra del amor.

57 *¿Cómo se debe comportar el hombre con los animales y otras criaturas?*

El hombre debe honrar al Creador en las criaturas y tratarlas con cuidado y responsabilidad. Los hombres, los animales y las plantas tienen el mismo Creador, que por amor los llamó a la existencia. Por ello el amor a los animales es profundamente humano. [344, 354]

Si bien le está permitido al hombre aprovechar y comer plantas y animales, no le está permitido, sin embargo, torturar a los animales o mantenerlos de forma impropia a su especie. Esto contradice la dignidad de la Creación tanto como la explotación de la tierra a causa de una codicia ciega.

58 *¿Qué quiere decir que el hombre ha sido creado «a imagen» de Dios?*

A diferencia de los seres inanimados, de las plantas y de los animales, el hombre es una persona dotada de espíritu. Esta característica lo vincula más a Dios que a las demás criaturas visibles. [355-357, 380]

El hombre no es algo, sino *alguien*. Al igual que decimos que Dios es persona, también lo decimos del hombre. Un hombre puede pensar más allá de su horizonte inmediato y evaluar toda la amplitud del ser; puede incluso conocerse a sí mismo con una distancia crítica y trabajar en sí mismo; puede percibir a otros como personas, captar su dignidad y amarlos. Entre todas las criaturas visibles, sólo el hombre es capaz de «conocer y amar a su Creador» (Concilio Vaticano II, *Gaudium et Spes* [GS] 12,3). El hombre está destinado a vivir en amistad con él (Jn 15,15).

59 *¿Para qué ha creado Dios al hombre?*

Dios ha hecho todo para el hombre. Pero al hombre, la «única criatura querida por Dios por sí misma» (GS), lo ha creado para que sea eternamente feliz. Y esto lo alcanza conociendo a Dios, amándole, sirviéndole y viviendo con agradecimiento a su Creador. [358]

El agradecimiento es amor reconocido. Quien es agradecido se dirige libremente al autor del bien y entra en una relación nueva y más profunda con él. Dios quiere que conozcamos su amor y que vivamos ya desde ahora toda nuestra vida en relación con él. Esta relación dura eternamente.

Ya que el amor es de Dios y todo el que ama ha nacido de Dios y conoce a Dios.

1 Jn 4,7

Reconócete como imagen de Dios y avergüénzate de haberla cubierto con una imagen ajena.

SAN BERNARDO DE CLARAVAL

Si la única oración que pronunciaras en tu vida consistiera en un «Te doy las gracias», sería ya suficiente.

MAESTRO ECKHART (*ca.* 1260-1328, dominico, místico)

Por la mayor parte los que reciben son inferiores a los que dan, y así es Dios sobre todos, porque es dador sobre todos, y no pueden corresponder las dádivas del hombre a las de Dios con igualdad, por infinita distancia, y esta estrecheza y cortedad en cierto modo la suple el agradecimiento.

MIGUEL DE CERVANTES (1547-1616, escritor español)

Él es imagen del Dios invisible, primogénito de toda criatura [...] todo fue creado por él y para él.

Col 1,15.16b

«Ecce homo!»

(Jn 19,5: «He aquí al hombre»)
Con estas palabras presentó Pilato a Jesús, torturado y coronado con una corona de espinas, al pueblo.

" Se hizo lo que somos, para poder hacer de nosotros lo que él es.

SAN ATANASIO DE ALEJANDRÍA (ca. 295-373, Padre de la Iglesia)

Sé voz de quien no tiene voz, defensor del hombre desvalido.

Prov 31,8

" En el dormir vuestra merced, digo —y aun mando— que no sean menos de seis horas. Mire que es menester, los que hemos ya edad, llevar estos cuerpos para que no derroquen el espíritu, que es terrible trabajo.

SANTA TERESA DE JESÚS (1515-1582, mística española y Doctora de la Iglesia)

60 *¿Por qué es Jesucristo el modelo mayor para el mundo?*

Jesucristo es único, porque él no sólo nos muestra la verdadera esencia de Dios, sino el verdadero ideal del hombre. [358-359, 381]

Jesús fue mucho más que un hombre ideal. Incluso las personas aparentemente ideales son pecadoras. Por eso ningún hombre puede ser la medida del hombre. Pero Jesús no tenía pecado. Qué significa ser hombre y qué hace al hombre *eternamente digno de amor*, en el sentido literal de la palabra, lo conocemos sólo en Jesucristo, que «ha sido probado en todo, como nosotros, menos en el pecado» (Heb 4,15b). Jesús, el Hijo de Dios, es el hombre real y verdadero. En él conocemos cómo ha querido Dios al hombre.

61 *¿En qué consiste la igualdad de todos los hombres?*

Todos los hombres son iguales porque tienen el mismo origen en el único amor creador de Dios. Todos los hombres tienen en Jesús su salvador. Todos los hombres están destinados a encontrar su felicidad y su bienaventuranza eterna en Dios. [360-361]

Por ello *todos* los hombres son hermanos y hermanas. Los cristianos no sólo deben ser solidarios con otros cristianos, sino con todos los hombres y oponerse enérgicamente a divisiones racistas, sexistas y económicas de la única familia humana. → 280, 517

62 *¿Qué es el alma?*

El alma es lo que hace a cada hombre ser hombre: su principio vital espiritual, lo más íntimo de su ser. El alma es la causa de que el cuerpo material sea un cuerpo humano vivo. Por el alma el hombre es el ser que puede decir «Yo» y existe ante Dios como individuo inconfundible. [362-365, 382]

Los hombres son seres corporales y espirituales. El espíritu del hombre es más que una función del cuerpo y no se puede explicar a partir de la constitución material del

> **"** El hombre es realmente él mismo cuando cuerpo y alma forman una unidad íntima [...]. Si el hombre pretendiera ser sólo espíritu y quisiera rechazar la carne como si fuera una herencia meramente animal, espíritu y cuerpo perderían su dignidad. Si, por el contrario, repudia el espíritu y por tanto considera la materia, el cuerpo, como una realidad exclusiva, malogra igualmente su grandeza.

BENEDICTO XVI,
Deus Caritas est

> **"** El hombre está unido a todos los seres vivos por su origen terreno, pero sólo es hombre por su alma «insuflada» por Dios. Esto le concede su dignidad inconfundible, pero también su excepcional responsabilidad.

CARDENAL CHRISTOPH SCHÖNBORN (*1945, arzobispo de Viena)

> **"** Tú, Rey del cielo, que mi amor procuras/ serás el centro de las ansias mías/ de aquel eterno bien prendas seguras.

LOPE DE VEGA

hombre. La razón nos dice: Tiene que existir un principio espiritual que, unido al cuerpo, no sea, sin embargo, idéntico a éste. Lo llamamos «alma». Aunque el alma no se puede «probar» de modo científico, no se puede comprender al hombre como ser espiritual sin suponer este principio espiritual del hombre, que excede a la materia.
→ 153-154, 163

63 *¿De dónde procede el alma del hombre?*

El alma humana es creada directamente por Dios y no «producida» por los padres. [366-368, 382]

El alma del hombre no puede ser ni el producto de un desarrollo evolutivo ni el resultado de la unión genética del padre y de la madre. El misterio de que con cada hombre viene al mundo una persona espiritual única, lo expresa la Iglesia diciendo: Dios le da un alma, que no muere, aun cuando el hombre pierda su cuerpo en la muerte para volverlo a encontrar en la resurrección. Decir: «Tengo alma», significa: Dios no sólo me ha creado como ser, sino como persona y me ha llamado a una relación con él que no tiene fin.

Y creó Dios al hombre a su imagen, a imagen de Dios lo creó, varón y mujer los creó.

Gén 1,27

No es bueno que el hombre esté solo; voy a hacerle a alguien como él, que le ayude.

Gén 2,18

Es la mujer del hombre lo más bueno, su vida suele ser y su regalo...

LOPE DE VEGA

Leemos además que el hombre no puede existir «solo» (cf. Gén 2,18); puede existir solamente como «unidad de los dos» y, por consiguiente, en relación con otra persona humana. Se trata de una relación recíproca, del hombre con la mujer y de la mujer con el hombre. Ser persona a imagen y semejanza de Dios comporta también existir en relación al otro «yo». Esto es preludio de la definitiva autorrevelación de Dios, Uno y Trino: →

 64 *¿Por qué ha creado Dios al hombre como varón y mujer?*

Dios, que es amor y el prototipo de comunión, ha creado al hombre como varón y mujer para que conjuntamente sean imagen de su esencia.
[369-373, 383]

Dios ha hecho al hombre de modo que sea varón o mujer y anhele la plenitud y la totalidad en el encuentro con el otro sexo. Los hombres y las mujeres tienen absolutamente la misma dignidad, pero expresan en el desarrollo creativo de su ser varón o mujer diferentes aspectos de la perfección de Dios. Dios no es varón ni mujer, pero se ha revelado como padre (Lc 6,36) y como madre (Is 66,13). En el amor del varón y la mujer, especialmente en la comunión del matrimonio, donde varón y mujer se hacen «una sola carne» (Gén 2,24), los hombres pueden intuir algo de la felicidad de la unión con Dios, en la que cada hombre encuentra su plenitud definitiva. Así como el amor de Dios es fiel, también el amor del varón y la mujer busca ser fiel; y este amor es creador al modo de Dios, porque del matrimonio brota nueva vida.

→ 260, 400-401, 416-417

65 *¿Qué pasa con las personas que tienen tendencias homosexuales?*

La Iglesia cree que el hombre y la mujer, en el orden de la Creación, están hechos con necesidad de complementarse y para la relación recíproca, para que puedan dar la vida a sus hijos. Por eso la Iglesia no puede aprobar las prácticas homosexuales. Pero los cristianos deben respeto y amor a todos los hombres, con independencia de su orientación sexual, porque todos los hombres son respetados y amados por Dios.
[2358-2359]

No hay ningún hombre sobre la tierra que no proceda de la unión de hombre y mujer. Por ello para algunas personas con tendencia homosexual es una experiencia dolorosa no sentirse atraídos eróticamente hacia el otro sexo y tener que echar en falta la fecundidad corporal de su unión, como corresponde en realidad a la naturaleza del hombre y al orden divino de la Creación. Sin embargo

Dios llama con frecuencia a sí por caminos poco comunes: una carencia, una pérdida o una herida —aceptada y consentida— pueden convertirse en el trampolín para lanzarse a los brazos de Dios; de ese Dios que todo lo hace bien y a quien descubrimos aún más grande en la Redención que en la Creación. → 415

66 *¿Estaba en el plan de Dios que los hombres sufrieran y murieran?*

Dios no quiere que los hombres sufran y mueran. La idea original de Dios para el hombre era el paraíso: la vida para siempre y la paz entre Dios, el hombre y su entorno, entre el hombre y la mujer. [374-379, 384, 400]

A veces sentimos cómo debería ser la vida, cómo deberíamos ser *nosotros*, pero de hecho vivimos en la discordia con nosotros mismos, estamos determinados por el miedo y por pasiones incontroladas y hemos perdido la armonía original con el mundo y en último término con Dios. En la Sagrada Escritura se expresa la experiencia de esta alienación en el relato del «pecado original». Adán y Eva tuvieron que abandonar el paraíso, en el que vivían en armonía consigo mismos y con Dios, porque se introdujo el pecado. La fatiga del trabajo, el sufrimiento, la mortalidad y la tentación ante el pecado son señales de la pérdida del paraíso.

El hombre caído

67 *¿Qué es el pecado?*

En el fondo el pecado es el rechazo de Dios y la negativa a aceptar su amor. Esto se muestra en el desprecio de sus mandamientos. [385-390]

El pecado es más que un comportamiento incorrecto; tampoco es una debilidad psíquica. En lo más hondo de su ser, todo rechazo o destrucción de algo bueno es el rechazo del Bien por excelencia, el rechazo de Dios. En su dimensión más honda y terrible, el pecado es la separación de Dios y con ello la separación de la fuente de la vida. Por eso también la muerte es la consecuencia del pecado. Solamente en Jesús comprendemos la

99 → unidad viviente en la comunión del Padre, del Hijo y del Espíritu Santo.

SAN JUAN PABLO II (1920-2005, primer Papa del este de Europa, iniciador de las Jornadas Mundiales de la Juventud; tuvo un papel destacado en la caída del bloque oriental). Carta apostólica *Mulieris dignitatem*

99 Hemos perdido el paraíso, pero hemos recibido el cielo, por eso la ganancia es mayor que la pérdida.

SAN JUAN CRISÓSTOMO (349/350-407, Doctor de la Iglesia)

99 ¿Dónde pondré Señor, mis tristes ojos, que no vea tu poder divino y santo?/ [...]/ allí hallo tus brazos ocupados/ más en sufrir que en castigar pecados.

FRANCISCO DE QUEVEDO (1580-1645, político y escritor español)

99 Oh Dios, separarse de ti quiere decir caer. Dirigirse a ti quiere decir levantarse. Permanecer en ti es tener un apoyo seguro.

SAN AGUSTÍN

Pero, donde abundó el pecado, sobreabundó la gracia.

Rom 5,20b

Lo peor no es cometer crímenes, sino no haber realizado el bien que se podría haber hecho. Es el pecado de omisión, que no es más que la falta de amor, y nadie se acusa de esto.

LÉON BLOY
(1846-1917, escritor francés)

La serpiente replicó a la mujer: [...] el día en que comáis de él, se os abrirán los ojos y seréis como Dios en el conocimiento del bien y el mal.

Gén 3,4-5

Un comportamiento moral hacia el mundo sólo es posible y conveniente cuando se asume la porquería de la vida, la complicidad en la muerte y en la vida, en una palabra, todo el pecado original, y se renuncia a ver siempre la culpa en los demás.

HERMANN HESSE
(1877-1962, escritor alemán)

inconmensurable dimensión del pecado: Jesús sufrió el rechazo de Dios en su propio cuerpo. Tomó sobre sí la violencia mortal del pecado, para que no nos toque a nosotros. Para ello tenemos la palabra Redención.

→ 224-237, 315-318, 348-468

68 *¿Pecado original? ¿Y qué tenemos que ver nosotros con el pecado original de Adán y Eva?*

El pecado en sentido propio es una culpa de la que hay que responder personalmente. El término «pecado original» no se refiere por tanto a un pecado personal, sino al estado caído de la humanidad en el que nace cada individuo antes de pecar por decisión propia. [388-389, 402-404]

Por pecado original, dice Benedicto XVI, tenemos que entender que «todos llevamos dentro de nosotros una gota del veneno de ese modo de pensar reflejado en las imágenes del libro del → GÉNESIS. Esta gota de veneno la llamamos pecado original. [...] El hombre no se fía de Dios. Tentado por las palabras de la serpiente, abriga la sospecha de que Dios [...] es un competidor que limita nuestra libertad, y que sólo seremos plenamente seres humanos cuando lo dejemos de lado; es decir, que sólo de este modo podemos realizar plenamente nuestra libertad. [...] El hombre no quiere recibir de Dios su existencia y la plenitud de su vida. [...] Al hacer esto, se fía de la mentira más que de la verdad, y así se hunde con su vida en el vacío, en la muerte» (Benedicto XVI, 8.12.2005).

69 *¿Estamos obligados a pecar por el pecado original?*

No. Pero el hombre está profundamente herido por el pecado original y tiende a pecar. Sin embargo, con la ayuda de Dios, es capaz de hacer el bien. [405]

No deberíamos pecar en ningún caso. Pero, de hecho, pecamos una y otra vez, porque somos débiles, ignorantes y caemos en la tentación. Por lo demás, un pecado a la fuerza no sería tal pecado, porque el pecado implica siempre la decisión libre.

70 *¿Cómo nos saca Dios del remolino del mal?*

Dios no se limita a contemplar cómo el hombre se destruye cada vez más a sí mismo y a la creación a través de la reacción en cadena del pecado. Nos envía a Jesucristo, el Salvador y Redentor, que nos arranca del poder del pecado.
[410-412, 420-421]

«Nadie me puede ayudar»: esta formulación de la experiencia humana ya no es válida. Llegue a donde llegue el hombre a través de sus pecados, hasta allí ha enviado Dios Padre a su Hijo. La consecuencia del pecado es la muerte (cf. Rom 6,23). La consecuencia del pecado es sin embargo también la maravillosa solidaridad de Dios, que nos envía a Jesús como amigo y salvador. Por eso al pecado original se le llama también *felix culpa*: «Oh feliz culpa que mereció tal redentor» (Liturgia de la Vigilia Pascual).

❧ CAPÍTULO SEGUNDO ❧
Creo en Jesucristo, Hijo único de Dios

71 *¿Por qué se llaman «evangelio», es decir, «buena nueva» los relatos sobre Jesús?*

Sin los evangelios no sabríamos que Dios nos envía a su Hijo por su amor eterno, para que, a pesar de nuestros pecados, podamos retornar a la comunión eterna con Dios. [422-429]

Los relatos acerca de la vida, muerte y resurrección de Jesús son la mejor noticia del mundo. Testimonian que el judío Jesús de Nazaret, nacido en Belén, es «el Hijo de Dios vivo» (Mt 16,16) hecho hombre. Fue enviado por el Padre para que «todos se salven y lleguen al conocimiento de la verdad» (1 Tim 2,4).

99 Cuando las manos de Cristo fueron clavadas en la Cruz, él clavó también allí nuestros pecados.

SAN BERNARDO DE CLARAVAL

99 Mas ya vuelvo a buscarte, y tan contento,/ que me dan para hallarte noche y día,/ mis ojos mar y mis suspiros viento.

LOPE DE VEGA

Y el Verbo se hizo carne y habitó entre nosotros, y hemos contemplado su gloria; gloria como del Unigénito del Padre, lleno de gracia y de verdad.

Jn 1,14

99 Si la vida y la muerte de Sócrates son la vida y la muerte de un sabio, la vida y la muerte de Cristo son la vida y la muerte de un dios.

JEAN-JACQUES ROUSSEAU
(1712-1778, ilustrado francés)

PRIMERA PARTE – LO QUE CREEMOS

50 | 51

[II] CAPÍTULO 2º: CREO EN JESUCRISTO

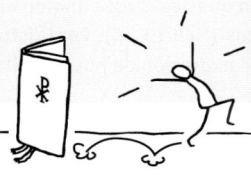

ΙΧΘΥC ΖΩΝΤΩΝ

? En las catacumbas
romanas se
encuentra un signo
secreto de los primeros
cristianos, que era
una confesión de la fe
en Cristo —la palabra
ICHTHYS (= pez)—. Si
separamos la palabra
letra por letra resultan
las iniciales de las
palabras griegas Iesus,
CHristos, THeou (= de
Dios), hYios (= hijo)
y Soter (= salvador).
ICHTHYS ZONTON
significa «pez de la
vida».

72 *¿Qué significa el nombre «Jesús»?*

**Jesús en hebreo significa «Dios salva».
[430-435, 452]**

En los Hechos de los Apóstoles dice san Pedro: «Bajo el
cielo no se ha dado a los hombres otro nombre por el que
debamos salvarnos» (Hch 4,12). Todos los misioneros, en
el fondo, llevaron a los hombres esta noticia.

73 *¿Por qué se le da a Jesús el título de «Cristo»?*

**En la fórmula «Jesús es el Cristo» se expresa el
núcleo de la fe cristiana: Jesús, el sencillo hijo del
carpintero de Nazaret, es el Mesías esperado y
el Salvador. [436-440, 453]**

Tanto la palabra griega «Christos» como la hebrea
«Messias» significan «ungido». En Israel eran ungidos
reyes, sacerdotes y profetas. Los → APÓSTOLES experimentaron que Jesús está ungido «con la fuerza del Espíritu
Santo» (Hch 10,38). Por Cristo nos llamamos *cristianos*,
como expresión de nuestra alta vocación.

74 *¿Qué quiere decir «Jesús es el Hijo único de Dios»?*

Cuando Jesús se denomina a sí mismo «Hijo único de Dios» (Hijo único o Unigénito, Jn 3,16) y así es testimoniado por Pedro y otros, se expresa con ello que entre todos los hombres sólo Jesús es más que un hombre y tiene una relación única con Dios, su Padre. [441-445, 454]

En muchos lugares del → NUEVO TESTAMENTO (Jn 1,14.18; 1 Jn 4,9; Heb 11,7 entre otros) se llama «Hijo» a Jesús. En el Bautismo y en la Transfiguración una voz celestial designa a Jesús como «el Hijo amado». Jesús comunica a sus discípulos su relación única con el Padre del cielo: «Todo me ha sido entregado por mi Padre, y nadie conoce al Hijo más que el Padre, y nadie conoce al Padre sino el Hijo y aquel a quien el Hijo se lo quiera revelar» (Mt 11,27). Que Jesús es verdaderamente el Hijo de Dios se manifiesta en la Resurrección, aunque ya lo era eternamente junto al Padre.

75 *¿Por qué los cristianos llaman «Señor» a Jesús?*

«Vosotros me llamáis 'el Maestro' y 'el Señor' y decís bien, porque lo soy» (Jn 13,13). [446-451, 455]

Los primeros cristianos hablaban con naturalidad de Jesús como el «Señor», sabiendo que en el → ANTIGUO TESTAMENTO esta denominación estaba reservada para dirigirse a Dios. Mediante numerosos signos Jesús les había demostrado que él tiene poder divino sobre la naturaleza, los demonios, el pecado y la muerte. El origen divino de la misión de Jesús se reveló en la Resurrección de los muertos. Santo Tomás confiesa: «Señor mío y Dios mío» (Jn 20,28). Esto quiere decir para nosotros: si Jesús es el Señor, un cristiano no debe doblar su rodilla ante ningún otro poder.

76 *¿Por qué se hizo Dios hombre en Jesús?*

«Por nosotros, los hombres, y por nuestra salvación, bajó del cielo» (→ CREDO de Nicea-Constantinopla). [456-460]

99 Habla de Cristo sólo cuando te pregunten por él. ¡Pero vive de tal modo que te pregunten por él!

PAUL CLAUDEL
(1868-1955, poeta y dramaturgo francés)

99 Mas Tú que te apocaste,/ subiste mi valor,/ cuando bajaste.

LOPE DE VEGA

99 Donde Dios no ocupa el primer lugar, [...] corre peligro la dignidad del hombre. Por tanto, es urgente llevar al hombre de hoy a «descubrir» el rostro auténtico de Dios, que se nos ha revelado en Jesucristo.

BENEDICTO XVI,
28.08.2005

99 Dios es tan grande que puede hacerse pequeño. Dios es tan poderoso que puede hacerse inerme y venir a nuestro encuentro como niño indefenso para que podamos amarlo.

BENEDICTO XVI,
24.12.2005

En realidad el misterio del hombre sólo se esclarece en el misterio del Verbo encarnado.

Concilio Vaticano II, GS

Permaneció lo que era y asumió lo que no era.

Liturgia Romana del 1 de enero

Porque en darnos a su Hijo, que es una Palabra suya, que no tiene otra, todo nos lo habló junto y de una vez...: «en Él te lo tengo puesto todo y dicho y revelado, y hallarás en Él aún más de lo que pides y deseas».

SAN JUAN DE LA CRUZ

Una Religión sin misterio tiene que ser una religión sin Dios.

JEREMY TAYLOR (1613-1667, escritor espiritual inglés)

En Jesucristo, Dios ha reconciliado al mundo consigo y ha liberado a los hombres de la cautividad del pecado. «Porque tanto amó Dios al mundo, que entregó a su Unigénito» (Jn 3,16). En Jesús Dios asumió nuestra carne humana mortal (→ ENCARNACIÓN), compartió nuestro destino terreno, nuestros sufrimientos y nuestra muerte y se hizo en todo igual a nosotros, excepto en el pecado.

77 *¿Qué significa que Jesucristo es a la vez verdadero Dios y verdadero hombre?*

En Jesús Dios se ha hecho realmente uno de nosotros y con ello nuestro hermano; pero no por ello dejó de ser a la vez Dios y por tanto nuestro Señor. El concilio de Calcedonia, del año 451, declaró que la divinidad y la humanidad están unidas entre sí en la única persona de Jesucristo «sin confusión ni división».
[464-467, 469]

La Iglesia se ha esforzado durante largo tiempo para poder expresar la relación entre divinidad y humanidad en Jesús. La divinidad y la humanidad no están enfrentadas, de modo que Jesús sólo fuera parcialmente Dios y parcialmente hombre. Como no es cierto que la naturaleza divina y la naturaleza humana se mezclen en Jesús. En Jesús Dios no ha tomado sólo en apariencia un cuerpo humano (*docetismo*), sino que se hizo realmente hombre. Tampoco se trata en la humanidad y en la divinidad de dos personas diferentes (*nestorianismo*). Finalmente, tampoco es cierto que en Jesucristo la naturaleza humana desaparezca al ser asumida en la naturaleza divina (*monofisismo*). Contra todas estas herejías la Iglesia ha mantenido firme la fe en que Jesucristo es, en una persona, a la vez verdadero Dios y verdadero hombre. La conocida fórmula «sin separación y sin confusión» (Concilio de Calcedonia) no pretende explicar lo que es inalcanzable a la inteligencia humana, sino que, por así decir, fija los pilares de la fe. Designa la «dirección» en la que se puede buscar el misterio de la persona de Jesús.

78 *¿Por qué sólo podemos comprender a Jesús como misterio?*

Puesto que Jesús se adentra en el misterio de Dios, no se le puede comprender si excluimos la realidad divina invisible. [525-530, 536]

El lado visible de Jesús nos remite al invisible. En la vida de Jesús vemos numerosas realidades que están poderosamente presentes, pero que sólo podemos comprender como misterio. Estos misterios (→ MISTERIO) son por ejemplo la filiación divina, la Encarnación y la Resurrección de Cristo.

79 *¿Tenía Jesús un alma, un espíritu y un cuerpo como nosotros?*

Sí. Jesús «trabajó con manos de hombre, pensó con inteligencia de hombre, obró con voluntad de hombre, amó con corazón de hombre» (Concilio Vaticano II, GS 22,2). [470-476]

MISTERIO (grieg. *mysterion* = secreto): Un misterio es una realidad (o un aspecto de una realidad) que escapa, por principio, al conocimiento racional.

❞ Jesús convence.
HANS URS VON BALTHASAR

Jesús iba creciendo en sabiduría, en estatura y en gracia.
Lc 2,52

> Adelantóse la Gracia,/ dejando a la Culpa fuera,/ porque la Culpa y la Gracia/ estar juntas no pudieran.
> ...
> Esta Niña celestial,/ de los cielos escogida,/ es la sola concebida / sin pecado original.

CALDERÓN DE LA BARCA (1600-1681, poeta y dramaturgo español)

> ¡Oh elegida por Dios antes que nada.../ ...nieta de Adán, creada en el retiro/ de la virginidad/ siempre increada!

MIGUEL HERNÁNDEZ (1910-1942, poeta español)

> Lo que la fe católica cree acerca de María se funda en lo que cree acerca de Cristo.

CCE 487

> Si alguno no confiesa que el Emmanuel (*) es en verdad Dios y la Santa Virgen por ello la Madre de Dios [...] sea anatema.

CONCILIO DE ÉFESO, 431

(*) En Mt 1,23 se dice: «Mirad: la Virgen concebirá y dará a luz un hijo, y le pondrán por nombre Emmanuel, que traducido significa: 'Dios-con-nosotros'».

A la humanidad plena de Jesús pertenece también que tuviera un alma y que se desarrollara espiritualmente. En esta alma estaba radicada su identidad humana y su particular autoconciencia. Jesús conocía su unidad con su Padre celeste en el Espíritu Santo, por quien se dejaba guiar en todas las situaciones de su vida.

80 *¿Por qué es virgen María?*

Dios quiso que Jesucristo tuviera una verdadera madre humana, pero sólo a Dios como Padre, porque quería establecer un nuevo comienzo, que no se debiera a ninguna fuerza del mundo, sino únicamente a él. [484-504, 508-510]

La virginidad de María no es ninguna idea mitológica ya superada, sino un dato fundamental para la vida de Jesús. Nació de una mujer, pero no tenía un padre humano. Jesucristo es un nuevo comienzo en el mundo, fundado desde lo alto. En el evangelio de san Lucas, María pregunta al ángel: «¿Cómo será eso, pues no conozco varón?» (= no tengo relaciones con ningún hombre; Lc 1,34); a lo que responde el ángel: «El Espíritu Santo vendrá sobre ti» (Lc 1,35). Aunque la Iglesia, desde sus orígenes, ha sufrido burlas a causa de su fe en la virginidad de María, siempre ha creído que se trata de una virginidad real y no meramente simbólica.

→ 117

81 *¿Tuvo María otros hijos además de Jesús?*

No. Jesús es el único hijo carnal de María. [500, 510]

Ya en la Iglesia primitiva se partía de la base de la virginidad perpetua de María, lo que excluía a hermanos carnales de Jesús. En arameo, la lengua materna de Jesús, hay una única palabra para hermano, hermana, primo y prima. Cuando en los evangelios se habla de «hermanos y hermanas» de Jesús (por ejemplo en Mc 3,31-35), se trata de parientes cercanos de Jesús.

82 *¿No es escandaloso llamar a María «Madre» de Dios?*

No. Quien llama a María Madre de Dios confiesa con ello que su hijo Jesús es Dios. [495, 509]

Cuando la cristiandad primitiva discutía quién era Jesús, el título *Theotokos* («la que da a luz a Dios») se convirtió en el signo de identidad de la interpretación ortodoxa de la Sagrada Escritura: María no sólo había dado a luz a un hombre, que después de su nacimiento se hubiera «convertido» en Dios, sino que ya en su seno su hijo es el verdadero Hijo de Dios. En esta cuestión no se trata en primer lugar de María, sino de nuevo de la cuestión de si Jesús es a un mismo tiempo verdadero Dios y verdadero hombre. → 117

83 *¿Qué significa la «Inmaculada Concepción de María»?*

La Iglesia cree que «la bienaventurada Virgen María fue preservada inmune de toda mancha de pecado original en el primer instante de su concepción por singular gracia y privilegio de Dios omnipotente, en atención a los méritos de Jesucristo Salvador del género humano» (Dogma de 1854; → Dogma). [487-492, 508]

La fe en la «Inmaculada Concepción» de María existe desde el inicio de la Iglesia. Hoy a veces se entiende mal esta expresión. Significa que Dios preservó a María del pecado original, y además desde el principio. Pero no dice nada sobre la concepción de Jesús en el vientre de María. Y en ningún caso es una minusvaloración de la sexualidad en el cristianismo, como si el marido y la mujer se «mancharan» cuando engendran a un hijo. → 68-69

84 *¿Fue María únicamente un instrumento de Dios?*

María fue mucho más que un mero instrumento pasivo de Dios. También mediante su asentimiento activo se realizó la Encarnación de Dios. [493-494, 508-511]

Al ángel que le dijo que daría a luz al «Hijo del Altísimo», María le respondió: «Hágase en mí según tu palabra»

❞ Allí donde disminuye la fe en la Madre de Dios, disminuye también la fe en el Hijo de Dios y en Dios Padre.

LUDWIG FEUERBACH (1804-1872, filósofo ateo, en *La esencia del Cristianismo*)

En 1858 Bernadette Soubirous tuvo en Lourdes varios encuentros con la Virgen María, que se dio a conocer bajo el nombre de «Inmaculada Concepción».

❞ La respuesta de María [...] es la palabra más decisiva de la historia.

REINHOLD SCHNEIDER (1903-1958, escritor alemán)

María es la madre más tierna del género humano, es el refugio de los pecadores.

SAN ALFONSO MARÍA DE LIGORIO (1696-1787, fundador de los Redentoristas, místico y Doctor de la Iglesia)

Virgen madre, hija de tu Hijo.../ Tu benignidad no sólo socorre a quien te implora,/ sino que en muchas ocasiones,/ espontáneamente, se anticipa a la súplica.

DANTE ALIGHIERI (1265-1321, filósofo y el mayor poeta italiano)

Los niños en la familia aprenden a amar, porque ellos mismos son amados gratuitamente; aprenden a respetar a todas las personas, porque ellos mismos son respetados; aprenden a conocer el rostro de Dios, porque reciben su primera revelación de un padre y una madre que les otorgan todo su cariño.

Carta «Sobre la colaboración del hombre y la mujer» de la Congregación para la Doctrina de la Fe, 31.05.2004

(Lc 1,38). La salvación de la humanidad por medio de Jesucristo comienza por tanto con una solicitud de Dios, con el consentimiento libre de una persona, y con un embarazo antes de que María estuviera casada con José. A través de estos caminos tan poco comunes, María se convirtió para nosotros en la «puerta de la Salvación». → 479

85 *¿Por qué María es también nuestra madre?*

María es nuestra madre porque Cristo, el Señor, nos la dio como madre. [963-966, 973]

«Mujer, ahí tienes a tu hijo». «Ahí tienes a tu madre» (Jn 19,26b-27a). En estas palabras que Jesús dirigió a Juan desde la cruz ha entendido siempre la Iglesia que Jesús confiaba toda la Iglesia a María. De este modo María es también nuestra madre. Podemos invocarla y suplicar su intercesión ante Dios. → 147-149

86 *¿Por qué Jesús no se manifestó nunca en público a lo largo de treinta años de su vida?*

Jesús quería compartir con nosotros su vida y santificar con ello nuestra vida cotidiana. [531-534, 564]

Jesús fue un niño que recibió de sus padres amor y afecto y fue educado por ellos. De este modo creció «en sabiduría, en estatura y en gracia ante Dios y ante los hombres» (Lc 2,51-52); perteneció a una comunidad rural judía y participó en los rituales religiosos; aprendió un oficio artesanal y tuvo que mostrar en él sus capacidades. El hecho de que Dios quisiera en Jesús nacer en una familia humana y crecer en ella, ha hecho de la familia un lugar de Dios y la ha convertido en prototipo de la comunidad solidaria.

87 *¿Por qué Jesús se dejó bautizar por Juan, aunque no tenía pecado?*

Bautizar significa sumergir. En su bautismo, Jesús se sumergió en la historia de pecado de toda la humanidad. Con ello instituyó un signo. Para redimirnos de nuestros pecados sería sumergido un día en la muerte,

pero por el poder de su Padre sería despertado de nuevo a la vida. [535-537, 565]

Los pecadores —soldados, prostitutas, publicanos— salían al encuentro de Juan el Bautista, porque buscaban «el bautismo de conversión para perdón de los pecados» (Lc 3,3). En realidad, Jesús no necesitaba este bautismo, pues él no tenía pecado. El hecho de que se sometiera a este bautismo nos demuestra dos cosas. Jesús toma sobre sí *nuestros* pecados. Jesús ve su bautismo como anticipación de su Pasión y su Resurrección. Ante este gesto de su disponibilidad a morir por nosotros, se abre el cielo: «Tú eres mi Hijo, el amado» (Lc 3,22b).

88 *¿Por qué fue tentado Jesús? ¿Acaso podía ser tentado realmente?*

A la verdadera humanidad de Jesús pertenece la posibilidad de ser tentado. Pues en Jesús no tenemos un salvador «incapaz de compadecerse de nuestras debilidades, sino que ha sido probado en todo, como nosotros, menos en el pecado» (Heb 4,15). [538-540, 566]

89 *¿A quién promete Jesús el «reino de Dios»?*

Dios quiere «que todos se salven y lleguen al conocimiento de la verdad» (1 Tim 2,4). El «reino de Dios» comienza en las personas que se dejan transformar por el amor de Dios. Según la experiencia de Jesús son sobre todo los pobres y los pequeños. [541-546, 567]

Incluso las personas que están alejadas de la Iglesia encuentran fascinante que Jesús, con una especie de amor preferencial, se dirija primero a los excluidos sociales. En el sermón de la montaña son los pobres y los que lloran, las víctimas de la persecución y de la violencia, todos los que buscan a Dios con un corazón puro, todos los que buscan su misericordia, su justicia y su paz, los que tienen un acceso preferente al reino de Dios. Los pecadores son especialmente invitados: «No necesitan médico los sanos, sino los enfermos. No he venido a llamar a justos, sino a pecadores» (Mc 2,17).

> Entre los pecadores y los justos hay comunión; porque en realidad no hay ni un solo justo.
>
> GERTRUD VON LE FORT (1876-1971, escritora alemana)

> Cada día el cristiano debe librar un combate que se asemeja al que Cristo libró en el desierto de Judea, donde durante cuarenta días fue tentado por el diablo. [...] Se trata de un combate espiritual, dirigido contra el pecado y en definitiva contra Satanás. Es un combate que implica a toda la persona y que exige una vigilancia atenta y constante.
>
> BENEDICTO XVI, 01.03.2006

> Jesús dice de su Padre: «Me ha enviado a evangelizar a los pobres, a proclamar a los cautivos la libertad, y a los ciegos, la vista; a poner en libertad a los oprimidos; a proclamar el año de gracia del Señor».
>
> Lc 4,18-19

En ningún lugar del mundo ha sucedido un milagro tan grande como en la cueva de Belén: aquí se han unido Dios y el hombre.

TOMÁS DE KEMPIS
(1379/1380-1471, místico alemán, autor de *Imitación de Cristo*)

Y en el colmo del asombro decían: «Todo lo ha hecho bien; hace oír a los sordos y hablar a los mudos».

Mc 7,37

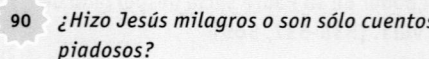

90 *¿Hizo Jesús milagros o son sólo cuentos piadosos?*

Jesús hizo verdaderos milagros, así como los → APÓSTOLES. Los autores del Nuevo Testamento se refieren a sucesos reales. [547-550]

Ya las fuentes más antiguas nos informan de numerosos milagros, incluso de resurrecciones de muertos, como confirmación del anuncio de Jesús: «Pero si yo expulso los demonios por el Espíritu de Dios, es que ha llegado a vosotros el reino de Dios» (Mt 12,28). Los milagros sucedieron en lugares públicos, las personas afectadas eran conocidas a veces incluso por su nombre, por ejemplo el ciego Bartimeo (Mc 10,46-52) o la suegra de Pedro (Mt 8,14-15). También hubo milagros que representaban para el entorno judío delitos escandalosos (por ejemplo la curación de un paralítico en → SÁBADO, la curación de leprosos), y que, sin embargo, no fueron negados por los judíos contemporáneos de Jesús.

91 *¿Por qué hizo Jesús milagros?*

Los milagros que hizo Jesús eran signos del comienzo del reino de Dios. Eran expresión de su amor a los hombres y confirmaban su misión. [547-550]

Los milagros de Jesús no eran una representación mágica. Él estaba lleno del poder del amor salvífico de Dios. Por medio de los milagros, Jesús muestra que es el Mesías y que el reino de Dios comienza en él. De este modo se podía experimentar el inicio del nuevo mundo: liberaba del hambre (Jn 6,5-15), de la injusticia (Lc 19,8), de la enfermedad y la muerte (Mt 11,5). Mediante la expulsión de demonios comenzó su victoria contra el «príncipe de este mundo» (Jn 12,31; se refiere a Satanás). Sin embargo, Jesús no suprimió toda desgracia y todo mal de este mundo. Se fijó especialmente en la liberación del hombre de la esclavitud del pecado. Le importaba ante todo la fe que suscitaba a través de los milagros. → 241-242

92 *¿Para qué llamó Jesús a los apóstoles?*

Jesús tenía un gran círculo de discípulos a su alrededor, eran hombres y mujeres. De ese círculo elige a doce hombres, a los que llamó → Apóstoles (Lc 6,12-16). Los apóstoles recibieron de él una formación especial y diferentes tareas: «y los envió a proclamar el reino de Dios y a curar» (Lc 9,2). Jesús llevó consigo sólo a estos doce apóstoles a la última cena, donde les encargó: «Haced esto en memoria mía» (Lc 22,19b). [551-553, 567]

Los apóstoles se convirtieron en testigos de la Resurrección y garantes de su verdad. Después de la muerte de Jesús continuaron su misión. Eligieron a sucesores para su ministerio: los → Obispos. Los sucesores de los apóstoles ejercen en nuestros días los poderes otorgados por Jesús: gobiernan, enseñan y celebran los misterios divinos. La unión de los apóstoles se convirtió en el fundamento de la unidad de la Iglesia (→ Sucesión Apostólica). Entre los Doce destaca una vez más Pedro, a quien Jesús le otorgó una autoridad especial: «Tú eres Pedro, y sobre esta piedra edificaré mi Iglesia» (Mt 16,18). En esta posición especial de Pedro entre los apóstoles tiene su origen el ministerio del Papa.
→ 137

93 *¿Por qué se transfiguró Jesús en el monte?*

El Padre quería manifestar ya en la vida terrena de Jesús la gloria divina de su Hijo. La Transfiguración de Cristo tenía que ayudar después a los discípulos a comprender su muerte y resurrección. [554-556, 568]

Tres evangelios relatan cómo Jesús, en la cumbre de un monte, a la vista de sus discípulos, comienza a brillar (se «transfigura»). La voz del Padre celestial llama a Jesús «el Hijo amado», a quien hay que escuchar. Pedro quiere «hacer tres tiendas» y retener el momento. Pero Jesús está en camino hacia su Pasión. Se trata sólo de fortalecer a sus discípulos.

Como el Padre me ha enviado, así también os envío yo.

Jn 20,21b

99 Cuando se tiene la gracia de vivir una fuerte experiencia de Dios, es como si se viviera algo semejante a lo que les sucedió a los discípulos durante la Transfiguración: por un momento se gusta anticipadamente algo de lo que constituirá la bienaventuranza del paraíso. En general, se trata de breves experiencias que Dios concede a veces, especialmente con vistas a duras pruebas.

BENEDICTO XVI, 12.03.2006

99 Con Jesucristo siempre nace y renace la alegría.

PAPA FRANCISCO, *Evangelii Gaudium* 1

Y el Verbo se hizo carne y habitó entre nosotros, y hemos contemplado su gloria: gloria como del Unigénito del Padre, lleno de gracia y de verdad.

Jn 1,14

www.smetek.de

Y comenzó a instruirlos: «El Hijo del hombre tiene que padecer mucho, ser reprobado por los ancianos, sumos sacerdotes y escribas».

Mc 8,31

Y empezó a decirles lo que le iba a suceder: «Mirad, estamos subiendo a Jerusalén, y el Hijo del hombre va a ser entregado a los sumos sacerdotes y a los escribas; lo condenarán a muerte y lo entregarán a los gentiles, se burlarán de él, le escupirán, lo azotarán y lo matarán; y a los tres días resucitará».

Mc 10,33-34

Y cuando llegó la hora, se sentó a la mesa y los apóstoles con él y les dijo: «Ardientemente he deseado comer esta Pascua con vosotros, antes de padecer, porque os digo que ya no la volveré a comer hasta que se cumpla en el reino de Dios».

Lc 22,14-16

94 *¿Sabía Jesús que iba a morir cuando entró en Jerusalén?*

Sí. Jesús había anunciado en tres ocasiones su Pasión y su Muerte, antes de dirigirse consciente y voluntariamente (Lc 9,51) al lugar de su Pasión y de su Resurrección. [557-560, 569-570]

95 *¿Por qué eligió Jesús la fecha de la fiesta judía de la Pascua para su Muerte y Resurrección?*

Jesús eligió la fiesta de la Pascua de su pueblo como símbolo de lo que iba a suceder con él en la Muerte y Resurrección. Al igual que el pueblo de Israel fue liberado de la esclavitud de Egipto, así también nos libera Cristo de la esclavitud del pecado y del poder de la muerte. [571-573]

La fiesta de la Pascua era la fiesta de la liberación de Israel de la esclavitud en Egipto. Jesús subió a Jerusalén para liberarnos a nosotros de un modo aún más hondo. Celebró con sus discípulos el banquete de la Pascua. Durante esta celebración él mismo se convirtió en cordero pascual. Como «nuestra víctima pascual» (1 Cor 5,7b) ha sido inmolado, para, de una vez para siempre, establecer la reconciliación definitiva entre Dios y los hombres.
→ 171

96 *¿Por qué se condenó a un hombre de paz como Jesús a morir en la cruz?*

Jesús colocó a su entorno ante una cuestión decisiva: o bien él actuaba con poder divino, o bien era un impostor, un blasfemo, un infractor de la ley, y debía rendir cuentas por ello según la ley. [574-576]

En muchos aspectos Jesús fue una provocación única para el judaísmo tradicional de su tiempo. Perdonaba pecados, lo que sólo puede hacer Dios; relativizaba el mandamiento del sábado; se hacía sospechoso de blasfemia y se le reprochaba ser un falso profeta. Para todos estos delitos la ley preveía la pena de muerte.

97 *¿Son culpables los judíos de la muerte de Jesús?*

Nadie puede atribuir a «los judíos» una culpa colectiva en la muerte de Jesús. Lo que la Iglesia confiesa con certeza, por el contrario, es la responsabilidad de todos los pecadores en la muerte de Jesús. [597-598]

El anciano profeta Simeón predijo que Jesús llegaría a ser «signo de contradicción» (Lc 2,34b). Existió el rechazo decidido de Jesús por parte de las autoridades judías, pero entre los fariseos, por ejemplo, hubo también partidarios secretos de Jesús, como Nicodemo y José de Arimatea. En el proceso de Jesús estuvieron implicadas diferentes personas y autoridades romanas y judías (Caifás, Judas, el Sanedrín, Herodes, Poncio Pilato), cuya culpa individual sólo Dios conoce. La tesis de que todos los judíos de entonces o los que viven actualmente sean culpables de la muerte de Jesús es absurda y no se sostiene según la Biblia. → 135

 98 *¿Quería Dios la muerte de su propio Hijo?*

No se llegó a la muerte violenta de Jesús por desgraciadas circunstancias externas. Jesús fue «entregado conforme al plan que Dios tenía establecido y previsto» (Hch 2,23). Para que nosotros, hijos del pecado y de la muerte, tengamos vida, el Padre del Cielo «a quien no conocía el pecado, lo hizo pecado en favor nuestro» (2 Cor 5,21). La grandeza del sacrificio que Dios Padre pidió a su Hijo corresponde sin embargo a la grandeza de la entrega de Cristo: «Y ¿qué diré?: 'Padre, líbrame de esta hora'. Pero si por esto he venido, para esta hora» (Jn 12,27). Por ambas partes se trata de un amor que se demostró hasta el extremo en la Cruz. [599-609, 620]

Para librarnos de la muerte, Dios se lanzó a una misión arriesgada: introdujo en nuestro mundo de muerte una «medicina de la inmortalidad» (san Ignacio de Antioquía): su Hijo Jesucristo. El Padre y el Hijo eran aliados inseparables en esta misión, dispuestos y deseosos de asumir sobre sí lo máximo por amor al hombre. Dios quería llevar a cabo un intercambio para

❞ Y los demonios no son los que le han crucificado; eres tú quien con ellos lo has crucificado y lo sigues crucificando todavía, cuando te deleitas en los vicios y en los pecados.

SAN FRANCISCO DE ASÍS

Sabiendo Jesús que había llegado su hora de pasar de este mundo al Padre, habiendo amado a los suyos que estaban en el mundo, los amó hasta el extremo.

Jn 13,1

❞ Fuera de la cruz no hay otra escala por donde subir al cielo.

SANTA ROSA DE LIMA
(1586-1617, patrona de Perú, primera santa de América)

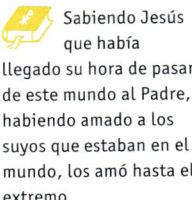

> Dios no ha venido a impedir el dolor. Ni siquiera ha venido para explicarlo, sino que ha venido para llenarlo con su presencia.

PAUL CLAUDEL

Cuando acabó de lavarles los pies, tomó el manto, se lo puso otra vez y les dijo: «¿Comprendéis lo que he hecho con vosotros? Vosotros me llamáis 'el Maestro' y 'el Señor', y decís bien, porque lo soy. Pues si yo, el Maestro y el Señor, os he lavado los pies, también vosotros debéis lavaros los pies unos a otros: os he dado ejemplo para que lo que yo he hecho con vosotros, vosotros también lo hagáis».

Jn 13,12-15

> En cierto sentido podemos decir que precisamente la Última Cena es el acto fundacional de la Iglesia, porque Cristo mismo se entrega y de este modo crea una nueva comunidad, una comunidad unida en la comunión con él mismo.

BENEDICTO XVI, 15.03.2006

salvarnos para siempre. Quería darnos su vida eterna, para que gocemos de su alegría, y quería sufrir nuestra muerte, nuestra desesperación, nuestro abandono, para estar en comunión con nosotros en todo. Para amarnos hasta el final y más allá. La muerte de Cristo es la voluntad del Padre, pero no su última palabra. Desde que Cristo murió por nosotros, podemos cambiar nuestra muerte por su vida.

99 *¿Qué sucedió en la Última Cena?*

Jesús lavó los pies a sus discípulos la víspera de su muerte; instituyó la → EUCARISTÍA e inauguró el sacerdocio de la Nueva Alianza. [610-611]

Jesús mostró su amor hasta el extremo de tres maneras: Lavó los pies a sus discípulos y mostró que está entre nosotros como el que sirve (cf. Lc 22,27). Anticipó simbólicamente su muerte redentora, pronunciando sobre los dones del pan y del vino estas palabras: «Esto es mi cuerpo, que se entrega por vosotros; haced esto en memoria mía. Después de cenar, hizo lo mismo con el cáliz, diciendo: 'Este cáliz es la nueva alianza en mi sangre, que es derramada por vosotros'» (Lc 22,19s). De este modo instituyó la Sagrada → EUCARISTÍA. Y al mandar a sus → APÓSTOLES: «Haced esto en memoria mía» (1 Cor 11,24b), los convirtió en sacerdotes de la Nueva Alianza. → 208-223

100 *¿Tuvo Jesús miedo ante la muerte en el Huerto de los Olivos, la noche antes de morir?*

Puesto que Jesús era verdaderamente hombre, experimentó en el Huerto de los Olivos verdaderamente el miedo humano ante la muerte. [612]

Con las mismas fuerzas humanas que tenemos todos nosotros Jesús tuvo que luchar por su asentimiento interior a la voluntad del Padre de dar su vida para la vida del mundo. En su hora más difícil, abandonado por todo el mundo e incluso por sus amigos, Jesús se decidió finalmente por un sí. «Padre mío, si este cáliz no puede pasar sin que yo lo beba, hágase tu voluntad» (Mt 26,42)
→ 476

101 *¿Por qué tuvo Jesús que redimirnos precisamente en la Cruz?*

La Cruz, en la que Jesús inocente fue ajusticiado cruelmente, es el lugar de la máxima humillación y abandono. Cristo, nuestro Redentor, eligió la Cruz para cargar con la culpa del mundo y sufrir el dolor del mundo. De este modo, mediante su amor perfecto, ha conducido de nuevo el mundo a Dios. [613-617, 622-623]

Dios no nos podía mostrar su amor de un modo más penetrante que dejándose clavar en la Cruz en la persona del Hijo. La cruz era el instrumento de ejecución más vergonzoso y más cruel de la Antigüedad. Los ciudadanos romanos no podían ser crucificados por grandes que hubieran sido sus culpas. De este modo Dios penetra en lo más profundo del dolor humano. Desde entonces ya nadie puede decir: «Dios no sabe lo que yo sufro».

102 *¿Por qué debemos nosotros también aceptar el sufrimiento en nuestra vida y así «cargar con la cruz» y con ello seguir a Jesús?*

Los cristianos no tienen que buscar el dolor, pero cuando se enfrentan a un dolor que no se puede evitar, éste puede cobrar sentido para ellos si unen su dolor al dolor de Cristo: «Cristo padeció por vosotros, dejándoos un ejemplo para que sigáis sus huellas» (1 Pe 2,21). [618]

Una de las más antiguas representaciones de la Cruz es una cruz burlesca del Palatino (*ca.* del año 200), con la que se ridiculizaba al Redentor de los cristianos. La inscripción dice: «Alexamenos adora a su dios».

PASIÓN (lat. *passio* = dolor, enfermedad): Término para designar la Pasión de Cristo.

Dios extiende sus brazos en la Cruz para abrazar hasta los confines del universo.

SAN CIRILO DE JERUSALÉN (*ca.* 313-386/387, Padre y Doctor de la Iglesia)

Que para verificarse/ que era hombre verdadero/ fue menester que su carne/ tuviese a la muerte miedo.

LOPE DE VEGA

>> Mirad al Sol que la prisión levanta/ al luminoso cuerpo soberano;/ mirad la Vida que a la muerte espanta.

LOPE DE VEGA

>> Llevando a efecto la redención mediante el sufrimiento, Cristo ha elevado juntamente el sufrimiento humano a nivel de redención. Consiguientemente, todo hombre, en su sufrimiento, puede hacerse también partícipe del sufrimiento redentor de Cristo.

SAN JUAN PABLO II, *Salvifici Doloris*

>> Cuando contemplamos la Cruz comprendemos la grandeza de su amor. Cuando contemplamos el pesebre, comprendemos la ternura de su amor por ti y por mí, por tu familia y por toda familia.

SANTA TERESA DE CALCUTA

Jesús dijo: «El que quiera venir en pos de mí, que se niegue a sí mismo, que cargue con su cruz y me siga» (Mc 8,34). Los cristianos tienen la tarea de mitigar el dolor en el mundo. Sin embargo siempre habrá dolor. En la fe podemos aceptar nuestro propio dolor y compartir el ajeno. De este modo el dolor humano se hace uno con el amor redentor de Cristo y con ello se hace parte de la fuerza divina que transforma el mundo hacia el bien.

103 *¿Murió Jesús realmente o quizás pudo resucitar precisamente porque sólo había sufrido la muerte en apariencia?*

Jesús murió realmente en la Cruz; su cuerpo fue enterrado. Esto lo atestiguan todas las fuentes. [627]

En Jn 19,33ss los soldados comprueban expresamente la muerte de Jesús: abren el costado de Jesús muerto con una lanza y ven que salen sangre y agua. Además se dice que a los crucificados con él les quebraron las piernas, una medida para acelerar el proceso de la muerte; esta medida ya no era necesaria en el caso de Jesús en el momento en cuestión, porque él ya estaba muerto.

104 *¿Se puede ser cristiano sin creer en la Resurrección de Cristo?*

No. «Si Cristo no ha resucitado, vana es nuestra predicación y vana también vuestra fe» (1 Cor 15,14). [631, 638, 651]

105 *¿Cómo llegaron a creer los discípulos que Jesús había resucitado?*

Los discípulos, que antes habían perdido toda esperanza, llegaron a creer en la Resurrección de Jesús porque lo vieron de formas diferentes después de su muerte, hablaron con él y experimentaron que estaba vivo. [640-644, 656]

Los acontecimientos de la Pascua, que ocurrieron hacia el año 30 en Jerusalén, no son ninguna historia inventada. Bajo la impresión de la muerte de Jesús y de la derrota de su causa común, los discípulos huyeron («Nosotros esperábamos que él iba a liberar a Israel», Lc 24,21) o se refugiaron tras las puertas cerradas. Sólo el encuentro con Cristo resucitado los liberó de su espanto y los llenó de una fe entusiasta en Jesucristo, el Señor de la vida y de la muerte.

106 *¿Hay pruebas de la Resurrección de Jesús?*

No hay pruebas de su Resurrección en el sentido de las ciencias positivas. Pero, como hecho histórico y trascendente a la vez, dio lugar a testimonios individuales y colectivos muy poderosos, por parte de un gran número de testigos de los acontecimientos de Jerusalén. [639-644, 647, 656-657]

El testimonio escrito más antiguo de la Resurrección es una carta que escribió san Pablo a los Corintios aproximadamente veinte años después de la muerte de Cristo: «Porque yo os transmití en primer lugar, lo que

La Sábana Santa de Turín es un paño de lino probablemente del siglo I. En el año 1898 fue fotografiado por primera vez por un fotógrafo de Turín. Al contemplar el negativo fotográfico se descubrió en el tejido de lino la imagen misteriosa de una víctima de tortura de la Antigüedad.

" El acontecimiento de la Muerte y la Resurrección de Cristo es el corazón del cristianismo, el punto central que sostiene nuestra fe, el impulso poderoso de nuestra certeza, el viento fuerte que aleja todo miedo y toda inseguridad, toda duda y todo cálculo humano.

BENEDICTO XVI, 19.10.2006

" Quien conoce la Pascua no puede desesperar.

DIETRICH BONHOEFFER (1906-1945, teólogo evangélico y luchador de la resistencia contra Hitler, que fue asesinado en el campo de concentración de Flossenbürg)

> En este levantamiento de la Encarnación de su Hijo y de la gloria de su Resurrección según la carne no solamente hermoseó el Padre las criaturas en parte, mas podremos decir que del todo las dejó vestidas de hermosura y dignidad.

SAN JUAN DE LA CRUZ

Jesús se aparece a María Magdalena, que no lo reconoce al momento: Jesús le dice: «¡María!». Ella se vuelve y le dice: «¡Rabboni!», que significa: «¡Maestro!».

Jn 20,16

también yo recibí: que Cristo murió por nuestros pecados según las Escrituras; y que fue sepultado y que resucitó al tercer día, según las Escrituras; y que se apareció a Cefas y más tarde a los Doce; después se apareció a más de quinientos hermanos juntos, la mayoría de los cuales vive todavía, otros han muerto» (1 Cor 15,3-6). Pablo informa aquí de una tradición viva, que él se encontró en la comunidad primitiva, cuando uno o dos años después de la Muerte y Resurrección de Jesús llegó él mismo a ser cristiano a causa de su propio encuentro deslumbrante con el Señor resucitado. Como primer indicio de la realidad de la Resurrección entendieron los discípulos el hecho de la tumba vacía (Lc 24,5-6). Y precisamente fueron mujeres, que según el derecho entonces vigente no eran testigos válidos, las que la descubrieron. Aunque se dice del → APÓSTOL Juan, ya ante la tumba vacía, que «vio y creyó» (Jn 20,8b), la certeza de que Jesús estaba vivo sólo se afianzó por medio de gran número de apariciones. La multitud de encuentros con el Resucitado acabaron con la Ascensión de Cristo a los cielos. Sin embargo hubo después y hay hoy encuentros con el Señor resucitado: Cristo vive.

107 *¿Volvió Jesús por la Resurrección al estado corporal que tenía durante su vida terrena?*

El Señor resucitado se dejó tocar por sus discípulos, comió con ellos y les enseñó las heridas de la Pasión. Sin embargo, su cuerpo ya no pertenece únicamente a la tierra, sino al ámbito divino del Padre. [645-646]

Cristo resucitado, que lleva las heridas del Crucificado, ya no está ligado al tiempo y al espacio. Podía pasar a través de puertas cerradas y aparecerse en lugares diferentes y bajo una forma en la que no lo reconocían inmediatamente. La Resurrección de Cristo no fue por tanto un retorno a la vida terrena normal, sino la entrada en un nuevo modo de ser: «Pues sabemos que Cristo, una vez resucitado de entre los muertos, ya no muere más; la muerte ya no tiene dominio sobre él» (Rom 6,9).

108 *¿Qué ha cambiado en el mundo por la Resurrección?*

Puesto que ya no todo termina con la muerte, la alegría y la esperanza han entrado en el mundo. Después de que la muerte «ya no tiene dominio» (Rom 6,9) sobre Jesús, no tiene ya tampoco poder sobre nosotros, que pertenecemos a Jesús. [655, 658]

109 *¿Qué quiere decir que Jesús ha ascendido a los cielos?*

Con Jesús uno de nosotros ha llegado junto a Dios y está allí para siempre. En su Hijo, Dios está humanamente cercano a nosotros los hombres. Además Jesús dice en el evangelio de san Juan: «Y cuando yo sea elevado sobre la tierra, atraeré a todos hacia mí» (Jn 12,32). [659-667]

En el → NUEVO TESTAMENTO, la Ascensión de Cristo a los cielos marca el final de una cercanía especial del Resucitado con sus discípulos a lo largo de cuarenta días. Acabado este tiempo, Jesús entra con toda su humanidad en la gloria de Dios. La Sagrada Escritura expresa esto mediante los símbolos de la «nube» y el «cielo». «El hombre», dice el papa Benedicto XVI, «encuentra sitio en Dios». Jesucristo está ahora junto al Padre, de donde vendrá un día «a juzgar a los vivos y a los muertos». La Ascensión significa que Jesús ya no está en la tierra de forma visible, aunque está presente y está aquí.

110 *¿Por qué es Jesucristo Señor del mundo entero?*

Jesucristo es Señor del mundo y Señor de la historia porque todo fue creado para él. Todos los hombres han sido salvados por él y serán juzgados por él. [668-674, 680]

> ¡Oh muerte, que separas los que estaban unidos y, cruel e insensible, desunes a los que unía la amistad! Tu poder ha sido ya quebrantado. [...] El mismo que te ha vencido a ti nos ha redimido a nosotros.
>
> SAN BRAULIO
> (*ca.* 590-651, obispo de Zaragoza)

> Galileos,¿qué hacéis ahí plantados mirando al cielo? El mismo Jesús que ha sido tomado de entre vosotros y llevado al cielo, volverá como lo habéis visto marcharse al cielo.
>
> Hch 1,11

> Porque en él fueron creadas todas las cosas: celestes y terrestres, visibles e invisibles. Tronos y Dominaciones, Principados y Potestades; todo fue creado por él y para él.
>
> Col 1,16

PARUSÍA
(grieg. = presencia personal): Se refiere a la venida de Cristo en el Juicio Final.

Desfalleciendo los hombres por el miedo y la ansiedad ante lo que se le viene encima al mundo [...]. Cuando empiece a suceder esto, levantaos, alzad la cabeza; se acerca vuestra liberación.

Lc 21,26.28

99 Hermanos, haceos bien a vosotros mismos, ¿queda claro?

SAN JUAN DE DIOS
(1495-1550, laico consagrado, fundador de la Orden Hospitalaria de los Hermanos de San Juan de Dios)

Él está *sobre nosotros* como el único ante quien doblamos la rodilla en adoración; está *junto a nosotros* como Cabeza de su Iglesia, en la que comienza ya ahora el reino de Dios; va por *delante de nosotros* como Señor de la historia, en quien los poderes de las tinieblas serán definitivamente derrotados y los destinos del mundo se cumplirán según el plan de Dios; sale a *nuestro encuentro* en gloria, en un día que no conocemos, para renovar y llevar a consumación el mundo. Su cercanía se puede experimentar sobre todo en la Palabra de Dios, en la recepción de los → SACRAMENTOS, en la atención a los pobres y allí «donde dos o tres están reunidos en mi nombre» (según Mt 18,20). → 157, 163

111 *¿Qué pasará cuando el mundo llegue a su fin?*

Cuando el mundo llegue a su fin, vendrá Cristo, visible para todos. [675-677]

Las conmociones dramáticas (Lc 18,8; Mt 24,3-14) anunciadas en la Sagrada Escritura, la maldad que se mostrará sin disimulo, las pruebas y persecuciones que pondrán a prueba la fe de muchos, son sólo la cara oscura de la nueva realidad: la victoria definitiva de Dios sobre el mal se hará visible. La gloria, la verdad y la justicia de Dios saldrán a la luz resplandeciente. Con la venida de Cristo habrá «un cielo nuevo y una tierra nueva». «Y enjugará toda lágrima de sus ojos, y ya no habrá muerte, ni duelo, ni llanto, ni dolor, porque lo primero ha desaparecido» (Ap 21,1.4) → 164

112 *¿Y cuando Cristo nos juzgue a nosotros y a todo el mundo?*

A quien no quiere saber nada del amor, no le puede ayudar Cristo; se juzga a sí mismo. [678-679, 681-682]

Como Jesús es «el camino y la verdad y la vida» (Jn 14,6), se mostrará en él lo que tiene consistencia ante Dios y lo que no. Según el criterio de lo que es la vida de Jesús saldrá a la luz la verdad completa de todos los hombres, de todas las cosas y de todos los pensamientos y acontecimientos.
→ 157, 163

◁▷ CAPÍTULO TERCERO ◁▷
Creo en el Espíritu Santo

113 *¿Qué quiere decir: Creo en el Espíritu Santo?*

Creer en el Espíritu Santo es adorarle como Dios igual que al Padre y al Hijo. Quiere decir creer que el Espíritu Santo viene a nuestro corazón para que como hijos de Dios conozcamos a nuestro Padre del cielo. Movidos por el Espíritu Santo podemos cambiar la faz de la tierra. [683-686]

Antes de su muerte Jesús había prometido a sus discípulos enviarles «otro Paráclito» (Jn 14,16), cuando ya no estuviera con ellos. Cuando después se derramó el *Espíritu Santo* sobre los discípulos de la Iglesia primitiva, entendieron lo que Jesús había querido decir. Experimentaron una seguridad profunda y la alegría de la fe y recibieron determinados → CARISMAS; es decir, podían profetizar, sanar y hacer milagros. Hasta hoy existen personas en la Iglesia que tienen estos dones y estas experiencias. → 35-38, 310-311

114 *¿Qué papel tiene el Espíritu Santo en la vida de Jesús?*

Sin el Espíritu Santo no se puede comprender a Jesús. En su vida se mostró como nunca antes la presencia del Espíritu de Dios, que denominamos Espíritu Santo. [689-691, 702-731]

Fue el Espíritu Santo quien llamó a la vida humana a Jesús en el seno de la Virgen María (Mt 1,18), lo confirmó como el Hijo amado (Lc 4,16-19), lo guió (Mc 1,12) y lo vivificó hasta el final (Jn 19,30). En la Cruz Jesús exhaló el Espíritu. Después de su resurrección otorgó a sus discípulos el Espíritu Santo (Jn 20,20). Con ello el Espíritu pasó a la Iglesia: «Como el Padre me ha enviado, así también os envío yo» (Jn 20,21).

115 *¿Bajo qué nombres y símbolos se muestra el Espíritu Santo?*

El Espíritu Santo desciende sobre Jesús en forma de paloma. Los primeros cristianos experimentaron el

CARISMAS
(del griego *charis* = don, gracia, favor, talento): Se llama a los dones gratuitos del Espíritu Santo, tal como se describen, por ejemplo, en 1 Cor 12,6ss: el don de curaciones, poder de milagros, profecía, don de lenguas y el don de interpretarlas, sabiduría, conocimiento, fe, entre otros. Aquí se incluyen también los siete dones del Espíritu Santo; son dones especiales para dirigir, gobernar, amar al prójimo y anunciar la fe.

El Espíritu Santo, como fuerte huracán, hace adelantar más en una hora la navecilla de nuestra alma hacia la santidad, que lo que nosotros habíamos conseguido en meses y años remando con nuestras solas fuerzas.

SANTA TERESA DE JESÚS

Nos impulsa a encontrarnos con el otro, enciende en nosotros el fuego del amor, nos convierte en misioneros del amor de Dios.

BENEDICTO XVI, acerca del Espíritu Santo, 20.07.2007

99 En Jesucristo Dios mismo se hizo hombre y nos concedió contemplar en cierto modo la intimidad de Dios mismo. Y allí vemos algo totalmente inesperado: El Dios misterioso no es una soledad infinita; es un acontecimiento de amor. Existe el Hijo que habla con el Padre. Y ambos son uno en el Espíritu, que es, por decirlo así, la atmósfera del dar y del amar que hace de ellos un único Dios.

BENEDICTO XVI,
Vigilia de Pentecostés,
2006

En muchas ocasiones y de muchas maneras habló Dios antiguamente a los padres por los Profetas. En esta etapa final nos ha hablado por el Hijo.

Heb 1,1-2

Espíritu Santo como una unción sanadora, agua viva, viento impetuoso o fuego llameante. Jesucristo mismo habla de él como ayuda, consolador, maestro y espíritu de la verdad. En los →SACRAMENTOS de la Iglesia se otorga el Espíritu mediante la imposición de las manos y la unción con óleo. [691-693]

La paz que Dios estableció con los hombres después del diluvio se anunció a Noé por la aparición de *una paloma*. También la Antigüedad pagana conocía la paloma como símbolo del amor. De este modo los primeros cristianos comprendieron rápidamente por qué el Espíritu Santo, el amor de Dios hecho persona, descendió sobre Jesús en forma de paloma, cuando se hizo bautizar en el Jordán. Hoy en día la paloma es el signo de la paz conocido en todo el mundo y uno de los grandes símbolos de la reconciliación de los hombres con Dios (cf. Gén 8,10-11).

116 *¿Qué quiere decir que el Espíritu Santo «habló por los profetas»?*

Ya en la antigua alianza Dios colmó a hombres y mujeres con el Espíritu Santo, de modo que alzaran su voz en favor de Dios, hablaran en su nombre y prepararan al pueblo para la llegada del Mesías. [683-688, 702-720]

En la antigua alianza Dios escogió hombres y mujeres que estuvieran dispuestos a dejarse convertir por él en consoladores, guías y amonestadores de su pueblo. Fue el Espíritu de Dios el que habló por boca de Isaías, Jeremías, Ezequiel y los demás profetas. Juan el Bautista, el último de estos profetas, no sólo predijo la llegada del Mesías. Se encontró con él y lo proclamó como el liberador del poder del pecado.

117 ¿Cómo pudo el Espíritu Santo obrar en, con y por medio de María?

María estaba totalmente disponible y abierta a Dios (Lc 1,38). De este modo pudo convertirse, por la acción del Espíritu Santo, en «Madre de Dios», y como Madre de Cristo también en Madre de los cristianos, y más aún, de todos los hombres. [721-726]

María posibilitó al Espíritu Santo el milagro de los milagros: la Encarnación de Dios. Ella dio su sí a Dios: «He aquí la esclava del Señor; hágase en mí según tu palabra» (Lc 1,38). Confortada por el Espíritu Santo estuvo con Jesús a las duras y a las maduras, hasta la Cruz. Allí Jesús nos la dio a todos nosotros como Madre (Jn 19,25-27). → 80-85, 479

118 ¿Qué sucedió en Pentecostés?

Cincuenta días después de su Resurrección envió Jesús desde el cielo el Espíritu Santo sobre sus discípulos. Dio comienzo entonces el tiempo de la Iglesia. [731-733]

El día de Pentecostés el Espíritu Santo hizo de los temerosos apóstoles testigos valientes de Cristo. En poquísimo tiempo se bautizaron miles de personas: era la hora del nacimiento de la Iglesia. El prodigio de las lenguas de → PENTECOSTÉS nos muestra que la Iglesia existe desde el comienzo para todos; es universal (término latino para el griego *católica*) y misionera. Se dirige a todos los hombres, supera barreras étnicas y lingüísticas y puede ser entendida por todos. Hasta hoy el Espíritu Santo es el elixir vital de la Iglesia.

El Espíritu Santo vendrá sobre ti, y la fuerza del Altísimo te cubrirá con su sombra.

Lc 1,35

PENTECOSTÉS (del griego *pentecoste* = «el día cincuenta» después de Pascua): En su origen era una fiesta en la que Israel celebraba el pacto de la alianza con Dios en el Sinaí. Por el acontecimiento de Pentecostés en Jerusalén se convirtió para los cristianos en la fiesta del Espíritu Santo.

Se llenaron todos de Espíritu Santo y empezaron a hablar en otras lenguas, según el Espíritu les concedía manifestarse [...] cada uno los oía hablar en su propia lengua.

Hch 2,4.6b

Muchas cosas me quedan por deciros, pero no podéis cargar con ellas por ahora; cuando venga él, el Espíritu de la verdad, os guiará hasta la verdad plena.

Jn 16,12-13a

LOS FRUTOS DEL ESPÍRITU SANTO
Amor, alegría, paz, paciencia, afabilidad, bondad, lealtad, modestia, dominio de sí.

Gál 5,22-23

LAS OBRAS DE LA CARNE
Según Gál 5,19ss se cuentan entre ellas: fornicación, impureza, libertinaje, idolatría, enemistades, discordia, envidia, cólera, ambiciones, divisiones, rivalidades, disensiones, borracheras y orgías y cosas semejantes.

119 *¿Qué hace el Espíritu Santo en la Iglesia?*

El Espíritu Santo construye la Iglesia y la impulsa. Le recuerda su → MISIÓN. Llama a hombres a su servicio y les concede las gracias necesarias. Nos introduce cada vez más profundamente en la comunión con el Dios trino. [733-741, 747]

Aunque la Iglesia, en su larga historia, en ocasiones haya dado la impresión de estar «dejada de la mano de Dios», a pesar de todas las faltas y deficiencias humanas, siempre está actuando en ella el Espíritu Santo. Sus dos mil años de existencia y los numerosos santos de todas las épocas y culturas son ya la prueba visible de su presencia en ella. Es el Espíritu Santo quien mantiene a la Iglesia en su conjunto en la verdad y la introduce cada vez más profundamente en el conocimiento de Dios. Es el Espíritu Santo quien actúa en los → SACRAMENTOS y quien hace viva para nosotros la Sagrada Escritura. A las personas que se abren totalmente a él, les otorga también hoy sus gracias y dones (→ CARISMAS). → 203-206

120 *¿Qué hace el Espíritu Santo en mi vida?*

El Espíritu Santo me abre a Dios; me enseña a orar y me ayuda a estar disponible para los demás. [738-741]

«El huésped silencioso de nuestra alma», así llama san Agustín al Espíritu Santo. Quien quiera percibirlo debe hacer silencio. Con frecuencia este huésped habla bajito dentro de nosotros, por ejemplo en la voz de nuestra conciencia o mediante otros impulsos internos y externos. Ser «templo del Espíritu Santo» quiere decir estar en cuerpo y alma a disposición de este huésped, del *Dios en nosotros*. Nuestro cuerpo es por tanto, en cierto modo, el cuarto de estar de Dios. Cuanto más nos abramos al Espíritu Santo en nosotros, tanto más se convertirá en maestro de nuestra vida, tanto más nos concederá también hoy sus → CARISMAS para la edificación de la Iglesia. De este modo, en lugar de las → OBRAS DE LA CARNE, crecerán en nosotros los → FRUTOS DEL ESPÍRITU.

→ 290-291, 295-297, 310-311

Creo en la Santa Iglesia católica

121 *¿Qué significa «Iglesia»?*

Iglesia viene del griego *ekklesia* = los convocados. Todos nosotros, quienes hemos sido bautizados y creemos en Dios, somos convocados por el Señor. Y juntos somos la Iglesia. Como dice san Pablo, Cristo es la Cabeza de la Iglesia. Nosotros somos su Cuerpo. [748-757]

Cuando recibimos los → Sacramentos y escuchamos la Palabra de Dios, Cristo está en nosotros y nosotros estamos en él: esto es la → Iglesia. La estrecha comunión de vida de todos los bautizados con Cristo es descrita en la Sagrada Escritura con una gran riqueza de imágenes. A veces se habla del Pueblo de Dios, otras de la esposa de Cristo; unas veces se llama madre a la Iglesia, otras, la familia de Dios o se la compara con los invitados a una boda. Nunca es la Iglesia una mera institución, nunca sólo la «Iglesia oficial», que uno podría rechazar. Nos irritarán las faltas y los defectos que se dan en la Iglesia, pero no nos podemos distanciar nunca de ella, porque Dios ha optado por ella de forma irrevocable y no se aleja de ella a pesar de todos sus pecados. La Iglesia es la presencia de Dios entre nosotros los hombres. Por eso debemos amarla.

---

99 El Espíritu Santo obra como quiere, cuando quiere y donde quiere.

PAPA FRANCISCO, *Evangelii Gaudium* 279.

99 Nuestra capacidad de entendimiento es limitada; por eso la misión del Espíritu consiste en introducir a la Iglesia siempre de nuevo, de generación en generación, en la grandeza de los misterios de Dios.

BENEDICTO XVI, 07.05.2005

IGLESIA (del griego *ex* + *Kaleo, ekklesia* = los convocados): Son los convocados de todos los pueblos, que pertenecen a Cristo por el bautismo.

Él es también la cabeza del cuerpo: de la Iglesia.

Col 1,18a

99 Nadie puede tener a Dios por Padre si no tiene a la Iglesia por madre.

SAN CIPRIANO DE CARTAGO (200-258, Padre de la Iglesia)

El Señor dijo a Caín: «¿Dónde está Abel, tu hermano?». Respondió Caín: «No sé; ¿soy yo el guardián de mi hermano?».

Gén 4,9

" Tenemos que ser bienaventurados juntos, unos con otros. Tenemos que acceder juntos a Dios, entrar juntos a su presencia. No tenemos que encontrar a Dios uno sin el otro. ¿Qué nos diría él si retornáramos uno sin el otro?

CHARLES PÉGUY
(1873-1914, poeta francés)

Como el Padre me ha enviado, así también os envío yo.

Jn 20,21b

122 *¿Para qué quiere Dios la Iglesia?*

Dios quiere la Iglesia porque no nos quiere salvar individualmente, sino juntos. Quiere convertir a toda la humanidad en su pueblo. [758-781, 802-804]

Nadie alcanza el cielo de forma asocial. Quien sólo se preocupa de sí mismo y de la salvación de su alma, vive de forma asocial. Esto es imposible, tanto en el cielo como en la tierra. El mismo Dios no es asocial; no es un ser solitario, que se baste a sí mismo. El Dios trinitario es en sí «social», una comunión, un eterno intercambio de amor. Según el modelo de Dios, el hombre está hecho para la relación, el intercambio, el compartir y el amor. Somos responsables unos de otros.

123 *¿Cuál es la misión de la Iglesia?*

La misión de la Iglesia es hacer brotar y crecer en todos los pueblos el reino de Dios, que ha comenzado ya con Jesús. [763-769, 774-776, 780]

Allí donde estuvo Jesús, el cielo tocó la tierra: Comenzaba el reino de Dios, un reino de paz y justicia. La Iglesia sirve a este reino de Dios. No es un fin en sí misma. Tiene que continuar lo que ha comenzado con Cristo. Debe actuar como lo haría Jesús. Continúa realizando los

signos sagrados de Jesús (→ SACRAMENTOS). Transmite las palabras de Jesús. Por eso la Iglesia, con todas sus debilidades, es realmente un fragmento de cielo en la tierra.

124 ¿Por qué la Iglesia es más que una institución?

La Iglesia es más que una institución porque es un (→ MISTERIO) que es a la vez humano y divino. [770-773, 779]

El amor verdadero no es ciego, sino que hace ver. Lo mismo ocurre cuando miramos a la Iglesia: vista desde fuera la Iglesia es únicamente una institución histórica, con logros históricos, pero también con errores e incluso crímenes: una Iglesia de pecadores. Pero esta mirada no es suficientemente profunda. Porque Cristo se ha comprometido de tal modo con nosotros pecadores que no abandona nunca a la Iglesia, incluso si le traicionáramos a diario. Esta unión inseparable de lo humano y lo divino, de pecado y de gracia, forma parte del misterio de la Iglesia. Por eso, vista con los ojos de la fe, la Iglesia es indestructiblemente santa. → 132

125 ¿Qué es lo que hace único al Pueblo de Dios?

El fundador de este pueblo es Dios Padre. Su líder es Jesucristo. Su fuente de energía es el Espíritu Santo. La puerta de entrada al Pueblo de Dios es el bautismo. Su dignidad es la libertad de los hijos de Dios. Su ley es el amor. Si este pueblo permanece fiel a Dios y busca ante todo el reino de Dios, transforma el mundo. [781-786]

En medio de todos los pueblos de la tierra existe un pueblo que no es como ningún otro. No se somete a nadie, sólo a Dios. Debe ser como la sal, que da sabor; como la levadura, que lo penetra todo; como la luz, que aleja las oscuridades. Quien pertenece al Pueblo de Dios debe contar con entrar en contradicción abierta con las personas que niegan la existencia de Dios y desprecian sus mandamientos. Pero en la libertad de los hijos de Dios no hay que tener miedo a nada, ni siquiera a la muerte.

Id, pues, y haced discípulos a todos los pueblos bautizándolos en el nombre del Padre y del Hijo y del Espíritu Santo; enseñándoles a guardar todo lo que os he mandado. Y sabed que yo estoy con vosotros todos los días hasta el final de los tiempos.

Mt 28, 19s

La Iglesia no tiene la misión de cambiar el mundo. Pero si lleva a cabo su misión, el mundo cambia.

BARÓN CARL FRIEDRICH VON WEIZSÄCKER (1912-2007, físico atómico y filósofo)

Cualquier cosa que hagáis sea sin protestas ni discusiones, así seréis irreprochables y sencillos, hijos de Dios sin tacha, en medio de una generación perversa y depravada, entre la cual brilláis como lumbreras del mundo.

Flp 2,14-15

Sólo por oírte
decirme una vez que me
quieres, crearía de nuevo
el universo.

Jesús en una visión a
SANTA TERESA DE JESÚS

99 Amar a Cristo y
amar a la Iglesia es una
misma cosa.

HERMANO ROGER SCHUTZ
(1915-2005, fundador
y prior de la comunidad
ecuménica de Taizé)

99 ¿Opinas entonces
que las debilidades de
la Iglesia llevarán a
Cristo a abandonarla?
Dejar a la Iglesia sería
como dejar el propio
cuerpo.

HELDER CÁMARA (1909-
1999, obispo brasileño)

La Iglesia es también
este barco que «con su
velamen que es la cruz
de Cristo, empujado por
el Espíritu Santo, navega
seguro en este mundo».

SAN AMBROSIO DE MILÁN
(340-397, Padre de la
Iglesia)

Pues nosotros
somos templo
del Dios vivo; así lo dijo
él: Habitaré entre ellos y
caminaré con ellos; seré
su Dios y ellos serán mi
pueblo.

2 Cor 6,16

---

126 *¿Qué quiere decir que «la Iglesia es el Cuerpo de Cristo»?*

Especialmente mediante los → SACRAMENTOS del Bautismo y la → EUCARISTÍA se establece una unión indisoluble entre Jesucristo y los cristianos. Esta unión es tan fuerte que nos junta a él y a nosotros como cabeza y miembros de un cuerpo humano y nos convierte en una unidad. [787-795] → 146, 175, 200, 208, 217

127 *¿Qué quiere decir que «La Iglesia es la esposa de Cristo»?*

Jesucristo ama a la Iglesia como un esposo ama a su esposa. Se vincula para siempre a ella y entrega su vida por ella. [796]

Quien ha estado enamorado una vez, intuye lo que es el amor. Jesús lo sabe y se denomina a sí mismo esposo, que corteja a su esposa con amor ardiente y que desea celebrar la fiesta del amor con ella. Su esposa somos nosotros, la Iglesia. Ya en el → ANTIGUO TESTAMENTO se compara el amor de Dios por su pueblo con el amor entre esposo y esposa. Cuando Jesús nos corteja a cada uno de nosotros, ¡cuántas veces es un *amante desgraciado*, por así decir, enamorado de aquellos que no quieren saber nada de su amor y no le corresponden!

128 *¿Qué quiere decir que la Iglesia es «templo del Espíritu Santo»?*

La Iglesia es el lugar del mundo donde el Espíritu Santo está plenamente presente. [797-801, 809]

El pueblo de Israel adoraba a Dios en el templo de Jerusalén. Este templo ya no existe. Su puesto lo ha ocupado la Iglesia, que no está sujeta a un lugar determinado. «Donde dos o tres están reunidos en mi nombre, allí estoy yo en medio de ellos» (Mt 18,20). Quien vivifica a la Iglesia es el Espíritu de Cristo: habita en la palabra de la Sagrada Escritura y está presente en los signos sagrados de los → Sacramentos. Habita en los corazones de los fieles y habla en sus oraciones. Conduce a la Iglesia y le otorga sus dones (→ Carismas), tanto los sencillos como los extraordinarios. Quien se confía al Espíritu Santo puede experimentar también hoy verdaderos milagros.

→ 113-120, 203-205, 310-311

Creo en la Iglesia, una, santa, católica y apostólica

129 *¿Por qué sólo puede haber <u>una</u> Iglesia?*

Así como sólo existe un único Cristo, sólo puede existir un único cuerpo de Cristo, una única esposa de Cristo, y por tanto sólo una única Iglesia de Cristo. Él es la Cabeza; la Iglesia, su Cuerpo. Juntos forman el «Cristo total» (san Agustín). Así como el cuerpo tiene muchos miembros, pero es solamente uno, así la Iglesia una existe en y está formada por muchas Iglesias particulares (diócesis). [811-816, 866, 870]

Jesús edificó su Iglesia sobre el fundamento de los → APÓSTOLES, que permanece hasta hoy. Es la Iglesia que subsiste en la Iglesia católica. La fe de los apóstoles, bajo la dirección del ministerio de Pedro, que «preside en la caridad» (san Ignacio de Antioquía), se transmitió en la Iglesia de generación en generación. También los → SACRAMENTOS, que Jesús confió al colegio apostólico, siguen actuando con la misma fuerza de su origen.

130 *¿También los cristianos no católicos son nuestros hermanos y hermanas?*

Todos los bautizados pertenecen a la Iglesia de Cristo. Por eso también los bautizados que están separados de la plena comunión con la Iglesia católica, en la que subsiste la Iglesia de Jesucristo, se llaman con razón cristianos y son por ello nuestros hermanos y hermanas. [817-819]

Las rupturas de la única Iglesia de Cristo surgieron por falsificaciones de la doctrina de Cristo, por faltas humanas y por escasa disposición a la reconciliación (con frecuencia en los representantes de ambas partes). Los cristianos de hoy no son responsables de las divisiones históricas de la Iglesia. El Espíritu Santo actúa también

La mayoría de los hombres no sospecha lo que Dios haría de ellos si únicamente se pusieran a su servicio.

SAN IGNACIO DE LOYOLA (1491-1556, fundador de los jesuitas)

Un solo cuerpo y un solo Espíritu, como una sola es la esperanza de la vocación a la que habéis sido convocados. Un Señor, una fe, un bautismo. Un Dios, Padre de todos, que está sobre todos, actúa por medio de todos y está en todos.

Ef 4,4-6

Porque con esta Iglesia [la Iglesia de Roma] en razón de su origen más excelente debe necesariamente acomodarse toda Iglesia, es decir, los fieles de todas partes, porque en ella se ha conservado siempre la tradición de los apóstoles.

SAN IRENEO DE LYON

IGLESIAS Y COMUNIDADES ECLESIALES
Muchas comunidades cristianas se denominan a sí mismas iglesias. Según la concepción católica son «Iglesia» sólo aquellas en las que se han conservado íntegramente los sacramentos de Jesucristo. Esto es válido sobre todo para las iglesias ortodoxas y orientales. En las «comunidades eclesiales», surgidas de la Reforma, no se han conservado íntegramente los sacramentos.

ECUMENISMO
(griego *oikumene* = la tierra habitada, el orbe): Los esfuerzos por la unidad de los cristianos separados.

Jesús, levantando los ojos al cielo, dijo: [...] Para que todos sean uno, como tú, Padre, en mí, y yo en ti, que ellos también sean uno en nosotros, para que el mundo crea que tú me has enviado.

Jn 17,1.21

en las → IGLESIAS Y COMUNIDADES ECLESIALES separadas de la Iglesia católica para la salvación de los hombres. Todos los dones en ellas presentes, como por ejemplo la Sagrada Escritura, los → SACRAMENTOS, la fe, la esperanza, la caridad y otros → CARISMAS, proceden de Cristo. Donde habita el Espíritu de Cristo, hay una dinámica interna en dirección a la «reunificación», porque lo que pertenece a un mismo ser tiende a unirse.

131 ¿Qué debemos hacer por la unidad de los cristianos?

Debemos escuchar las palabras y los hechos de Cristo, cuya voluntad declarada es «que todos sean uno» (Jn 17,21). [820-822]

Independientemente de la edad de cada cual, la unidad de los cristianos nos afecta a todos. La unidad fue uno de los deseos más importantes de Jesús: «Que todos sean uno [...] para que el mundo crea que tú me has enviado» (Jn 17,21). Las divisiones son como heridas en el Cuerpo de Cristo, duelen y supuran. Las divisiones conducen a enemistades y debilitan la fe y la credibilidad de los cristianos. Para que el escándalo de la separación desaparezca del mundo es necesaria la conversión de todos los afectados, también el conocimiento de las propias convicciones de fe y las controversias con las de los otros, pero especialmente es necesaria la oración común y el servicio común de los cristianos a los hombres. Los responsables de la Iglesia no deben dejar que se interrumpa el diálogo teológico.

132 ¿Por qué es santa la Iglesia?

La Iglesia no es santa porque todos sus miembros sean santos, sino porque Dios es santo y actúa en ella y por ella. Todos los miembros de la Iglesia están santificados por el bautismo. [823-829]

Siempre que nos dejamos tocar por el Dios trino, crecemos en el amor, somos *santificados* y santos. Los santos son amantes, no porque ellos sean capaces de amar por sí mismos, sino porque Dios los ha tocado. Ellos transmiten a los hombres el amor que han experimentado de Dios, cada uno en su modo propio, a menudo original. Llegados junto a Dios santifican también a la Iglesia, porque «pasan su cielo» apoyándonos a nosotros en el camino de la → SANTIDAD. → 124

133 ¿Por qué se llama católica la Iglesia?

«Católico» (del griego *katholon*) quiere decir estar referido a la totalidad. La Iglesia es católica porque Cristo la ha llamado a confesar *toda* la fe, a conservar y dispensar *todos* los → SACRAMENTOS y a anunciar a *todos* la Buena Noticia; y la ha enviado a *todos* los pueblos. [830-831, 849-856]

134 ¿Quién pertenece a la Iglesia católica?

Pertenece a la plena comunión con la Iglesia católica quien se vincula a Jesucristo en unidad con el → PAPA y los → OBISPOS mediante la confesión de la fe católica y la recepción de los → SACRAMENTOS. [836-838]

Dios quiso *una* Iglesia para *todos*. Por desgracia los cristianos hemos sido infieles a este deseo de Cristo. Sin embargo hoy estamos aún unidos entre nosotros estrechamente mediante la fe y el bautismo común.

135 ¿Qué relación tiene la Iglesia con los judíos?

Los judíos son los «hermanos mayores» de los cristianos, porque Dios los amó en primer lugar y les habló primero a ellos. El hecho de que Jesucristo, como hombre, sea un judío, nos une. Que la Iglesia reconozca en él al Hijo de Dios vivo, nos separa. Estamos unidos en la espera de la venida definitiva del Mesías. [839-840]

La fe judía es la raíz de nuestra fe. La Sagrada Escritura de los judíos, que nosotros llamamos → ANTIGUO TESTAMENTO, es la primera parte de nuestra Sagrada Escritura. La visión judeocristiana del hombre, cuya ética está marcada por los diez mandamientos, es el fundamento de las democracias occidentales. Es vergonzoso que los cristianos, a lo largo de muchos siglos, no hayan querido admitir este parentesco tan estrecho con el judaísmo y, con justificaciones pseudoteológicas, hayan contribuido a fomentar un odio a los judíos que a menudo ha tenido efectos mortales. El papa san Juan Pablo II, con motivo del Jubileo del año 2000,

SANTIDAD
Es el primer atributo de Dios. En latín existe la palabra «*fanum*» para lo divino, lo puro, aquello que está separado de lo profano, lo cotidiano. Dios es el totalmente otro, el «Santo de Israel» (Is 30,15); Jesús viene al mundo como el «Santo de Dios» (Jn 6,69). En él se puede ver lo que es «santo»: amar sin límites, misericordiosamente, ayudando y sanando, hasta la culminación en la Cruz y la Resurrección.

Así como en la Iglesia católica hay también elementos no católicos, también se puede encontrar fuera de la Iglesia católica algo católico. Muchos que parecen estar fuera, están dentro; muchos que parecen estar dentro, están fuera.

SAN AGUSTÍN

Y todo lo puso bajo sus pies, y lo dio a la Iglesia, como Cabeza, sobre todo. Ella es su cuerpo, plenitud del que llena todo en todos.

Ef 1,22s

Un cristiano no puede ser antisemita.

PAPA FRANCISCO, 24.06.2013

No creáis que he venido a abolir la Ley y los Profetas; no he venido a abolir, sino a dar plenitud.

Mt 5,17

❞❞ La religión judía no es para nosotros algo externo, sino que en cierto modo pertenece al interior de nuestra religión. Tenemos con ella relaciones no comparables a ninguna otra religión. Sois nuestros hermanos preferidos y, como se podría decir, en cierta manera, nuestros hermanos mayores.

SAN JUAN PABLO II en la visita a la Gran Sinagoga de Roma, 1986

LIBERTAD RELIGIOSA
«El derecho a la libertad religiosa no es ni la permisión moral de adherirse al error, ni un supuesto derecho al error, sino un derecho natural de la persona humana a la libertad civil, es decir, a la inmunidad de coacción exterior, en los justos límites, en materia religiosa por parte del poder político» (CCE 2108). El reconocimiento de la libertad religiosa o de culto no quiere en modo alguno decir que todas las religiones sean iguales e igualmente verdaderas.

pidió expresamente perdón por ello. El Concilio Vaticano II deja claro que no se debe imputar a los judíos como pueblo ninguna culpa colectiva en la muerte en cruz de Jesús.
→ 96-97, 335

136 *¿Cómo ve la Iglesia a las demás religiones?*

La Iglesia respeta todo lo que en las demás → RELIGIONES es bueno y verdadero. Respeta y fomenta la libertad religiosa como derecho humano. Sin embargo, ella sabe que Jesucristo es el único Salvador de los hombres. Sólo él es «el camino y la verdad y la vida» (Jn 14,6). [841-845, 846-848]

Todo aquel que busca a Dios nos resulta cercano a los cristianos. Hay un grado especial de «parentesco» con los musulmanes. Al igual que el judaísmo y el cristianismo, el islam pertenece también a las → RELIGIONES monoteístas (→ MONOTEÍSMO). También los musulmanes veneran al Dios creador y a Abraham como padre de su fe. Para el Corán, Jesús es un gran profeta. María, su Madre, es la madre del profeta. La Iglesia enseña que todos los hombres que sin culpa suya no conocen a Cristo ni a su Iglesia, pero buscan sinceramente a Dios y siguen la voz de su conciencia, pueden alcanzar la salvación con la ayuda de la gracia. Sin embargo, quien ha conocido que Jesucristo es

«el camino, la verdad y la vida», pero no quiere seguirle, no alcanza la salvación. Esto es lo que se expresa con la frase «Extra ecclesiam nulla salus» (Fuera de la Iglesia no hay salvación). → 199

137 *¿Por qué la Iglesia se llama apostólica?*

La → IGLESIA se llama apostólica porque, fundada sobre los → APÓSTOLES, mantiene su tradición y es guiada por sus sucesores. [857-860, 869, 877]

Jesús llamó a los → APÓSTOLES como sus más estrechos colaboradores. Fueron sus testigos oculares. Después de su Resurrección se les apareció en varias ocasiones. Les concedió el Espíritu Santo y los envió como sus mensajeros autorizados por todo el mundo. En la Iglesia primitiva eran los garantes de la unidad. Su misión y poder los transmitieron, mediante la imposición de las manos, a los → OBISPOS, sus sucesores. Así se hace hasta hoy. Este proceso se denomina → SUCESIÓN APOSTÓLICA. → 92

138 *¿Cómo está estructurada la Iglesia una, santa, católica y apostólica?*

En la Iglesia hay → LAICOS y clérigos (→ CLERO). Como hijos de Dios tienen la misma dignidad. Tienen misiones de igual valor, pero diferentes. La misión de los laicos es orientar el mundo entero hacia el reino de Dios. Junto a ellos están los ministros ordenados (clérigos) con los ministerios del gobierno de la Iglesia,

99 La Iglesia jamás debe contentarse con el grupo de aquellos a quienes ya ha llegado, y decir que los demás están bien así: musulmanes, hindúes... La Iglesia no puede retirarse cómodamente dentro de los límites de su propio ambiente. Tiene por cometido la solicitud universal, debe preocuparse por todos y de todos.

BENEDICTO XVI, 07.05.2006

? DOCE APÓSTOLES
(del griego *apostolos* = mensajero, enviado): «Éstos son los nombres de los doce Apóstoles: el primero, Simón, llamado Pedro, y Andrés, su hermano; Santiago, el de Zebedeo, y Juan, su hermano; Felipe y Bartolomé, Tomás y Mateo el publicano; Santiago el de Alfeo y Tadeo; Simón el de Caná y Judas Iscariotes, el que lo entregó» (Mt 10,2-4)

99 Regocíjate y alégrate, Iglesia de Dios, gózate porque formas un solo cuerpo para Cristo. [...] Fíate de tu cabeza, que es Cristo. Afiánzate en la fe. Se han cumplido las antiguas promesas. Sabes cuál es la dulzura de la caridad y el deleite de la unidad.

SAN LEANDRO (*ca.* 540-600, obispo de Sevilla)

SUCESIÓN APOSTÓLICA
(lat. *successio* = serie, sucesión): La serie, no interrumpida desde los apóstoles, de los obispos, sus sucesores en el episcopado. Tal como Jesús otorgó su poder a los apóstoles, se transmite éste desde entonces mediante la imposición de las manos y la oración, de obispo en obispo, hasta la venida del Señor.

LAICOS
(del griego *laos* = pueblo): Estado general en la Iglesia: los cristianos bautizados que son miembros del Pueblo de Dios y no están consagrados.

CLERO
(del griego *kleroi* = parte, herencia): Estado de los ministros ordenados en la Iglesia.

Así pues, mediante la sucesión apostólica es Cristo quien llega a nosotros: en la palabra de los Apóstoles y de sus sucesores, es él quien nos habla; por medio de sus manos, es él quien actúa en los sacramentos; en la mirada de ellos, es su mirada la que nos envuelve y nos hace sentirnos amados, acogidos en el corazón de Dios.

BENEDICTO XVI, 10.05.2006

---

de la enseñanza y de la santificación. En ambos estados de vida hay cristianos que, en castidad, pobreza y obediencia, se ponen de modo especial al servicio de Dios (por ejemplo, los religiosos). [871-876, 934, 935]

Todo cristiano tiene la misión de testimoniar el evangelio con la propia vida. Pero Dios traza un camino propio para cada persona. A unos los envía como → LAICOS, para que construyan el reino de Dios en medio del mundo, en la familia y en el trabajo. Para ello cuentan con los dones necesarios del Espíritu Santo en el bautismo y la → CONFIRMACIÓN. A otros les encomienda el ministerio pastoral; tienen que gobernar, enseñar y santificar a su pueblo. Nadie se puede atribuir este encargo; es el Señor mismo quien lo concede y confiere la fuerza divina mediante el orden sagrado. De este modo pueden actuar en lugar de Cristo y dispensar los → SACRAMENTOS. → 259

139 *¿En qué consiste la vocación de los laicos?*

Los → LAICOS son enviados para comprometerse en la sociedad, para que el reino de Dios pueda crecer entre los hombres. [897-913, 940-943]

Un → LAICO no es un cristiano de segunda clase, porque participa del sacerdocio de Cristo (sacerdocio común). Se ocupa de que las personas de su entorno (en el colegio, la formación, la familia y el trabajo) conozcan el Evangelio y aprendan a amar a Cristo. Mediante su fe influye en la sociedad, la economía y la política. Respalda la vida eclesial, asumiendo por ejemplo servicios de acólito o lector, se ofrece como responsable de grupos, participa en consejos y comisiones eclesiales (por ejemplo el consejo pastoral parroquial o el consejo económico). Los jóvenes deben reflexionar especialmente sobre el lugar que Dios quiere que ocupen.

140 *¿Por qué la Iglesia no es una organización democrática?*

El principio de la democracia es: todo poder emana del pueblo. Pero en la Iglesia todo poder emana de Cristo. Por eso la Iglesia tiene una constitución jerárquica. Al mismo tiempo Cristo le otorgó, sin embargo, una estructura colegial. [874-879]

JERARQUÍA
(del griego *hieros* y *arché* = origen sagrado): La constitución escalonada de la Iglesia establecida por Cristo, de quien procede todo poder y autoridad.

PAPA
(del griego *pappas* = padre): Sucesor del apóstol Pedro, obispo de Roma. Puesto que Pedro era el primero entre los apóstoles, el Papa, como sucesor suyo, es la cabeza del colegio episcopal. Como Vicario de Cristo es el supremo Pastor de toda la Iglesia.

El elemento *jerárquico* en la Iglesia consiste en que es el mismo Cristo quien actúa en ella cuando los ministros sagrados por gracia de Dios hacen y dan lo que no podrían hacer ni dar por sí mismos, es decir, cuando dispensan, en lugar de Cristo, los → SACRAMENTOS y enseñan con su autoridad. El elemento *colegial* en la Iglesia consiste en que Cristo ha confiado la totalidad de la fe a una comunidad de doce → APÓSTOLES, cuyos sucesores, bajo el primado de Pedro, dirigen la Iglesia. Partiendo de este enfoque colegial los concilios son un elemento irrenunciable de la Iglesia. Pero también en otros órganos colegiados de la Iglesia, en sínodos y consejos, pueden fructificar la multitud de los dones del Espíritu y la universalidad de la Iglesia de todo el mundo.

OBISPO
(del griego *episkopein* = observar algo desde arriba): Sucesor de los Apóstoles; ejerce el gobierno de una diócesis (Iglesia particular); como miembro del colegio episcopal cada obispo participa de la solicitud por todas las Iglesias, bajo la autoridad del Papa.

141 *¿Cuál es la misión del Papa?*

Como sucesor de san Pedro y cabeza del colegio episcopal, el → PAPA es el garante de la unidad de la Iglesia. Tiene la potestad pastoral suprema y es la autoridad máxima en las decisiones doctrinales y disciplinares. [880-882, 936-937]

Jesús otorgó a Pedro una primacía única entre los apóstoles. Esto le convirtió en la autoridad suprema de la

? PRESBÍTERO
(del griego *presbyteros* = el más anciano): Colaborador del obispo en la predicación y en la administración de los sacramentos. Ejerce su ministerio en comunión con los demás presbíteros, bajo la autoridad del obispo. En el lenguaje común el término más usual para referirse a los presbíteros es Sacerdote.

Iglesia primitiva. → ROMA, la Iglesia local al frente de la cual estaba Pedro, y el lugar de su martirio, se convirtió después de su muerte en la orientación interior de la Iglesia naciente. Toda comunidad debía estar de acuerdo con Roma; ésta era la regla de la fe recta, plena y apostólica. Hasta nuestros días, todo → OBISPO de Roma, como Pedro, es el supremo Pastor de la Iglesia, cuya verdadera Cabeza es Cristo. Sólo en esta función es el → PAPA el «Vicario de Cristo en la tierra». Como autoridad suprema pastoral y doctrinal, vela por la transmisión auténtica de la fe. Si es necesario debe retirar el permiso de enseñanza o suspender a ministros ordenados en casos de faltas

" Rogad por mí, para que aprenda a querer cada vez más a su rebaño, a vosotros, a la Santa Iglesia, a cada uno y a todos juntos. Rogad por mí, para que no huya temeroso ante los lobos. Roguemos unos por otros, para que sea el Señor quien nos lleve y para que por él aprendamos a llevarnos unos a otros.

BENEDICTO XVI, al comienzo de su Pontificado, 24.07.2005

graves en su ministerio en cuestiones de fe y moral. La unidad en cuestiones de fe y moral, que está garantizada por el → MAGISTERIO, al frente del cual está el Papa, constituye una parte de la capacidad de resistencia y del atractivo de la Iglesia católica.

142 *¿Pueden los obispos actuar y enseñar en contradicción con el Papa? ¿O el Papa contra los obispos?*

Los → OBISPOS no pueden actuar ni enseñar contra el → PAPA, sino únicamente junto con él. El Papa, por el contrario, puede, en casos claramente determinados, tomar decisiones sin el acuerdo de los obispos. [880-890]

No obstante, el → Papa en sus decisiones está sujeto a la fe de la Iglesia. Existe algo así como el sentido general de la fe de la Iglesia; una convicción fundamental en asuntos de fe, presente en toda la Iglesia y obra del Espíritu Santo, por así decir, el sentido común de la Iglesia, es decir lo que «ha sido creído siempre, en todas partes y por todos» (san Vicente de Lérins).

143 ¿Es realmente infalible el Papa?

Sí. Pero el → PAPA sólo goza de esta infalibilidad cuando proclama con un acto definitivo la doctrina en cuestiones de fe y moral. También las decisiones magisteriales del colegio episcopal en comunión con el Papa pueden tener carácter infalible, por ejemplo las decisiones de un Concilio Ecuménico cuando proponen una doctrina como definitiva. [888-892]

La infalibilidad del → PAPA no tiene nada que ver con su integridad moral ni con su inteligencia. Infalible es en realidad la *Iglesia*, pues Jesús le ha prometido el Espíritu Santo, que la sostiene en la verdad y la introduce en ella cada vez más profundamente. Cuando una verdad de fe evidente es negada o tergiversada de repente, la Iglesia debe tener *una* última palabra que exprese de forma vinculante lo que es verdadero y lo que es falso. Esta palabra es la del Papa. Como sucesor de Pedro y primero de los → OBISPOS, tiene el poder de formular la verdad cuestionada según la tradición de la fe de la Iglesia, de tal modo que se presente a los fieles para todos los tiempos como «segura para ser creída o mantenida de manera definitiva». Un caso particular de esto se da cuando el Papa *proclama un dogma*. Por eso un dogma no puede nunca tener un contenido «nuevo». Un dogma se proclama muy raramente. El último es de 1950.

144 ¿Cuál es la misión de los obispos?

**Los → OBISPOS son los responsables de la Iglesia particular a ellos encomendada y son corresponsables de toda la Iglesia. Ejercen su autoridad en comunión de unos con otros y para toda la Iglesia bajo la autoridad del → PAPA.
[886-887, 893-896, 938-939]**

ROMA

La comunidad de Roma fue considerada desde el principio como la Iglesia «más grande y más antigua y de todos conocida», que «fue fundada y organizada en Roma por los dos muy gloriosos apóstoles Pedro y Pablo [...]. En razón de su origen más excelente toda Iglesia debe necesariamente concordar con esta Iglesia, es decir, los fieles de todas partes, porque en ella se ha conservado siempre la tradición de los apóstoles» (Ireneo de Lyon, 135-202). El hecho de que ambos apóstoles sufrieran el martirio en Roma dio una relevancia añadida a la comunidad de Roma.

Ahora yo te digo: tú eres Pedro, y sobre esta piedra edificaré mi Iglesia, y el poder del infierno no la derrotará. Te daré las llaves del reino de los Cielos; lo que ates en la tierra quedará atado en los cielos, y lo que desates en la tierra quedará desatado en los cielos.

Mt 16,18-19

CONCILIO ECUMÉNICO
(del griego *oikumene* = todo el orbe habitado): Asamblea de los obispos católicos de toda la Iglesia universal; no se debe confundir con el ecumenismo en el sentido de la unidad de todos los cristianos.

Instituyó Doce para que estuvieran con él, y para enviarlos a predicar.

Mc 3,14

DOGMA
(del griego *dogma* = opinión, resolución, enseñanza): Una afirmación de fe, contenida en la Escritura y la Tradición, declarada por un Concilio o por el Papa como Revelación divina.

EX CATHEDRA
(lat. = desde la cátedra): El término designa el caso especial de una decisión magisterial infalible del Papa.

Quien a vosotros escucha, a mí me escucha; quien a vosotros rechaza, a mí me rechaza; y quien me rechaza a mí, rechaza al que me ha enviado.

LC 10,16

Los → OBISPOS tienen que ser ante todo → APÓSTOLES, testigos fieles de Jesús, que los ha llamado personalmente a su lado y los ha enviado. De este modo llevan a Cristo a los hombres y a los hombres a Cristo. Esto se realiza mediante la predicación, la celebración de los sacramentos y el gobierno de la Iglesia. Como sucesor de los apóstoles, el obispo ejerce su ministerio con su propia autoridad apostólica; no es un comisionado o una especie de asistente del Papa, sino que actúa junto con el → PAPA y bajo su autoridad.

145 *¿Por qué quiere Jesús que existan personas que vivan para siempre una vida en pobreza, castidad y obediencia?*

Dios es amor. Él desea también nuestro amor. Una forma de entrega amorosa a Dios es *vivir como Jesús*, pobre, casto y obediente. Quien vive así tiene la cabeza, el corazón y las manos libres para Dios y para los hombres. [914-933, 944-945]

No faltan nunca personas que se dejan conquistar totalmente por Jesús, de modo que, «por el reino de los cielos» (Mt 19,12), lo dejan todo por Dios, incluso dones tan hermosos como la propiedad privada, la autodeterminación y el amor conyugal. Esta vida según los → CONSEJOS EVANGÉLICOS en pobreza, castidad y obediencia muestra a todos los cristianos que el mundo no lo es todo. Sólo el encuentro «cara a cara» con el Esposo divino hará feliz al hombre de modo definitivo.

Creo en la comunión de los santos

146 *¿Qué significa la «comunión de los santos»?*

De la «comunión de los santos» forman parte todas las personas que han puesto su esperanza en Cristo y le pertenecen por el bautismo, hayan muerto ya o vivan todavía. Puesto que somos un cuerpo en Cristo,

CONSEJOS EVANGÉLICOS
Pobreza, castidad y obediencia son consejos dados en el evangelio para el seguimiento de Cristo.

> Seguir a Cristo implica siempre el valor de ir contra corriente.

BENEDICTO XVI, 17.05.2008

Jesús se lo quedó mirando, lo amó y le dijo: «Una cosa te falta: anda, vende lo que tienes, dáselo a los pobres [...] y luego ven y sígueme».

Mc 10,21

vivimos en una comunión que abarca el cielo y la tierra. [946-962]

La Iglesia es más grande y está más viva de lo que pensamos. A ella pertenecen los vivos y los muertos, ya se encuentren en un proceso de purificación o estén en la gloria de Dios. Conocidos y desconocidos, grandes santos y personas insignificantes. Nos podemos ayudar mutuamente sin que la muerte lo impida. Podemos invocar a nuestros santos patronos y a nuestros santos favoritos, pero también a nuestros parientes difuntos, de quienes pensamos que ya están junto a Dios. Y al contrario, podemos socorrer a nuestros difuntos que se encuentran aún en un proceso de purificación, mediante nuestras oraciones. Todo lo que cada uno hace o sufre en y para Cristo, beneficia a todos. La conclusión inversa supone, desgraciadamente, que cada pecado daña la comunión. ➜ 126

Si un miembro sufre, todos sufren con él; si un miembro es honrado, todos se alegran con él.

1 Cor 12,26

→ vana también vuestra fe [...]. Si hemos puesto nuestra esperanza en Cristo sólo en esta vida, somos los más desgraciados de toda la humanidad. Pero Cristo ha resucitado de entre los muertos y es primicia de los que han muerto.

1 Cor 15,12-14.19.20

Y el Verbo se hizo carne y habitó entre nosotros.

Jn 1,14a

También para el cuerpo hay espacio en Dios.

BENEDICTO XVI, 15.08.05

Alguno preguntará: ¿Y cómo resucitan los muertos? ¿Con qué cuerpo vendrán? Insensato, lo que tú siembras no recibe vida si antes no muere. Y al sembrar, no siembras el cuerpo que llegará a ser, sino un simple grano, de trigo, por ejemplo, o de cualquier otra planta.

1 Cor 15,35-37

153 *¿Por qué creemos en la resurrección de la «carne»?*

El término bíblico «carne» designa al hombre en su condición de debilidad y de mortalidad. Pero Dios no contempla la carne humana como algo de escaso valor. En Jesús él mismo tomó «carne» (→ ENCARNACIÓN), para salvar al hombre. Dios no sólo salva el espíritu del hombre, salva al hombre todo entero, en cuerpo y alma. [988-991, 997-1001, 1015]

Dios nos ha creado con cuerpo (carne) y alma. Al final del mundo él no abandonará la «carne», ni a su creación como si fuera un juguete viejo. En el «último día» nos resucitará en la carne. Esto quiere decir que seremos transformados, pero que nos encontraremos, no obstante, *en nuestro elemento*. Tampoco para Jesucristo fue un mero episodio el estar en la carne. Cuando el Resucitado se apareció, los discípulos contemplaron sus heridas corporales.

154 *¿Qué pasa con nosotros cuando morimos?*

En la muerte se separan el cuerpo y el alma. El cuerpo se descompone, mientras que el alma sale al encuentro de Dios y espera a reunirse en el último día con su cuerpo resucitado. [992-1004, 1016-1018]

El *cómo* de la resurrección de nuestro cuerpo es un misterio. Una imagen nos puede ayudar a asumirlo: cuando vemos un bulbo de tulipán no podemos saber qué hermosa flor se desarrollará en la oscuridad de la tierra. Igualmente no sabemos nada de la apariencia futura de nuestro nuevo cuerpo. Sin embargo, san Pablo está seguro: «Se siembra un cuerpo sin gloria, resucita glorioso» (1 Cor 15,43a).

155 *¿Cómo nos ayuda Cristo en la muerte, si confiamos en él?*

Cristo nos sale al encuentro y nos conduce a la vida eterna. «No me recogerá la muerte, sino Dios» (santa Teresa del Niño Jesús). [1005-1014, 1016, 1019]

Contemplando la pasión y la muerte de Jesús incluso la muerte puede ser más llevadera. En un acto de confianza y de amor al Padre podemos decir «sí», como hizo Jesús en el Huerto de los Olivos. Esta actitud se denomina «sacrificio espiritual». El que muere se une con el sacrificio de Cristo en la cruz. Quien muere así, confiando en Dios y en paz con los hombres, es decir, sin pecado grave, está en el camino de la comunión con Cristo resucitado. Cuando morimos, no caemos más que hasta las manos de Dios. Quien muere no viaja a la nada, sino que regresa al hogar del amor del Dios que le ha creado. → 102

Creo en la vida eterna

156 *¿Qué es la vida eterna?*

La vida eterna comienza con el Bautismo. Va más allá de la muerte y no tendrá fin. [1020]

Cuando estamos enamorados no queremos que este estado acabe nunca. «Dios es amor», dice la primera carta de san Juan (1 Jn 4,16). «El amor», dice la primera carta a los Corintios, «no pasa nunca» (1 Cor 13,8). Dios es eterno, porque es amor; y el amor es eterno porque es divino. Cuando estamos en el amor entramos en la presencia infinita de Dios. → 285

157 *¿Seremos llevados a juicio después de la muerte?*

El llamado juicio especial o particular tiene lugar en el momento de la muerte de cada individuo. El juicio universal, que también se llama final, tendrá lugar en el último día, es decir, al final de los tiempos, en la venida del Señor. [1021-1022]

Al morir, cada hombre llega al momento de la verdad. Ya nada puede ser eliminado o escondido, nada puede ser cambiado. Dios nos ve como somos. Llegamos ante su juicio, que todo lo hace «justo». Quizá debamos pasar aún por un proceso de purificación, quizá podamos gozar inmediatamente del abrazo de Dios. Pero quizá estemos tan llenos de maldad y odio, de tanto «no» a todo, que

Tan alta vida espero, que muero porque no muero.

SANTA TERESA DE JESÚS

El tiempo de buscar a Dios es esta vida. El tiempo de encontrar a Dios es la muerte. El tiempo de poseer a Dios es la eternidad.

SAN FRANCISCO DE SALES

Yo no muero, entro en la vida.

SANTA TERESA DEL NIÑO JESÚS (1873-1897, mística, carmelita y Doctora de la Iglesia)

Mas no olvidéis una cosa, queridos míos, que para el Señor un día es como mil años y mil años como un día.

2 Pe 3,8

A la tarde (de la vida) te examinarán en el amor.

SAN JUAN DE LA CRUZ

JUICIO
El llamado juicio especial o particular tiene lugar en la muerte de cada individuo. El juicio universal o final, tendrá lugar en el último día, es decir, al final de los tiempos, en la segunda venida del Señor.

apartemos para siempre nuestro rostro del amor, de Dios. Y una vida sin amor no es otra cosa que el infierno.
→ 163

158 *¿En qué consiste el cielo?*

El cielo es el momento sin fin del amor. Nada nos separa ya de Dios, a quien ama nuestra alma y ha buscado durante toda una vida. Junto con todos los ángeles y santos podemos alegrarnos por siempre en y con Dios. [1023-1026, 1053]

Ahora vemos como en un espejo, confusamente; entonces veremos cara a cara. Mi conocer es ahora limitado; entonces conoceré como he sido conocido por Dios.

1 Cor 13,12

Quien contempla a una pareja que se mira tiernamente; quien contempla a un bebé que busca mientras mama los ojos de su madre, como si quisiera almacenar para siempre su sonrisa, percibe una lejana intuición del cielo. Poder mirar a Dios cara a cara es como un único y eterno momento de amor. → 52

159 *¿Qué es el purgatorio?*

El purgatorio, a menudo imaginado como un lugar, es más bien un estado. Quien muere en gracia de Dios (por tanto, en paz con Dios y los hombres), pero necesita aún purificación antes de poder ver a Dios cara a cara, ése está en el purgatorio. [1030-1031]

Un hombre puede perder sus bienes temporales contra su voluntad, pero nunca pierde los bienes eternos, a no ser por su voluntad.

SAN AGUSTÍN

Cuando Pedro traicionó a Jesús, el Señor se volvió y miró a Pedro: «Y Pedro salió fuera y lloró amargamente». Éste es un sentimiento como el del purgatorio. Y un purgatorio así nos espera probablemente a la mayoría de nosotros en el momento de nuestra muerte: el Señor nos mira lleno de amor, y nosotros experimentamos una vergüenza ardiente y un arrepentimiento doloroso por nuestro comportamiento malvado o quizás «sólo» carente de amor. Sólo después de este dolor purificador seremos capaces de contemplar su mirada amorosa en la alegría celestial perfecta.

160 *¿Podemos ayudar a los difuntos que se encuentran en el estado del purgatorio?*

Sí. Puesto que todos los bautizados forman una comunión y están unidos entre sí, los vivos pueden ayudar a las almas de los difuntos que están en el purgatorio. [1032]

Una vez que el hombre ha muerto, ya no puede hacer nada para sí mismo. El tiempo de la prueba activa se ha terminado. Pero *nosotros* podemos hacer algo por los difuntos que están en el purgatorio. Nuestro amor alcanza el más allá. Por medio de nuestros ayunos, oraciones y buenas obras, y especialmente por la celebración de la Sagrada → EUCARISTÍA, podemos pedir gracia para los difuntos. → 146

161 *¿En qué consiste el infierno?*

El infierno consiste en el estado de la separación eterna de Dios, en la ausencia absoluta de amor. [1033-1037]

Quien muere conscientemente y por propia voluntad en pecado mortal, sin arrepentirse y rechazando para siempre el amor misericordioso y lleno de perdón, se excluye a sí mismo de la comunión con Dios y con los bienaventurados. Nuestra libertad hace posible esta decisión. Jesús nos alerta constantemente del riesgo de separarnos definitivamente de él, cuando nos cerramos a la necesidad de *sus* hermanos y hermanas: «Apartaos de mí, malditos [...] lo que no hicisteis con uno de éstos, los más pequeños, tampoco lo hicisteis conmigo» (Mt 25,41.45) → 53

162 *Pero si Dios es amor, ¿cómo puede existir el infierno?*

No es Dios quien condena a los hombres. Es el mismo hombre quien rechaza el amor misericordioso de Dios y renuncia voluntariamente a la vida (eterna), excluyéndose de la comunión con Dios. [1036-1037]

Por eso, encargó [Judas Macabeo] un sacrificio de expiación por los muertos, para que fueran liberados del pecado.

2 Mac 12,46

No dudemos, pues, en socorrer a los que han partido y en ofrecer nuestras plegarias por ellos.

SAN JUAN CRISÓSTOMO

El que no ama permanece en la muerte. El que odia a su hermano es un homicida. Y sabéis que ningún homicida lleva permanentemente en sí vida eterna.

1 Jn 3,14b-15

Yo me pregunto: ¿Qué significa el infierno? Y sostengo: la incapacidad de amar.

FIODOR M. DOSTOIEVSKI
(1821-1881, escritor ruso)

El Señor no retrasa su promesa, como piensan algunos, sino que tiene paciencia con vosotros, porque no quiere que nadie se pierda sino que todos accedan a la conversión.

2 Pe 3,9

" En su bondad infinita jamás abandona Dios a aquellos que no le quieren abandonar a él.

SAN FRANCISCO DE SALES

Cuando venga en su gloria el Hijo del hombre, y todos los ángeles con él, se sentará en el trono de su gloria y serán reunidas ante él todas las naciones. Él separará a unos de otros, como un pastor separa las ovejas de las cabras. [...] Y éstos irán al castigo eterno y los justos a la vida eterna.

Mt 25,31ss

Dios desea la comunión incluso con el último de los pecadores; quiere que todos se conviertan y se salven. Pero Dios ha hecho al hombre *libre* y respeta sus decisiones. Ni siquiera Dios puede obligar a amar. Como amante es «impotente» ante alguien que elige el infierno en lugar del cielo. → 51, 53

163 *¿Qué es el Juicio Final?*

El →Juicio Final se celebrará al final de los tiempos, cuando vuelva Cristo. «Los que hayan hecho el bien saldrán a una resurrección de vida; los que hayan hecho el mal, a una resurrección de juicio» (Jn 5,29). [1038-1041, 1058-1059]

Cuando Cristo venga en su gloria, toda su luz caerá sobre nosotros. La verdad saldrá abiertamente a la luz: nuestros pensamientos, nuestras obras, nuestra relación con Dios y los hombres: nada quedará oculto. Conoceremos el sentido último de la Creación, comprenderemos los maravillosos caminos de Dios para nuestra salvación y por fin recibiremos la respuesta a la pregunta de por qué el mal puede ser tan poderoso, cuando es Dios en realidad el único que tiene poder. El Juicio Final es también una fecha de juicio para nosotros. Aquí se decide si somos despertados para la vida eterna o si somos separados para siempre de Dios. Aquellos que hayan elegido la vida vivirán para siempre en la gloria de Dios y le alabarán en cuerpo y alma.

→ 110-112, 157

164 *¿Cómo se acabará el mundo?*

Al final de los tiempos Dios dispondrá un cielo nuevo y una tierra nueva. El mal ya no tendrá poder ni atractivo. Los redimidos estarán cara a cara ante Dios, como sus amigos. Sus deseos de paz y justicia se verán cumplidos. Contemplar a Dios será su felicidad. El Dios trino habitará entre ellos y enjugará toda lágrima de sus ojos: ya no habrá muerte, ni luto, ni lamentos, ni fatiga. [1042-1050, 1060]

→ 110-112

165 *¿Por qué decimos «Amén» al confesar nuestra fe?*

Decimos Amén —es decir, sí— al confesar nuestra fe porque Dios nos llama como testigos de la fe. Quien dice Amén, asiente con alegría y libremente a la acción de Dios en la Creación y en la Salvación. [1061-1065]

La palabra hebrea «Amén» procede de una familia de palabras que significan tanto «fe» como «solidez, fiabilidad, fidelidad». «Quien dice Amén pone su firma» (san Agustín). Este sí incondicional lo podemos pronunciar únicamente porque Jesús se ha revelado para nosotros en su Muerte y Resurrección como fiel y digno de confianza. Él mismo es el «Amén» humano a todas las promesas de Dios, así como el «Amén» definitivo de Dios para nosotros. → 527

Y enjugará toda lágrima de sus ojos, y ya no habrá muerte, ni duelo, ni llanto ni dolor, porque lo primero ha desaparecido. Y dijo el que está sentado en el trono: «Mira, hago nuevas todas las cosas». Y dijo: «Escribe: estas palabras son fieles y verdaderas».

Ap 21,4-5b

AMÉN
La palabra Amén (del hebreo *Aman* = estable, ser fiable) se usa en el Antiguo Testamento principalmente con el significado de «así sea», para reforzar el deseo de la acción de Dios o para entrar en la alabanza de Dios. En el Nuevo Testamento es a menudo la palabra final que remata una oración. Pero quien la usa con más frecuencia es Jesús mismo como una introducción, por lo demás infrecuente, de su discurso. Subraya la autoridad de sus palabras.

Pues todas las promesas de Dios han alcanzado su sí en él. Así, por medio de él decimos nuestro «Amén» a Dios para gloria suya a través de nosotros.

2 Cor 1,20

SEGUNDA PARTE

Cómo celebramos los misterios cristianos

2

PREGUNTAS
166
–
278

Dios actúa para nosotros mediante signos sagrados 102

Dios y la sagrada Liturgia 104

Cómo celebramos los misterios de Cristo 108

Los sacramentos de la iniciación
(Bautismo, Confirmación, Eucaristía) 116

Los sacramentos de curación
(Penitencia y Unción de los enfermos) 133

Los sacramentos al servicio de la comunidad y de la misión
(Orden y Matrimonio) 143

Otras celebraciones litúrgicas 156

LITURGIA (del griego *leiturgia* = acción pública, función, servicio del pueblo y para el pueblo): En la tradición cristiana la Liturgia significa que el Pueblo de Dios participa en la «obra de Dios». El centro de las celebraciones litúrgicas es en primer lugar la sagrada Eucaristía; todas las demás celebraciones litúrgicas, por ejemplo, la celebración de los demás Sacramentos, devociones, bendiciones, procesiones y la Liturgia de las Horas, están ordenados a ella.

La liturgia no es nunca una mera reunión de un grupo que organiza una fiesta para sí mismo [...]. Mediante nuestra participación en la presencia de Cristo ante el Padre estamos también en la comunión de los santos. En cierto modo es realmente la liturgia del cielo.

CARDENAL JOSEPH RATZINGER/BENEDICTO XVI, *Dios y el mundo*

Todos nosotros vamos a misa porque amamos a Jesús y queremos compartir, en la Eucaristía, su pasión y su resurrección. ¿Pero amamos, como quiere Jesús, a aquellos hermanos y hermanas más necesitados?

PAPA FRANCISCO, 12.04.2014

En la celebración de los misterios cristianos (→ SACRAMENTOS) se produce el encuentro con Jesucristo en el tiempo. Hasta el final de los tiempos él está presente en su Iglesia. El encuentro más pleno con él en este mundo es el culto divino (→ LITURGIA). Por eso se dice en la regla de san Benito: «Nada se anteponga al culto divino» (san Benito de Nursia, *ca. 480-547*, fundador del monacato occidental).

◆ PRIMERA SECCIÓN ◆

Dios actúa para nosotros mediante signos sagrados

166 *¿Por qué celebra la Iglesia con tanta frecuencia el culto divino?*

Ya el pueblo de Israel interrumpía el trabajo «siete veces al día» (Sal 119,164) para alabar a Dios. Jesús participó en el culto y la oración de su pueblo; enseñó a orar a sus discípulos y los reunió en el Cenáculo para celebrar con ellos el mayor culto de todos: su propia entrega en la Eucaristía. La Iglesia, que convoca al culto, sigue su mandato: «Haced esto en memoria mía» (1 Cor 11,24b). [1066-1070]

Así como el hombre respira para mantenerse vivo, del mismo modo respira y vive la Iglesia mediante la celebración del culto divino. Es Dios mismo quien le infunde diariamente nueva vida y la enriquece mediante su Palabra y sus → SACRAMENTOS. Se puede usar también otra imagen: Cada acto de culto es como una cita de amor, que Dios escribe en nuestra agenda. Quien ya ha experimentado el amor de Dios, acude con ganas a la cita. Quien a veces no siente nada y, sin embargo, acude, muestra a Dios su fidelidad.

167 *¿Qué es la Liturgia?*

La → LITURGIA es el culto oficial de la Iglesia. [1077-1112]

Una → LITURGIA no es un «evento» que consista en buenas ideas y canciones estupendas. La Liturgia no se hace ni se inventa. Es algo vivo que ha crecido en la fe a lo largo de los siglos. Un acto de culto es un acontecimiento sagrado y venerable. La Liturgia se vuelve fascinante cuando se experimenta que Dios mismo está presente bajo los signos sagrados y en sus preciosas oraciones, a menudo muy antiguas.

168 *¿Por qué la Liturgia tiene prioridad en la vida de la Iglesia y de cada individuo?*

«La → LITURGIA es la cumbre a la que tiende la acción de la Iglesia y, al mismo tiempo, la fuente de donde mana toda su fuerza» (Concilio Vaticano II). [1074]

En vida de Jesús las personas acudían en masa ante él, porque buscaban su cercanía salvífica. También hoy lo podemos encontrar, porque vive en su Iglesia. En dos lugares nos garantiza su presencia: en el servicio a los más pobres (Mt 25,42) y en la → EUCARISTÍA. Allí nos damos realmente de bruces con él. Si dejamos que se nos acerque, él nos enseña, nos alimenta, nos transforma, nos sana y se hace uno con nosotros en la Santa Misa.

169 *¿Qué sucede con nosotros cuando celebramos el culto divino?*

Cuando celebramos el culto divino somos atraídos por el amor de Dios, somos sanados y transformados. [1076]

Todas las celebraciones litúrgicas de la Iglesia y todos sus → SACRAMENTOS están orientados únicamente a que tengamos vida, y ésta en abundancia. Cuando celebramos el culto divino nos encontramos con quien ha dicho de sí mismo «Yo soy el camino y la verdad y la vida» (Jn 14,6). Quien va al acto litúrgico y está abandonado, recibe de Dios seguridad. Quien va al culto y se encuentra perdido, encuentra a un Dios que le espera.

Salía de él una fuerza que los curaba a todos.

Lc 6,19b

Sin la eucaristía dominical no podríamos vivir. ¿No sabes que el cristiano existe para la Eucaristía y la Eucaristía para el cristiano?

Respuesta del mártir Saturnino (305) en el interrogatorio por la acusación de haber participado en la asamblea dominical, que estaba prohibida

Yo he venido para que tengan vida y la tengan abundante.

Jn 10,10b

Cuando todavía estaba lejos, su padre lo vio y se le conmovieron las entrañas; y, echando a correr, se le echó al cuello y lo cubrió de besos.

Lc 15,20

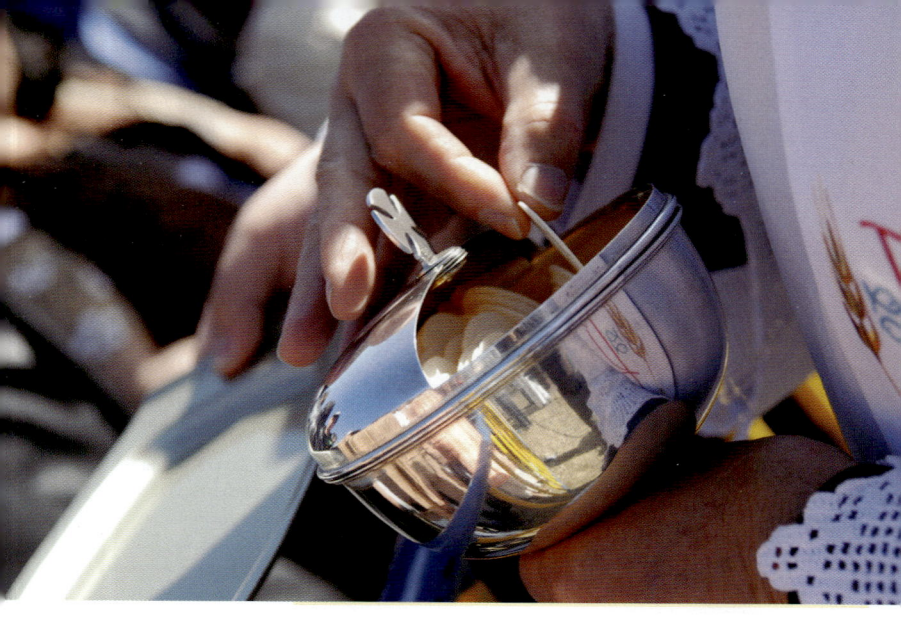

Me acercaré al altar de Dios, al Dios de mi alegría, y te daré gracias al son de la cítara, Dios, Dios mío.

Sal 43,4

BENDICIÓN
Bendición es el bien que procede de Dios (del latín *bene-dicere*; del griego *eu-logein* = hablar bien de alguien). Bendecir es una acción divina, que da vida y la mantiene. Dios, el Padre y Creador de todo lo que existe, dice: Es bueno que estés ahí. Es hermoso que existas.

◇ **CAPÍTULO PRIMERO** ◇
Dios y la sagrada Liturgia

170 *¿Cuál es el origen más hondo de la Liturgia?*

El origen más hondo de la → LITURGIA es Dios, en quien existe una fiesta eterna y celestial del amor: la fiesta de la alegría del Padre, del Hijo y del Espíritu Santo. Puesto que Dios es amor, quiere hacernos partícipes de la celebración de su alegría y regalarnos su → BENDICIÓN. [1077-1109]

Nuestros actos de culto terrenos tienen que ser celebraciones llenas de belleza y energía. Celebraciones del *Padre, que nos ha creado*, por eso los dones de la tierra tienen un papel tan importante: el pan, el vino, el aceite y la luz, el perfume del incienso, música divina y colores espléndidos. Celebraciones del *Hijo, que nos ha salvado*, por eso nos alegramos de nuestra liberación, respiramos hondamente escuchando la Palabra, nos fortalecemos al comer los dones eucarísticos. Celebraciones del *Espíritu Santo, que vive en nosotros*, por eso la riqueza desbordante de consuelo, conocimiento, valor, fuerza y → BENDICIÓN que brota de las asambleas sagradas. → 179

171 *¿Qué es lo esencial de toda Liturgia?*

La → Liturgia es siempre en primer lugar comunión con Jesucristo. Toda celebración litúrgica, no sólo la Eucaristía, es una fiesta de la Pascua en pequeño. Jesús celebra con nosotros el paso de la muerte a la vida y lo hace accesible para nosotros. [1085]

El acto litúrgico más importante del mundo fue la fiesta de la Pascua que Jesús celebró con sus discípulos en el Cenáculo la víspera de su Muerte. Los discípulos pensaban que Jesús iba a conmemorar la liberación de Israel del poder de Egipto. Pero Jesús celebró la liberación de toda la humanidad del poder de la muerte. En Egipto fue la «sangre del cordero» la que protegió a los israelitas del ángel de la muerte. Ahora es él mismo el Cordero, cuya sangre salva a la humanidad de la muerte. Porque la Muerte y la Resurrección de Jesús son la prueba de que se puede morir y, sin embargo, ganar la vida. Éste es el verdadero contenido de cada celebración litúrgica cristiana. Jesús mismo comparó su Muerte y Resurrección con la liberación de Israel de la esclavitud en Egipto. Con el término *misterio pascual* se designa por ello el efecto salvífico de la Muerte y Resurrección de Jesús. En forma análoga a la sangre del cordero que salvó las vidas de los israelitas en la salida de Egipto (Éx 12), Jesús es el verdadero Cordero pascual, que ha liberado a la humanidad de su encierro en la muerte y el pecado.

172 *¿Cuántos sacramentos hay y cómo se llaman?*

Los → Sacramentos de la Iglesia son siete: Bautismo, → Confirmación, → Eucaristía, Penitencia, Unción de los enfermos, Orden sacerdotal y Matrimonio. [1210]

173 *¿Y para qué necesitamos en realidad los sacramentos?*

Necesitamos los → Sacramentos para transformar nuestra pequeña vida humana y *por medio de* Jesús llegar a ser *como* Jesús: hijos de Dios en libertad y esplendor. [1129]

En el Bautismo los hijos perdidos de los hombres se convierten en hijos protegidos de Dios; mediante la → Confirmación los débiles se convierten en fuertes;

La sangre (del cordero) será vuestra señal en las casas donde habitáis. Cuando yo vea la sangre, pasaré de largo ante vosotros, y no habrá entre vosotros plaga exterminadora, cuando yo hiera a la tierra de Egipto.

Éx 12,13s

SACRAMENTO (lat. *sacramentum* = juramento de fidelidad; en la mayoría de los casos usado como traducción del griego *mysterion* = misterio): Los sacramentos son signos sagrados visibles de una realidad invisible, instituidos por Cristo, en los que los cristianos pueden experimentar la presencia de Dios que sana, perdona, alimenta, fortalece y capacita para amar, puesto que en ellos actúa la gracia de Dios.

Con su encarnación, con su venida entre nosotros, Jesús nos ha tocado y, a través de los sacramentos, también hoy nos toca.

FRANCISCO, *Lumen Fidei* 31

En la esperanza de que la creación misma sería liberada de la esclavitud de la corrupción, para entrar en la gloriosa libertad de los hijos de Dios.

Rom 8,21

Pues su poder divino nos ha concedido todo lo que conduce a la vida y a la piedad; [...] con las cuales se nos han concedido las preciosas y sublimes promesas, para que, por medio de ellas, seáis partícipes de la naturaleza divina, escapando de la corrupción que reina en el mundo por la ambición.

2 Pe 1,3-4

Él lo sacó de la aldea, llevándolo de la mano, le untó saliva en los ojos, le impuso las manos y le preguntó: «¿Ves algo?».

Mc 8,23

Lo que era visible en nuestro Salvador ha pasado a sus misterios.

SAN LEÓN MAGNO
(ca. 400-461, Papa y Padre de la Iglesia)

Pues quien come y bebe sin discernir el cuerpo come y bebe su condenación.

1 Cor 11,29

mediante la Confesión los culpables se convierten en reconciliados; mediante la → Eucaristía los hambrientos se convierten en pan para otros; mediante el Matrimonio y mediante el Orden sacerdotal los individualistas se convierten en servidores del amor; mediante la Unción de los enfermos los desesperados se convierten en hombres con confianza. El sacramento de todos los sacramentos es Cristo mismo. En él podemos dejar la perdición del egoísmo y entramos en la verdadera vida, que no cesa nunca.

174 *¿Por qué no es suficiente la fe en Jesucristo? ¿Para qué nos da Dios además los sacramentos?*

Debemos y podemos acceder a Dios con todos los sentidos, no sólo con el intelecto. Por eso se nos da Dios en signos terrenos, especialmente en el pan y el vino, que son el Cuerpo y la Sangre de Cristo. [1084,1146-1152]

Los hombres vieron a Jesús, lo escucharon, pudieron tocarlo y experimentaron la salvación y la sanación de cuerpo y alma. Los signos sensibles de los → SACRAMENTOS llevan ese mismo sello de Dios, que quiere dirigirse al hombre en su totalidad, y no sólo a su cabeza.

175 *¿Por qué pertenecen los sacramentos a la Iglesia? ¿Por qué no puede cada uno hacer uso de ellos a su antojo?*

Los → SACRAMENTOS son dones de Cristo a su Iglesia. Ella tiene la misión de dispensarlos y de protegerlos de un uso abusivo. [1117-1119; 1131]

Jesús ha confiado la transmisión de sus palabras y signos a determinadas personas, en concreto a sus → APÓSTOLES, y no los ha entregado a una masa anónima. Hoy se diría: no colocó su herencia en la red con libre acceso, sino que la albergó en un dominio propio. Los sacramentos existen *para* la Iglesia y *por* ella. Existen *para* ella porque el Cuerpo de Cristo, que es la Iglesia, se constituye, se alimenta y se perfecciona mediante los sacramentos. Existen *por* ella, porque los sacramentos son fuerzas del Cuerpo de Cristo, como en la Penitencia, donde Cristo nos perdona los pecados por medio del → PRESBÍTERO.

176 *¿Qué sacramentos se reciben solamente una vez en la vida?*

El Bautismo, la → CONFIRMACIÓN y el Orden sacerdotal. Estos → SACRAMENTOS marcan al cristiano con un sello indeleble. El Bautismo y la Confirmación le convierten de una vez para siempre en hijo de Dios, semejante a Cristo. El Orden sacerdotal sella igualmente al cristiano de forma definitiva. [1121]

Del mismo modo que uno es y permanece siempre hijo de sus padres y no sólo lo es «a veces» o «un poco», mediante el Bautismo y la Confirmación uno se convierte también para siempre en hijo de Dios, semejante a Cristo y miembro de la Iglesia. Igualmente el Orden sacerdotal no es una profesión que uno ejerce hasta la jubilación, sino una gracia irrevocable. Dado que Dios es fiel, el efecto de estos sacramentos se mantiene siempre en el hombre, como receptividad a la llamada de Dios, como vocación, como protección. Por ello estos sacramentos no pueden ser reiterados.

177 *¿Por qué los sacramentos presuponen la fe?*

Los → SACRAMENTOS no son magia. El sacramento opera por sí solo pero para ser fecundo tiene que ser recibido en la fe. Los sacramentos no sólo suponen la fe, sino que también la fortalecen y la expresan. [1122-1126]

Jesús encomendó a los → APÓSTOLES hacer a los hombres discípulos suyos en primer lugar mediante la predicación, es decir, despertar su fe y, sólo después, bautizarlos. Son por tanto dos las cosas que recibimos de la Iglesia: la fe y los sacramentos. Tampoco hoy se convierte uno en cristiano mediante un mero rito o por apuntarse en una lista, sino mediante la aceptación de la fe verdadera. Recibimos la fe verdadera de la Iglesia. Ella responde de ella. Dado que es la fe de la Iglesia la que se expresa en la → LITURGIA, ningún rito sacramental puede ser modificado o manipulado a voluntad de un ministro o de la comunidad.

Que la gente sólo vea en nosotros servidores de Cristo y administradores de los misterios de Dios.

1 Cor 4,1

Como buenos administradores de la multiforme gracia de Dios, poned al servicio de los demás el carisma que cada uno ha recibido.

1 Pe 4,10

Mas cuando se manifestó la bondad de Dios nuestro Salvador y su amor al hombre... nos salvó por el baño del nuevo nacimiento y de la renovación del Espíritu Santo.

Tit 3,4-5

Porque yo os transmití en primer lugar, lo que también yo recibí.

1 Cor 15,3

Así como una vela se enciende en la llama de otra, así se reaviva la fe en la fe.

ROMANO GUARDINI

(1885-1968, filósofo de la religión católico)

> Por eso, con los ángeles y arcángeles y con todos los coros celestiales, cantamos sin cesar el himno de tu gloria: Santo, santo, santo es el Señor, Dios del universo...

Plegaria eucarística

> Ella [la Liturgia] es una entrada en la Liturgia del cielo, que siempre está celebrándose [...]. No es que al hombre se le ocurra algo y cante, sino que el canto viene a él procedente de los ángeles.

JOSEPH RATZINGER/ BENEDICTO XVI, *Un cántico nuevo para el Señor.*

178 *Cuando un sacramento es administrado por una persona que es indigna, ¿pierde por ello su efecto?*

No. Los →Sacramentos obran en virtud de la acción sacramental realizada (*ex opere operato*), es decir, independientemente de la actitud moral o de la disposición espiritual de quien los dispensa. Es suficiente con que quiera hacer lo que hace la Iglesia. [1127-1128, 1131]

Los ministros de los sacramentos deben, en cualquier caso, llevar una vida ejemplar. Pero los sacramentos no son eficaces por la →Santidad de sus ministros, sino porque es Cristo mismo quien actúa en ellos. Ciertamente él respeta nuestra libertad al recibir los sacramentos y por eso sólo tienen eficacia positiva cuando nos abrimos a Cristo.

◁ CAPÍTULO SEGUNDO ▷
Cómo celebramos los misterios de Cristo

179 *¿Quién celebra la Liturgia?*

Es el mismo Cristo, el Señor, quien celebra en todas las liturgias terrenas la →Liturgia celestial, que abarca a ángeles y hombres, a vivos y difuntos, pasado, presente y futuro, cielo y tierra. Los →Presbíteros y los fieles participan en la celebración litúrgica de Cristo de diferente manera. [1136-1139]

En las celebraciones litúrgicas debemos prepararnos interiormente para la grandeza de lo que allí sucede. Aquí y ahora está presente Cristo, y con él todo el cielo. Allí están todos llenos de una alegría indecible y al mismo tiempo de amorosa preocupación por nosotros. El último libro de la Sagrada Escritura, el Apocalipsis, nos describe en imágenes misteriosas esta liturgia celestial, a la que unimos nuestra voz aquí en la tierra. → 170

180 *¿Por qué traducimos Liturgia como culto divino?*

El culto o servicio divino es ante todo el servicio que Dios nos hace a nosotros, y sólo en segundo lugar nuestro servicio a Dios. Dios se nos da bajo signos

sagrados, para que nosotros hagamos lo mismo: entregarnos sin reserva a él. [1145-1192]

Jesús está ahí, en la Palabra y el → Sacramento: Dios está presente. Esto es lo primero y lo más importante en toda celebración litúrgica. En segundo lugar estamos nosotros. Jesús entrega su vida por nosotros, para que nosotros le ofrezcamos el sacrificio espiritual de nuestras vidas. En la → Eucaristía Cristo se nos da, para que nos demos a él. Por así decir, extendemos a Cristo un cheque en blanco sobre nuestra vida. De este modo participamos en el sacrificio salvador y transformador de Cristo. Nuestra pequeña vida es elevada al reino de Dios. Dios puede vivir su vida en nuestra vida.

181 *¿Por qué en las celebraciones litúrgicas hay tantos signos y símbolos?*

Dios sabe que los hombres no sólo somos seres espirituales, sino también corporales; necesitamos signos y símbolos para reconocer y designar las realidades espirituales o interiores. [1145-1152]

Da igual que sean rosas rojas, anillo nupcial, vestidos negros, grafitis o el lazo de la lucha contra el sida, siempre expresamos las realidades interiores mediante signos y también nos entendemos así de modo inmediato. El Dios hecho hombre nos da signos humanos, bajo los cuales él vive y actúa entre nosotros: pan y vino, el agua del Bautismo, la unción con el Espíritu Santo. Nuestra respuesta a los signos sagrados de Dios, instituidos por Cristo, consiste en muestras de reverencia: doblar la rodilla, ponerse en pie para escuchar el Evangelio, inclinarse, juntar las manos. Y como hacemos para una boda, adornamos el lugar de la presencia divina con lo más hermoso que tenemos: con flores, velas y música. No obstante, los signos necesitan en ocasiones palabras que los interpreten.

182 *¿Por qué los signos sagrados de la Liturgia necesitan además palabras?*

Celebrar la → Liturgia supone encontrarse con Dios: dejar que él actúe, escucharle, responderle. Estos diálogos se expresan siempre en gestos y palabras. [1153-1155, 1190]

Yo he venido para que tengan vida y la tengan abundante. Yo soy el Buen Pastor. El buen pastor da su vida por las ovejas.

Jn 10,10-11

El que quiera ser primero, sea esclavo de todos. Porque el Hijo del hombre no ha venido a ser servido, sino a servir y a dar su vida en rescate por la multitud.

Mc 10,44-45

❞❞ Los símbolos son el lenguaje de un invisible expresado en lo visible.

GERTRUD VON LE FORT

❞❞ Considero que el lenguaje de los símbolos es la única lengua extranjera que cada uno de nosotros debería aprender.

ERICH FROMM
(1900-1980, psicoanalista)

Y (los ángeles) se gritaban uno a otro diciendo: «¡Santo, santo, santo es el Señor del universo, llena está la tierra de su gloria!».

Is 6,3

Recitad entre vosotros salmos, himnos y cánticos inspirados; cantad y tocad con toda el alma para el Señor.

Ef 5,19

❞❞ El que canta ora dos veces.

SAN AGUSTÍN

Jesús habló a los hombres mediante signos y palabras. Así sucede también en la Iglesia, cuando el sacerdote presenta los dones y dice: «Esto es mi cuerpo,... ésta es mi sangre». Sólo esta palabra interpretativa de Jesús hace que los signos se conviertan en → SACRAMENTOS: signos que realizan lo que significan.

183 *¿Por qué se interpreta música en las celebraciones y cómo debe ser la música para adecuarse a la Liturgia?*

Donde las palabras no son suficientes para alabar a Dios, la música acude en nuestra ayuda. [1156-1158, 1191]

Cuando nos dirigimos a Dios siempre hay algo inefable y algo que no expresamos. Ahí puede ayudarnos la música. En el júbilo, el lenguaje se convierte en canto, por eso los ángeles *cantan*. La música, en las celebraciones litúrgicas, debe hacer más hermosa e íntima la oración, debe tocar con hondura el corazón de todos los presentes, elevar hacia Dios y preparar una fiesta de tonalidades para Dios.

184 *¿Cómo marca la Liturgia el tiempo?*

En la celebración litúrgica el tiempo se convierte en *tiempo para* Dios.

A menudo no sabemos qué hacer con nuestro tiempo y nos buscamos un *pasatiempo*. En la Liturgia el tiempo se vuelve muy denso, porque cada segundo está lleno de sentido. Cuando celebramos el culto, experimentamos que Dios ha santificado el tiempo y que ha hecho de cada segundo un acceso a la eternidad.

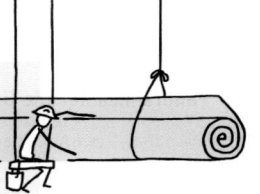

185 *¿Por qué se repite la Liturgia cada año?*

Al igual que celebramos anualmente el cumpleaños o el aniversario de boda, así también la → LITURGIA celebra en el ritmo del año los principales acontecimientos cristianos de la salvación. No obstante, con una diferencia decisiva: todo el tiempo es tiempo de Dios. Los «recuerdos» del mensaje y de la vida de Jesús son al mismo tiempo encuentros con el Dios vivo.
[1163-1165, 1194-1195]

El filósofo danés Sören Kierkegaard dijo en una ocasión: «O somos contemporáneos de Jesús o podemos dejarlo estar». El acompañamiento creyente del año litúrgico nos convierte verdaderamente en contemporáneos de Jesús. No porque nosotros nos imaginemos estar o podamos vivir exactamente en *su* tiempo y en *su* vida, sino porque él, si le hacemos espacio de este modo, entra en *mi* tiempo y en *mi* vida, con su presencia que sana y perdona, con la potencia de su Resurrección.

186 *¿Qué es el año litúrgico?*

El año litúrgico o año cristiano es la superposición del transcurso normal del año con los misterios de la vida de Cristo: desde la Encarnación hasta su retorno en gloria. El año litúrgico comienza con el Adviento, el tiempo de la espera del Señor, tiene su primer punto culminante en el ciclo festivo de la Navidad y el segundo, aún mayor, en la celebración de la Pasión, Muerte y Resurrección de Cristo en la Pascua. El tiempo pascual termina con la fiesta de Pentecostés, el descenso del Espíritu Santo sobre la Iglesia. Las fiestas del Señor, de la Virgen María y de los santos jalonan el año litúrgico; en ellas la Iglesia alaba la gracia de Dios, que ha conducido a los hombres a la salvación.
[1168-1173, 1194-1195]

Aprovechando la ocasión.

Ef 5,16

❞ La eternidad de Dios no es sin más ausencia de tiempo, negación del tiempo, sino señorío sobre el tiempo, que se realiza en el estar con y dentro del tiempo.

JOSEPH RATZINGER/ BENEDICTO XVI, *El espíritu de la Liturgia*

❞ El año litúrgico, que hace presente y expone siempre de un modo nuevo la vida de Cristo, es la mayor obra de arte de los hombres. Y Dios se ha declarado a su favor y nos lo concede año tras año, nos lo regala en una luz siempre nueva como si uno se lo encontrara por primera vez.

JOCHEN KLEPPER (1903-1942, escritor alemán)

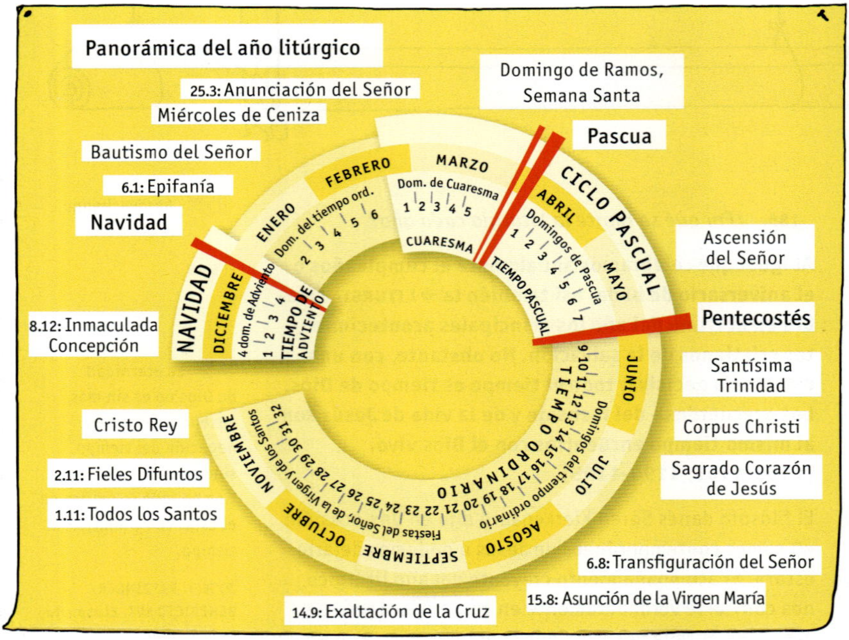

Panorámica del año litúrgico

Domingo de Ramos, Semana Santa

25.3: Anunciación del Señor

Miércoles de Ceniza

Bautismo del Señor

Pascua

6.1: Epifanía

Navidad

Ascensión del Señor

8.12: Inmaculada Concepción

Pentecostés

Cristo Rey

Santísima Trinidad

2.11: Fieles Difuntos

Corpus Christi

1.11: Todos los Santos

Sagrado Corazón de Jesús

6.8: Transfiguración del Señor

14.9: Exaltación de la Cruz

15.8: Asunción de la Virgen María

Círculo interior (meses y tiempos): DICIEMBRE · ENERO · FEBRERO · MARZO · ABRIL · MAYO · JUNIO · JULIO · AGOSTO · SEPTIEMBRE · OCTUBRE · NOVIEMBRE

NAVIDAD · TIEMPO DE ADVIENTO · 4 dom. de Adviento 1 2 3 4 · Dom. del tiempo ord. 2 3 4 5 6 · Dom. de Cuaresma 1 2 3 4 5 · CUARESMA · Domingos de Pascua 1 2 3 4 5 6 7 · TIEMPO PASCUAL · CICLO PASCUAL · TIEMPO ORDINARIO · Domingos del tiempo ordinario 8 9 10 11 12 13 14 15 16 17 18 19 20 21 22 23 24 25 26 27 28 29 30 31 32 33 · Fiestas del Señor y de la Virgen y de los Santos

---

El año nuevo de la Iglesia comienza con el primer domingo de Adviento y tiene su punto culminante en la fiesta de la Pascua.

Los siete tiempos de oración de la Liturgia de las Horas son:
- Oficio de lectura (Vigilia)
- Laudes (alabanza de la mañana)
- Tercia (a las 9 h.)
- Sexta (a las 12 h.)
- Nona (a las 15 h.)
- Vísperas (oración de la tarde)
- Completas (oración de la noche)

187 *¿Cuál es la importancia del domingo?*

El domingo es el centro del tiempo cristiano, porque en el domingo celebramos la Resurrección de Jesucristo y cada domingo es una fiesta de Pascua en pequeño. [1163-1167, 1193]

Si el domingo es menospreciado o eliminado sólo quedan días laborables en la semana. El hombre, que ha sido creado para la alegría, acaba como animal de trabajo y consumista idiotizado. En la tierra debemos aprender a celebrar como es debido, de lo contrario no sabremos qué hacer con el cielo. En el cielo se da el domingo sin fin. → 104-107

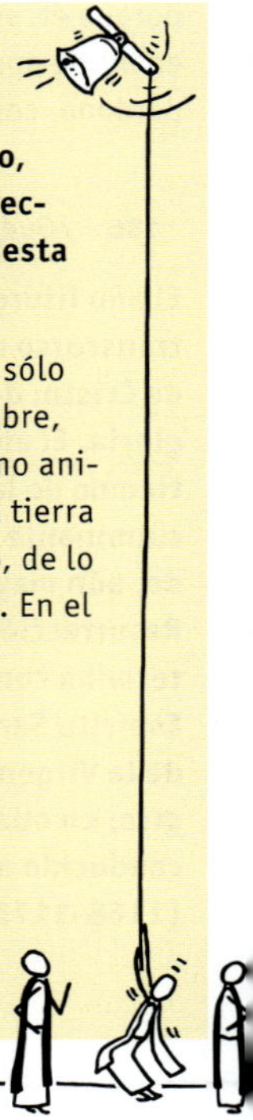

188 *¿Qué es la Liturgia de las Horas?*

La Liturgia de las Horas es la oración general y pública de la Iglesia. Textos bíblicos introducen al orante cada vez más profundamente en el misterio de la

vida de Jesucristo. De este modo, en todo el mundo, en cada hora del día, se da al Dios trino espacio para transformar paso a paso al orante y al mundo. No sólo los → PRESBÍTEROS y los monjes rezan la Liturgia de las Horas. Muchos cristianos para quienes la fe es importante unen su voz a la invocación de miles y miles, que se eleva a Dios desde todos los lugares del mundo. [1174-1178, 1196]

Las siete horas litúrgicas son como un vocabulario de oración de la Iglesia, que nos suelta la lengua también cuando la alegría, la preocupación o el miedo nos dejan sin palabras. Una y otra vez nos asombramos al rezar la Liturgia de las Horas: una frase, un texto entero concuerdan «casualmente» de forma exacta con mi situación. Dios escucha cuando le llamamos. Nos responde en estos textos, a veces de un modo tan concreto que causa estupor. No obstante muchas veces nos exige largos periodos de silencio y de sequedad, en espera de nuestra fidelidad. → 473, 492

189 *¿Cómo marca la Liturgia los espacios en los que vivimos?*

Con su victoria, Cristo ha penetrado todos los espacios del mundo. Él mismo es el verdadero templo, y la adoración a Dios «en espíritu y verdad» (Jn 4,24) no está sujeta ya a ningún lugar especial. Sin embargo, el mundo cristiano está lleno de iglesias y signos sagrados porque las personas necesitan lugares concretos para encontrarse y signos para recordar la nueva realidad. Cada iglesia es un símbolo de la casa celestial del Padre hacia la cual estamos en camino. [1179-1181, 1197-1198]

Ciertamente se puede rezar en cualquier lugar: en el bosque, en la playa, en la cama. Pero dado que los hombres no somos únicamente espirituales, sino que tenemos un cuerpo, tenemos que vernos, oírnos y sentirnos. Necesitamos tener un lugar concreto cuando queremos encontrarnos para ser «Cuerpo de Cristo»; necesitamos arrodillarnos, cuando queremos adorar a Dios; necesitamos comer el pan eucarístico allí donde es ofrecido; debemos ponernos físicamente en movimiento cuando ÉL nos llama. Un crucero en el camino nos recuerda a quién pertenece el mundo y hacia dónde se dirigen nuestros pasos.

99 Rezar significa «tratar de amistad, estando muchas veces tratando a solas con quien sabemos nos ama».

SANTA TERESA DE JESÚS

99 En esta «casa de Dios», la verdad y la armonía de los signos que la constituyen deben manifestar a Cristo que está presente y actúa en este lugar.

CCE 1181

> Dios ha establecido las iglesias como puertos en el mar, para que en medio de los torbellinos de las preocupaciones terrenas os podáis refugiar allí y encontrar paz y silencio.

SAN JUAN CRISÓSTOMO

190   ¿Qué es una casa de Dios cristiana?

Una casa de Dios cristiana es tanto un símbolo de la comunidad eclesial de las personas de un lugar concreto, como un símbolo de las moradas celestes que Dios nos tiene preparadas a todos nosotros. Nos reunimos en la casa de Dios para orar en comunidad o a solas y para celebrar los →SACRAMENTOS, especialmente la →EUCARISTÍA. [1179-1186, 1197-1199]

«Aquí huele a cielo»; «Aquí uno está en silencio y reverentemente». Algunas iglesias nos envuelven literalmente en una atmósfera densa de oración. Sentimos que Dios está presente en ellas. La hermosura de las iglesias nos remite a la hermosura, la grandeza y el amor de Dios. Las iglesias no son sólo mensajeros en piedra de la fe, sino residencias de Dios, que en el Sacramento del altar está ahí real, verdadera y sustancialmente presente.

191   ¿Qué lugares litúrgicos caracterizan una casa de Dios?

Los lugares principales de una iglesia son el altar con la cruz, el →TABERNÁCULO, la sede del celebrante, el ambón, la pila bautismal y el confesionario. [1182-1188]

El *altar* es el centro de la iglesia. Sobre él se hace presente en la celebración de la Eucaristía el sacrificio de la Cruz de Jesús y se prepara la comida pascual. Es también la mesa a la que es invitado el Pueblo de Dios. El → TABERNÁCULO, una especie de caja fuerte sagrada, alberga, en un lugar lo más digno posible y destacado de la iglesia, el Pan eucarístico en el que está presente el mismo Señor. La *lamparilla del sagrario* señala que el tabernáculo está «habitado». Si no está encendida, es que el tabernáculo está vacío. La *sede* elevada (en latín *cathedra*) del → OBISPO o del → SACERDOTE debe indicar que es en definitiva Cristo quien preside a la comunidad. El *ambón* (del griego *anabainein* = ascender), el atril para la lectura de la Palabra de Dios, debe permitir reconocer el valor y la dignidad de las lecturas bíblicas como palabra del Dios vivo. En la *pila bautismal* se bautiza y la *pila de agua bendita* debe recordarnos nuestras promesas bautismales. El *confesionario o sala penitencial* está para poder reconocer la culpa y recibir el perdón.

192 *¿Puede la Iglesia cambiar o renovar también la Liturgia?*

Hay elementos modificables e invariables en la → LITURGIA. Es invariable todo lo que es de origen divino, como por ejemplo las palabras de Jesús en la Última Cena. Junto a esto hay partes variables, que la Iglesia en ocasiones incluso debe cambiar. El misterio de Cristo debe ser anunciado, celebrado y vivido en todo tiempo y en todas partes. Por ello la Liturgia debe corresponder al espíritu y a la cultura de cada pueblo. [1200-1209]

Jesús llega a todo el hombre: a su espíritu e inteligencia, a su corazón y su voluntad. Justamente eso es lo que quiere hacer él hoy en la Liturgia. Por eso la Liturgia tiene en África rasgos diferentes a los de Europa, en las residencias de ancianos diferentes a los de las Jornadas Mundiales de la Juventud, y en las comunidades parroquiales tiene un rostro diferente al de los monasterios. Pero debe permanecer reconocible que es la única Liturgia de toda la Iglesia universal.

„ Siempre que en las consideraciones litúrgicas se piensa acerca de cómo se puede hacer la Liturgia atractiva, interesante, hermosa, ya está anulada la Liturgia. O es Opus Dei (obra de Dios), con Dios como único sujeto, o no existe.

BENEDICTO XVI, 09.09.2007

Un Señor, una fe, un bautismo. Un Dios, Padre de todos.

Ef 4,5-6

? INICIACIÓN (del lat. *initium* = comienzo): Designa la introducción e integración de alguien de fuera en una comunidad ya constituida.

Bautizándolos en el nombre del Padre y del Hijo y del Espíritu Santo.

Mt 28,19

99 Mediante el Bautismo cada niño es admitido en un círculo de amigos que nunca le abandonará, ni en la vida ni en la muerte. Este círculo de amigos, esta familia de Dios, en la que el niño se integra desde este momento, le acompaña continuamente, también en los días de dolor, en las noches oscuras de la vida; le dará consuelo, tranquilidad y luz.

BENEDICTO XVI,
08.01.2006

Por tanto, si alguno está en Cristo es una criatura nueva. Lo viejo ha pasado, ha comenzado lo nuevo.

2 Cor 5,17

La noche está avanzada, el día está cerca: dejemos, pues, las obras de las tinieblas y pongámonos las armas de la luz. Revestíos más bien del Señor Jesucristo.

Rom 13,12.14

◆ SEGUNDA SECCIÓN ◆
Los siete sacramentos de la Iglesia

193 *¿Hay una lógica interna que vincule entre sí a los sacramentos?*

Todos los → Sacramentos son un encuentro con Cristo, que es él mismo el sacramento original. Hay sacramentos de la → Iniciación, que introducen en la fe: Bautismo, → Confirmación y → Eucaristía. Hay sacramentos de curación: Penitencia y Unción de enfermos. Y hay sacramentos que están al servicio de la comunión y misión de los fieles: Matrimonio y Orden. [1210-1211]

El Bautismo vincula a Cristo. La Confirmación nos concede su Espíritu Santo. La Eucaristía nos hace uno con él. La Penitencia nos reconcilia con Cristo. Mediante la Unción de los enfermos es Cristo quien cura, fortalece y consuela. En el sacramento del Matrimonio Cristo promete su amor en nuestro amor y su fidelidad en nuestra fidelidad. Mediante el sacramento del Orden los sacerdotes son capacitados para perdonar pecados y celebrar la Santa Misa.

◆ CAPÍTULO PRIMERO ◆
Los sacramentos de la iniciación

El Sacramento del Bautismo

194 *¿Qué es el Bautismo?*

El Bautismo es el camino que lleva desde el reino de la muerte a la Vida; la puerta de entrada a la Iglesia y el comienzo de una comunión permanente con Dios. [1213-1216, 1276-1278]

El Bautismo es el → Sacramento fundamental y la condición previa de todos los demás sacramentos. Nos une a Jesucristo, nos introduce en su muerte salvífica en la Cruz, y por ello nos libera del poder del pecado original y de todos los pecados personales y nos permite resucitar con él a una vida sin fin. Puesto que el Bautismo es una alianza con Dios, el hombre debe dar su «sí» a Dios. En el bautismo de niños los padres confiesan la fe en representación de su hijo. → 197

195 *¿Cómo se administra el Bautismo?*

La forma clásica de administrar el Bautismo es sumergir al bautizando tres veces en el agua. No obstante, en la mayoría de los casos se derrama tres veces agua sobre la cabeza, al tiempo que quien administra el sacramento dice: «N., yo te bautizo en nombre del Padre, del Hijo y del Espíritu Santo». [1229-1245, 1278]

El agua simboliza purificación y nueva vida, lo que ya se expresaba en el bautismo de conversión de Juan el Bautista. EL Bautismo que se administra con agua en «nombre del Padre y del Hijo y del Espíritu Santo» es más que un signo de conversión y penitencia, es *nueva vida en Cristo*. Por eso se añaden también los signos de la unción, la vestidura blanca y la vela del bautismo.

196 *¿Quién puede ser bautizado y qué se le exige a un candidato al Bautismo?*

Cualquier persona que no esté aún bautizada puede recibir el Bautismo. La única condición para el Bautismo es la fe, que debe ser confesada públicamente en la celebración del sacramento. [1246-1254]

Quien se vuelve al cristianismo cambia no sólo su concepción del mundo. Entra en un camino de aprendizaje (→ CATECUMENADO) en el que llega a ser, mediante la conversión personal, pero sobre todo por el don del Bautismo, un hombre nuevo. Ahora es un miembro vivo del Cuerpo de Cristo.

197 *¿Por qué mantiene la Iglesia la práctica del Bautismo de niños?*

La Iglesia mantiene desde tiempos inmemoriales el Bautismo de los niños. Para ello hay una única razón: antes de que nosotros optemos por Dios, Dios ya ha optado por nosotros. El Bautismo es, por tanto, una gracia, un regalo inmerecido de Dios, que nos acepta incondicionalmente. Los padres creyentes que quieren lo mejor para su hijo, quieren también el Bautismo, en el cual el niño es arrancado del influjo del pecado original y del poder de la muerte. [1250, 1282]

CATECUMENADO (del griego *kat'echein* = enseñar, hacer oír para atraer): Especialmente en la antigua Iglesia los candidatos al Bautismo de adultos pasaban por un tiempo de preparación en tres etapas, el catecumenado, durante el cual eran instruidos en la doctrina de la fe, paso a paso eran autorizados a participar en las celebraciones de la Palabra, hasta que finalmente eran admitidos también a la celebración de la Eucaristía.

El regalo que han recibido los recién nacidos debe, cuando sean adultos, ser aceptado por ellos de modo libre y responsable. Este proceso de maduración les llevará a recibir el sacramento de la Confirmación, que consolida su fe y estampa en cada uno de ellos el «sello» del Espíritu Santo.

BENEDICTO XVI, 08.01.2006

Por el bautismo fuimos sepultados con él en la muerte, para que, lo mismo que Cristo resucitó de entre los muertos por la gloria del Padre, así también nosotros andemos en una vida nueva.

Rom 6,4

Dios quiere que todos se salven y lleguen al conocimiento de la verdad.

1 Tim 2,4

El que no nazca de agua y de Espíritu no puede entrar en el reino de Dios.

Jn 3,5

El Bautismo de niños supone que los padres cristianos educan al niño bautizado en la fe. Es una injusticia privar al niño del Bautismo por una liberalidad mal entendida. Lo mismo que no se puede privar al niño del amor, para que después pueda él mismo decidirse por el amor, sería una injusticia si los padres creyentes privaran a su hijo de la gracia de Dios recibida en el Bautismo. Así como todo ser humano nace con la capacidad de hablar, pero debe aprender a hablar, igualmente todo hombre nace con la capacidad de creer, pero debe aprender a conocer la fe. No obstante, no se puede imponer el Bautismo a nadie. Si se recibe el Bautismo de niño, hay que «ratificarlo» después personalmente a lo largo de la vida; es decir, hay que decir «sí» al Bautismo para que éste dé fruto.

198 *¿Quién puede administrar el Bautismo?*

Normalmente es el → OBISPO, un → PRESBÍTERO o un → DIÁCONO quien administra el → SACRAMENTO del Bautismo. En caso de necesidad, cualquier cristiano, e incluso cualquier persona, puede bautizar, siempre que derrame agua sobre la cabeza del candidato diciendo: «Yo te bautizo en el nombre del Padre y del Hijo y del Espíritu Santo». [1256, 1284]

El Bautismo es tan importante que incluso un no cristiano puede bautizar. Sólo tiene que tener la intención de hacer lo que hace la Iglesia cuando bautiza.

199 *¿Es realmente el Bautismo el único camino para la salvación?*

Para todos los que han recibido el Evangelio y han conocido que Cristo es «el camino y la verdad y la vida» (Jn 14,6), el Bautismo es el único acceso a Dios y a la salvación. Al mismo tiempo es cierto, sin embargo, que Cristo murió por *todos* los hombres. Por eso pueden salvarse también quienes no tuvieron oportunidad de conocer verdaderamente a Cristo ni la fe, pero, con la ayuda de la gracia, buscan a Dios con un corazón sincero y llevan una vida según su conciencia (el llamado *Bautismo de deseo*). [1257-1261, 1281, 1283]

Dios ha vinculado la salvación a los → SACRAMENTOS. Por ello la Iglesia debe ofrecerlos incansablemente a los hombres. Abandonar la misión sería traicionar el encargo de Dios. Pero Dios mismo no está sujeto a los sacramentos. Allí donde la Iglesia —sea por su culpa o sea por otras razones— no llega o no tiene éxito, Dios mismo abre a los hombres otros caminos para la salvación en Cristo. → 136

200 *¿Qué ocurre en el Bautismo?*

En el Bautismo nos convertimos en miembros del Cuerpo de Cristo, en hermanos y hermanas de nuestro Salvador e hijos de Dios. Somos liberados del pecado, arrancados de la muerte y destinados desde ese instante a una vida en la alegría de los redimidos. [1262-1274, 1279-1280]

Ser bautizado quiere decir que la historia de mi vida personal se sumerge en la corriente del amor de Dios. Dice el papa Benedicto XVI: «Nuestra vida pertenece a Cristo y ya no nos pertenece a nosotros. Acompañados por él, asumidos por él en su amor, estamos libres de todo temor. Él nos abraza y nos lleva allí donde vayamos; Él, que es la misma Vida» (07.04.2007). → 126

Si vivimos, vivimos para el Señor; si morimos, morimos para el Señor; así que ya vivamos ya muramos, somos del Señor.

Rom 14,8

Pues todos nosotros, judíos y griegos, esclavos y libres, hemos sido todos bautizados en un mismo Espíritu, para formar un solo cuerpo. Y todos hemos bebido de un solo Espíritu.

1 Cor 12,13

Y si hijos, también herederos; herederos de Dios y coherederos con Cristo.

Rom 8,17

" Yo estoy llamado a ser alguien o a hacer algo para lo que nadie más está llamado; tengo un lugar en el plan de Dios y sobre la tierra de Dios que no tiene nadie más. Ya sea rico o pobre, despreciado u honrado por los hombres, Dios me conoce y me llama por mi nombre.

BEATO JOHN HENRY NEWMAN

CONFIRMACIÓN
(del lat.
confirmatio =
fortalecimiento,
consolidación): Junto
con el Bautismo
y la Eucaristía, la
Confirmación es uno de
los tres sacramentos de
iniciación de la Iglesia
católica. Así como en
Pentecostés el Espíritu
Santo descendió sobre
la comunidad de los
discípulos reunidos,
el Espíritu Santo viene
también sobre cada
bautizado que pide a
la Iglesia el don del
Espíritu Santo. Este
sacramento le afianza
y le fortalece para dar
testimonio con la vida en
favor de Cristo.

CRISMA
(del griego *chrisma*
= óleo de unción, y
christos = el ungido):
El crisma es un óleo
hecho con una mezcla
de aceite de oliva y
resina balsámica. En la
mañana del Jueves Santo
el obispo lo consagra,
para que sea empleado
en el Bautismo, la
Confirmación y la
ordenación de sacerdotes
y obispos, así como
para la consagración
de altares y campanas.
El aceite es símbolo
de alegría, fuerza y
salud. Las personas
ungidas con el crisma
deben difundir
el «buen olor de Cristo»
(2 Cor 2,15).

201 *¿Qué supone recibir un nombre en el Bautismo?*

Mediante el nombre que recibimos en el Bautismo nos dice Dios: «Te he llamado por tu nombre, tú eres mío» (Is 43,1). [2156-2159, 2165-2167]

En el Bautismo el hombre no se disuelve en una divinidad anónima, sino que es confirmado precisamente en su individualidad. Estar bautizado con un nombre determinado quiere decir que Dios me conoce; me dice sí y me acepta para siempre en mi unicidad inconfundible.
→ 361

202 *¿Por qué los cristianos deben procurar elegir en el Bautismo los nombres de grandes santos?*

No hay mejores ejemplos que los santos y tampoco mejores intercesores. Si mi patrono es un santo, tengo un amigo junto a Dios. [2156-2159, 2165]

El Sacramento de la Confirmación

203 *¿Qué es la Confirmación?*

La → CONFIRMACIÓN es el → SACRAMENTO que completa el Bautismo y en el que recibimos el don del Espíritu Santo. Quien opta libremente por una vida como hijo de Dios y bajo el signo de la imposición de las manos y la unción con el → CRISMA pide el Espíritu de Dios, recibe la fuerza de ser testigo del amor y del poder de Dios con sus palabras y obras. Es entonces un miembro pleno y responsable de la Iglesia católica. [1285-1314]

Cuando un entrenador manda salir al campo a un futbolista, le pone la mano en el hombro y le da sus últimas instrucciones. Así se puede entender también la Confirmación. Entramos en el campo de la vida. Se nos imponen las manos. Por el Espíritu Santo sabemos lo que debemos hacer. Nos ha motivado profundamente. Su envío resuena en nuestros oídos. Sentimos su ayuda. No queremos decepcionar la confianza que ha puesto en nosotros y vamos a ganar el partido para él. Sólo tenemos que querer y escucharle.

→ 119-120

204 *¿Qué dice la Sagrada Escritura acerca del sacramento de la Confirmación?*

Ya en el →ANTIGUO TESTAMENTO el pueblo de Dios esperaba que el Espíritu Santo se derramaría sobre el Mesías. Jesús llevó una vida en un espíritu especial de amor y en total unión con su Padre del cielo. Este Espíritu de Jesús era el «Espíritu Santo» que anhelaba el pueblo de Israel; y era el mismo Espíritu que Jesús prometió a sus discípulos, el mismo Espíritu que descendió sobre los discípulos cincuenta días después de la Pascua, en la fiesta de Pentecostés. Y nuevamente es el mismo Espíritu Santo de Jesús quien desciende sobre aquel que recibe el →SACRAMENTO de la →CONFIRMACIÓN. [1285-1288, 1315]

Ya en los Hechos de los Apóstoles, que se escribieron pocos decenios después de la muerte de Jesús, vemos a Pedro y a Juan en «viaje de Confirmación»; ambos

Cuando los apóstoles, que estaban en Jerusalén, se enteraron de que Samaría había recibido la palabra de Dios, enviaron a Pedro y a Juan; ellos bajaron hasta allí y oraron por ellos para que recibieran el Espíritu Santo; pues aún no había bajado sobre ninguno; estaban sólo bautizados en el nombre del Señor Jesús.

Hch 8,14-16

[11] CAPÍTULO 1°: LOS SACRAMENTOS DE LA INICIACIÓN

El Espíritu del Señor, Dios, está sobre mí, porque el Señor me ha ungido. Me ha enviado para dar la buena noticia a los pobres, para curar los corazones desgarrados, proclamar la amnistía a los cautivos, y a los prisioneros la libertad.

Is 61,1

Oh Dios, crea en mí un corazón puro, renuévame por dentro con espíritu firme.

Sal 51,12

Acercaos a Dios y él se acercará a vosotros.

Sant 4,8

Pongo delante de ti la vida y la muerte, la bendición y la maldición. Elige la vida, para que viváis tú y tu descendencia.

Dt 30,19

Digo que importa mucho, y el todo, una grande y muy determinada determinación de no parar hasta llegar, venga lo que viniere, suceda lo que sucediere.

SANTA TERESA DE JESÚS

imponen las manos a nuevos cristianos, que antes «sólo estaban bautizados en el nombre del Señor Jesús», para que su corazón se llene del Espíritu Santo.

→ 113-120, 310-311

205 *¿Qué sucede en la Confirmación?*

En la → CONFIRMACIÓN el alma de un cristiano bautiza-do queda marcada con un sello indeleble que sólo se puede recibir una vez y que marca a esta persona para siempre como cristiano. El don del Espíritu Santo es la fuerza de lo alto en la que esta persona realiza la gracia de su Bautismo a través de su vida y es «testigo» de Cristo. [1302-1305, 1317]

Confirmarse quiere decir hacer un «contrato» con Dios. El confirmando dice: Sí, Dios mío, creo en ti. Dame el Espíritu Santo para pertenecerte totalmente, para no separarme nunca de ti y para dar testimonio de ti toda mi vida en cuerpo y alma, con hechos y palabras, en los días buenos y en los días malos. Y Dios dice: Sí, hijo mío, yo también creo en ti, y te concederé mi Espíritu, me doy yo mismo. Te perteneceré totalmente. No me separa-ré de ti nunca, ni en esta vida ni en la eterna. Estaré en tu cuerpo y en tu alma, en tus hechos y palabras. Incluso cuando tú me olvides, yo estaré ahí, tanto en los días buenos como en los malos. → 120

206 *¿Quién puede ser confirmado y qué se exige a quien solicita la Confirmación?*

Todo cristiano católico que ha recibido el → SACRAMENTO del Bautismo y que está en «estado de gracia», puede ser admitido a la → CONFIRMACIÓN. [1306-1311, 1319]

Estar en «estado de gracia» quiere decir no haber cometido ningún pecado grave (pecado mortal). Por un pecado mortal el cristiano se separa de Dios y sólo puede ser reconciliado de nuevo con él mediante la Confesión. Un (niño o joven) cristiano que se prepara para recibir la Confirmación se encuentra en una de las fases más importantes de su vida. Por ello hará todo lo posible para comprender la fe con su corazón y con su inteligencia; pedirá el Espíritu Santo a solas y con otros;

se reconciliará de varios modos consigo mismo, con las personas de su entorno y con Dios; aquí tiene su sentido la Confesión, que acerca también más a Dios aun cuando no se haya cometido ningún pecado grave. → 316-317

207 ¿Quién puede administrar la Confirmación?

El → SACRAMENTO de la → CONFIRMACIÓN es administrado normalmente por el → OBISPO. Si fuera necesario, el obispo puede encomendárselo a un → SACERDOTE. En peligro de muerte cualquier sacerdote puede administrar la Confirmación. [1312-1314]

El Sacramento de la Eucaristía

208 ¿Qué es la Sagrada Eucaristía?

La Sagrada → EUCARISTÍA es el → SACRAMENTO en el que Jesús entrega por nosotros su Cuerpo y su Sangre: a sí mismo, para que también nosotros nos entreguemos a él con amor y nos unamos a él en la Sagrada → COMUNIÓN. Así nos unimos al único Cuerpo de Cristo, la Iglesia. [1322, 1324, 1409]

Después del Bautismo y la → CONFIRMACIÓN, la → EUCARISTÍA es el tercer sacramento de la iniciación cristiana. La Eucaristía es el centro misterioso de todos los sacramentos, porque el sacrificio histórico de Jesús en la Cruz se hace presente durante la transubstanciación de un modo oculto e incruento. De este modo la celebración eucarística es «la fuente y cima de toda la vida cristiana» (Concilio Vaticano II, *Lumen Gentium* [LG], 11). A ella está orientado todo; más allá de ella no hay nada mayor que se pueda alcanzar. Cuando comemos el pan partido, nos unimos con el amor de Jesús, que entregó por nosotros su cuerpo en la Cruz; cuando bebemos del cáliz, nos unimos con aquel que en su entrega derramó incluso su Sangre. Nosotros no hemos inventado este rito. Jesús mismo celebró con sus discípulos la Última Cena y anticipó en ella su muerte; se dio a sus discípulos bajo los signos de pan y vino y exhortó a que, desde entonces, y después de su muerte, celebraran la → EUCARISTÍA: «Haced esto en memoria mía» (1 Cor 11,24).
→ 126, 193, 217

> Dios nos habría dado algo mayor, si hubiera tenido algo mayor que él mismo.

SAN JUAN MARÍA VIANNEY (1786-1859, el «cura de Ars»)

> El verdadero efecto de la Eucaristía es la transformación del hombre en Dios.

SANTO TOMÁS DE AQUINO

EUCARISTÍA (del griego *eucharistia* = acción de gracias): Eucaristía se denominaba originariamente la oración de acción de gracias, que en la celebración eucarística de la Iglesia primitiva precedía a la transformación del pan y el vino en el Cuerpo y la Sangre de Cristo. Posteriormente se aplicó la palabra a toda la celebración de la Santa Misa.

Antes de la fiesta de la Pascua, sabiendo Jesús que había llegado su hora de pasar de este mundo al Padre, habiendo amado a los suyos que estaban en el mundo, los amó hasta el extremo.

Jn 13,1

¿Cómo puede Jesús repartir su Cuerpo y su Sangre? Haciendo del pan su Cuerpo y del vino su Sangre y repartiéndolos, anticipa su muerte, la acepta en lo más íntimo y la transforma en un acto de amor. Lo que visto desde el exterior es violencia brutal —la crucifixión—, se convierte desde el interior en un acto de amor que se entrega totalmente.

BENEDICTO XVI, 21.08.2005

Era como si oyera una voz de lo alto: Soy el alimento de los fuertes; ¡crece y aliméntate entonces de mí! Pero tú no me transformarás en ti como un alimento corporal, sino que tú serás transformado en mí.

SAN AGUSTÍN, acerca del tiempo de su conversión

No comulgar es como cuando alguien muere de sed junto a una fuente.

SAN JUAN MARÍA VIANNEY, cura de Ars

209 *¿Cuándo instituyó Jesús la Eucaristía?*

Jesús instituyó la Sagrada → EUCARISTÍA la víspera de su muerte, «en la noche en que iba a ser entregado» (1 Cor 11,23), cuando reunió a su alrededor a los → APÓSTOLES en el Cenáculo de Jerusalén y celebró con ellos la Última Cena. [1323, 1337-1340]

210 *¿Cómo instituyó Jesús la Eucaristía?*

«Porque yo he recibido una tradición que procede del Señor y que a mi vez os he transmitido: Que el Señor Jesús, en la noche en que iba a ser entregado, tomó pan y, pronunciando la Acción de Gracias, lo partió y dijo: 'Esto es mi cuerpo que se entrega por vosotros. Haced esto en memoria mía'. Lo mismo hizo con el cáliz, después de cenar, diciendo: 'Este cáliz es la nueva Alianza en mi sangre; haced esto cada vez que lo bebáis, en memoria mía'» (1 Cor 11,23-25).

Este relato, el más antiguo acerca de los acontecimientos que tuvieron lugar en el Cenáculo, procede del → APÓSTOL Pablo, quien, sin ser testigo presencial, escribió lo que se conservaba como misterio sagrado en la joven comunidad cristiana y se celebraba en el culto divino. → 99

211 *¿Cuál es la importancia de la Eucaristía para la Iglesia?*

La celebración de la → EUCARISTÍA es el centro de la comunidad cristiana. En ella la → IGLESIA se convierte en Iglesia. [1325]

No somos Iglesia porque colaboremos a su sostenimiento, porque nos llevemos bien unos con otros o porque casualmente hayamos caído en una comunidad, sino porque en la Eucaristía recibimos el Cuerpo de Cristo y continuamente somos transformados en el Cuerpo de Cristo. → 126, 217

212 *¿Qué nombres hay para el banquete de Jesús con nosotros y qué significan?*

Los diferentes nombres señalan el misterio insondable: Santo Sacrificio, Santa Misa, Sacrificio de la

misa, banquete del Señor, fracción del pan, asamblea eucarística, memorial de la Pasión, Muerte y Resurrección, santa y divina liturgia, santos misterios, santa →Comunión.
[1328-1332]

Santo Sacrificio, Santa Misa, Sacrificio de la misa: el único sacrificio de Cristo, que completa y supera todos los sacrificios, se hace presente en la Eucaristía. La Iglesia y los creyentes se incluyen a sí mismos, con su entrega, en el sacrificio de Cristo. La palabra *misa* viene de la frase de despedida en latín, *Ite, missa est*, ¡Id, sois enviados!

Banquete del Señor: Cada celebración eucarística es aún hoy el mismo banquete que celebró Jesús con sus discípulos, y al mismo tiempo la anticipación del banquete que el Señor celebrará con los redimidos al final de los tiempos. No somos nosotros los hombres los que hacemos la celebración, es el Señor quien convoca a ella y está presente en ella de un modo misterioso.

Fracción del pan: La «fracción del pan» era un antiguo rito del banquete judío, que Jesús utilizó en la Última Cena para expresar su entrega «por nosotros» (Rom 8,32). En la «fracción del pan» lo reconocieron los discípulos

❞ En la Sagrada Eucaristía nos hacemos uno con Dios como el alimento con el cuerpo.

SAN FRANCISCO DE SALES

❞ Cristianos, ¿quién hará mejor vuestros negocios, Dios Padre o vosotros? Juntaos con Jesucristo nuestro Señor, aparejaos para bien comulgar; y recibiéndolo a Él, y junto con Él, os recibirá su Padre por hijos, y se encargará de vuestros negocios, como de miembros vivos de quien tanto ama.

SAN JUAN DE ÁVILA

No podemos separar nuestra vida de la Eucaristía. En el momento en el que, sin embargo, lo hacemos, algo se rompe. Las personas nos preguntan: «¿De dónde sacan las hermanas la alegría y la fuerza para hacer lo que hacen?». La Eucaristía no supone sólo el recibir; supone también el saciar el hambre de Cristo. Él dice: «¡Ven a mí!». Tiene hambre de almas.

SANTA TERESA DE CALCUTA

CONSAGRACIÓN (lat. *consecratio* = consagración): Una consagración es la acción solemne de consagrar. Así, en la Santa Misa, son «consagrados» en la transubstanciación el pan y el vino y se transforman por ello en el Cuerpo y la Sangre de Cristo. También los obispos, presbíteros y diáconos son consagrados, así como objetos dedicados especialmente al servicio de Dios, como iglesias y altares.

después de la Resurrección. La comunidad primitiva llamaba «fracción del pan» a sus asambleas eucarísticas.

Asamblea eucarística: La celebración del banquete del Señor es también una asamblea de «acción de gracias», en la que la Iglesia encuentra su expresión visible.

Memorial de la Pasión, Muerte y Resurrección: En la Eucaristía la comunidad no se celebra a sí misma, sino que descubre y celebra siempre de nuevo la presencia del paso salvador de Cristo a través de la pasión y la muerte hasta la vida.

Santa y divina liturgia, santos misterios: En la celebración eucarística se unen la Iglesia celeste y terrestre en una única fiesta. Puesto que los dones eucarísticos en los que Cristo está presente son, por así decir, lo más santo en este mundo, son llamados también Santísimo Sacramento.

Santa Comunión: Dado que en la Santa Misa nos unimos con Cristo y por él unos con otros, se habla de la Santa → COMUNIÓN (*communio* = comunidad, comunión).

213 *¿Qué elementos forman parte necesariamente de la Santa Misa?*

Toda Santa Misa (celebración eucarística) tiene dos partes principales: la liturgia de la Palabra y la liturgia eucarística en sentido estricto. [1346-1347]

En la liturgia de la Palabra escuchamos lecturas del → ANTIGUO y del → NUEVO TESTAMENTO, así como del Evangelio. Además hay lugar para la homilía y para la oración universal. En la liturgia eucarística que sigue se presentan pan y vino, son consagrados y se ofrecen a los fieles para la → COMUNIÓN.

214 *¿Cómo está estructurada la Santa Misa?*

La santa misa comienza con la reunión de los fieles y la entrada del → SACERDOTE y los servidores del altar (acólitos, lectores, cantores, etc.). Tras el saludo viene la confesión general de los pecados, que desemboca en el → KYRIE. Los domingos (excepto en los tiempos de Cuaresma y Adviento) y las fiestas se canta o se proclama el

→ GLORIA. La oración colecta introduce una o dos lecturas del → NUEVO o del → ANTIGUO TESTAMENTO, junto con el salmo responsorial. Antes del Evangelio es el momento de entonar el → ALELUYA. Después de la proclamación del Evangelio el → PRESBÍTERO o el → DIÁCONO pronuncian la → HOMILÍA, al menos los domingos y solemnidades. Sólo los domingos y solemnidades la comunidad proclama la fe común en el → CREDO, al que siguen las preces. La segunda parte de la Santa Misa comienza con la presentación de las ofrendas, que se cierra con la oración sobre las ofrendas. El punto culminante de la celebración eucarística es la Plegaria Eucarística, introducida por el prefacio y el → SANTO. Luego, en la consagración, se transforman los dones de pan y vino en el Cuerpo y la Sangre de Cristo. La Plegaria Eucarística desemboca finalmente en la → DOXOLOGÍA, que da paso a la oración del Padrenuestro. Después viene la oración de la paz, el → AGNUS DEI, la fracción del pan y el reparto de los dones sagrados a los fieles, por lo general, sólo bajo la forma del Cuerpo de Cristo. La Santa Misa finaliza con un tiempo de meditación, la acción de gracias, la oración final y la → BENDICIÓN que imparte el sacerdote. [1348-1355]

Texto del → KYRIE:

V Señor, ten piedad.
R Señor, ten piedad.
V Cristo, ten piedad.
R Cristo, ten piedad.
V Señor, ten piedad.
R Señor, ten piedad.

V *Kyrie eleison!*
R *Kyrie eleison!*
V *Christe eleison!*
R *Christe eleison!*
V *Kyrie eleison!*
R *Kyrie eleison!*

COMUNIÓN
(lat. *communio* = comunidad, comunión): Con el término comunión nos referimos a la recepción del Cuerpo y la Sangre de Cristo en los dones transformados (consagrados) de pan y vino. Por lo general esto sucede durante la Santa Misa, en determinadas ocasiones puede darse también fuera de ella, por ejemplo, en la comunión de los enfermos. La comunión sólo bajo la especie del pan es también una comunión plena en Cristo.

KYRIE ELEISON
(del griego = Señor, ten piedad): El «Kyrie eleison» era una antigua aclamación de homenaje a dioses y reyes; pronto se refirió a Cristo y alrededor del año 500 se adoptó de la liturgia griega, sin traducir, en la liturgia romana y occidental.

Dios no se cansa nunca de perdonar, somos nosotros los que nos cansamos de acudir a su misericordia.

PAPA FRANCISCO,
Evangelii Gaudium 3

GLORIA

(lat. = *gloria*): El canto de júbilo de los ángeles a los pastores (Lc 2,14) en la noche de Navidad es el inicio de un antiguo himno cristiano, documentado en esta forma desde el siglo IX, en el que se canta de forma solemne la alabanza de Dios.

ALELUYA

(compuesto del hebr. *halal* = ¡alabad, glorificad!, y el nombre de Dios → JHWH/Jahvé = ¡Alabemos al Señor!): Esta aclamación, que aparece 24 veces en los salmos, es en la Santa Misa la aclamación de saludo antes de la Palabra de Dios en el Evangelio.

HOMILÍA

(del griego. *homilein* = convencer a alguien, hablarle al mismo nivel, hablar humanamente con él): es otra palabra para decir predicación. El predicador, dentro de la celebración eucarística, tiene la misión de anunciar la Buena Nueva (en griego *euangelion*) y ayudar y animar a los creyentes a reconocer y aceptar las →

Texto del → GLORIA:

Gloria a Dios en el cielo,
y en la tierra paz a los hombres que ama el Señor.
Por tu inmensa gloria te alabamos,
te bendecimos,
te adoramos,
te glorificamos,
te damos gracias,
Señor Dios, Rey celestial,
Dios Padre todopoderoso.
Señor Hijo único, Jesucristo.
Señor Dios, Cordero de Dios,
Hijo del Padre;
tú que quitas el pecado del mundo,
ten piedad de nosotros;
tú que quitas el pecado del mundo,
atiende nuestra súplica;
tú que estás sentado a la derecha del Padre,
ten piedad de nosotros;
porque sólo tú eres santo,
sólo tú, Señor,
sólo tú Altísimo, Jesucristo,
con el Espíritu Santo
en la gloria de Dios Padre. Amén.

Gloria in excelsis Deo
et in terra pax hominibus bonae voluntatis.
Laudamus te,
benedicimus te,
adoramus te,
glorificamus te,
gratias agimus tibi propter magnam gloriam tuam,
Domine Deus, Rex caelestis,
Deus Pater omnipotens,
Domine Fili unigenite, Iesu Christe,
Domine Deus, Agnus Dei, Filius Patris,
qui tollis peccata mundi, miserere nobis;
qui tollis peccata mundi, suscipe deprecationem nostram.
Qui sedes ad dexteram Patris, miserere nobis.
Quoniam tu solus Sanctus,
tu solus Dominus,
tu solus Altissimus, Iesu Christe,
cum Sancto Spiritu:
in gloria Dei Patris. Amen.

Texto del → SANTO:

Santo, santo, santo es el Señor, Dios del universo.
Llenos están el cielo y la tierra de tu gloria.
Hosanna en el cielo.
Bendito el que viene en el nombre del Señor.
Hosanna en el cielo.

Sanctus, Sanctus, Sanctus Dominus Deus Sabaoth.
Pleni sunt caeli et terra gloria tua.
Hosanna in excelsis.
Benedictus qui venit in nomine Domini.
Hosanna in excelsis.

Texto del AGNUS DEI:

Cordero de Dios, que quitas el pecado del mundo,
ten piedad de nosotros.
Cordero de Dios, que quitas el pecado del mundo,
ten piedad de nosotros.
Cordero de Dios, que quitas el pecado del mundo,
danos la paz.

Agnus Dei, qui tollis peccata mundi, miserere nobis.
Agnus Dei, qui tollis peccata mundi, miserere nobis.
Agnus Dei, qui tollis peccata mundi, dona nobis pacem.

215 *¿Quién preside la celebración eucarística?*

**En realidad es Cristo mismo quien actúa en cada cele-
bración eucarística. El → OBISPO y el → PRESBÍTERO lo
representan. [1348]**

La fe de la Iglesia afirma que el celebrante está ante el
altar *in persona Christi capitis* (lat. = en la persona de
Cristo cabeza). Esto quiere decir que los sacerdotes no
sólo actúan en el lugar de Cristo o por su encargo, sino
que, a causa de su consagración, es Cristo quien actúa a
través de ellos como cabeza de la Iglesia.   → 249-254

216 *¿De qué modo está presente Cristo cuando
se celebra la Eucaristía?*

**Cristo está misteriosa pero realmente presente en el
→ SACRAMENTO de la → EUCARISTÍA. Cada vez que la Iglesia**

→ consecuencias
existenciales de la Pala-
bra de Dios que se acaba
de oír. En la celebración
de la Santa Misa la predicación está reservada al
sacerdote o al diácono.

SANTO
(lat. = *santo*). El
«Sanctus» es una de
las partes más antiguas
de la Santa Misa. Se
remonta al siglo VIII
antes de Cristo (!) y
no puede faltar nunca.
Este canto se compone
de la aclamación de
los ángeles en Is 6,3
y de una exclamación
de saludo referida a la
presencia de Cristo en el
salmo 118,25s.

**TRANSUBSTAN-
CIACIÓN**
(del lat. *trans* = a través,
por encima, y *substantia*
= esencia, substancia).
Con este concepto la
Iglesia explica cómo
puede estar Jesús
presente en la Eucaristía
bajo los dones del pan y
el vino: Mientras que las
«sustancias» (es decir,
la esencia) de pan y vino
se transforman, por la
acción del →

→ Espíritu Santo en las palabras de la consagración, en el Cuerpo y la Sangre de Cristo, las formas externas (especies) se mantienen. Jesucristo está presente en lo que parece pan y vino, si bien de forma invisible y escondida, mientras se conserven las *especies*.

? AGNUS DEI
(lat. = Cordero de Dios): El cordero de Dios de Éx 12, por cuyo sacrificio el pueblo de Israel fue liberado de la esclavitud de Egipto, lo tomó Juan el Bautista como imagen para referirse a Jesús (Jn 1,29: «Éste es el Cordero de Dios...»): por Jesús, que es llevado al matadero como un cordero, somos liberados de los pecados y alcanzamos la paz con Dios. En la Eucaristía comienza con la invocación «Cordero de Dios» una oración litánica que pertenece a la Santa Misa desde el siglo VII.

Por eso, cada vez que coméis de este pan y bebéis del cáliz, proclamais la muerte del Señor, hasta que vuelva.

1 Cor 11,26

realiza el mandato de Jesús «Haced esto en memoria mía» (1 Cor 11,25), parte el pan y ofrece el cáliz, sucede hoy lo mismo que sucedió entonces: Cristo se entrega verdaderamente por nosotros y nosotros tomamos realmente parte en él. El sacrificio único e irrepetible de Cristo en la cruz se hace presente sobre el altar; se realiza la obra de nuestra redención. [1362-1367]

217 *¿Qué sucede con la Iglesia cuando celebra la Eucaristía?*

Cada vez que la Iglesia celebra la → EUCARISTÍA se sitúa ante la fuente de la que ella misma brota continuamente de nuevo: en la medida que la Iglesia «come» del Cuerpo de Cristo, se convierte en Cuerpo de Cristo, que es sólo otro nombre de la Iglesia. En el sacrificio de Cristo, que se nos da en cuerpo y alma, hay lugar para toda nuestra vida. Nuestro trabajo y nuestro sufrimiento, nuestras alegrías, todo lo podemos unir al sacrificio de Cristo. Si nos ofrecemos de este modo, seremos transformados: agradamos a Dios y para nuestros prójimos somos como buen pan que alimenta. [1368-1372, 1414]

Se critica con frecuencia a la Iglesia, como si únicamente fuera una asociación de hombres más o menos buenos. En realidad, la Iglesia es lo que se realiza diariamente de un modo misterioso sobre el altar. Dios se entrega por cada uno de nosotros y quiere transformarnos mediante la → Comunión con él. Como seres transformados deberíamos transformar el mundo. Todo lo demás que la Iglesia es también, es secundario. → 126, 171, 208

218 *¿Cómo debemos venerar correctamente al Señor presente en la Eucaristía?*

Puesto que Cristo está verdaderamente presente bajo las especies consagradas de pan y de vino, debemos conservar con la máxima reverencia las sagradas especies y adorar a nuestro Señor y Salvador presente en el Santísimo Sacramento. [1378-1381, 1418]

Si tras la celebración de la sagrada → EUCARISTÍA quedan hostias consagradas, se reservan en vasos sagrados en el tabernáculo o sagrario. Dado que en él está presente el Santísimo, el → TABERNÁCULO es uno de los lugares más venerables de toda iglesia. Ante el tabernáculo hacemos la genuflexión. Ciertamente, quien sigue realmente a Cristo lo reconocerá en los más pobres y aprenderá a servirle en ellos. Pero también encontrará tiempo para permanecer en el silencio de la adoración ante el sagrario y dedicar su amor al Señor eucarístico.

219 *¿Con qué frecuencia debe participar un católico en la Eucaristía?*

Todos los domingos y fiestas de guardar el católico está obligado a asistir a la Santa Misa. Quien busca verdaderamente la amistad de Jesús, responde, tan a menudo como le es posible, a la invitación personal de Jesús a este banquete. [1389, 1417]

En realidad el «precepto dominical» es un término tan impropio para un verdadero cristiano, como el «precepto del beso» para un auténtico enamorado. Nadie puede mantener una relación viva con Cristo si no acude allí donde él nos espera. Por ello, desde los orígenes, la celebración de la misa es para los cristianos el «corazón del domingo» y la cita más importante de la semana.

TABERNÁCULO O SAGRARIO

(lat. *tabernaculum* = tienda, cabaña): Siguiendo el ejemplo del Arca de la alianza del Antiguo Testamento, se desarrolló en la Iglesia católica el tabernáculo como lugar precioso destacado para la reserva del Santísimo Sacramento (Cristo bajo la forma del pan eucarístico).

CUSTODIA

Ostensorio sagrado, en el cual se muestra a los fieles a Cristo en la forma del pan eucarístico para su adoración.

DOXOLOGÍA

(del griego *doxa* = gloria): Una doxología es el cierre formal y solemne de una oración, como el final de la Plegaria Eucarística, que dice: *Por Cristo, con él y en él, a ti, Dios Padre omnipotente, en la unidad del Espíritu Santo, todo honor y toda gloria por los siglos de los siglos.* →

→ Con frecuencia las doxologías se dirigen al Dios trinitario, como *Gloria al Padre y al Hijo y al Espíritu Santo, como era en un principio, ahora y siempre y por los siglos de los siglos*, que es la fórmula con la que concluye normalmente una oración cristiana.

" Tenemos mucho trabajo. Nuestros hospitales y nuestras casas de moribundos están llenas en todas partes. Cuando comenzamos a tener la adoración diaria, nuestro amor a Cristo se volvió más íntimo, nuestro amor mutuo, más comprensivo, nuestro amor a los pobres, más misericordioso, y el número de las vocaciones se ha duplicado.

SANTA TERESA DE CALCUTA

" Si hay peligro de muerte... los ministros católicos pueden administrar lícitamente esos mismos sacramentos también a los demás cristianos que no están en plena comunión con la Iglesia católica, cuando éstos no puedan acudir a un ministro de su propia comunidad y lo pidan espontáneamente, con tal de que profesen la fe católica respecto a estos sacramentos y estén bien dispuestos.

CIC 844 §4 (Código de Derecho Canónico)

220 *¿Cómo debo prepararme para poder recibir la sagrada Eucaristía?*

Quien quiera recibir la sagrada → EUCARISTÍA, debe ser católico. Si fuera consciente de un pecado grave o mortal, debe confesarse antes. Antes de ponerse ante el altar hay que reconciliarse con el prójimo. [1385-1387, 1415]

Hasta hace pocos años estaba dispuesto no comer nada como mínimo tres horas antes de una celebración eucarística; de este modo se quería estar preparado para el encuentro con Cristo en la → COMUNIÓN. Hoy en día la Iglesia pide al menos una hora de ayuno. Un signo de respeto es el vestido, bonito y algo especial, pues al fin y al cabo tenemos una cita con el Señor del mundo.

221 *¿Cómo me transforma la sagrada Comunión?*

Cada sagrada → COMUNIÓN me une más íntimamente con Cristo, me convierte en un miembro vivo del cuerpo de Cristo, renueva las gracias que he recibido en el Bautismo y la → CONFIRMACIÓN y me fortalece en la lucha contra el pecado. [1391-1397, 1416]

222 *¿Puede darse la Eucaristía también a los cristianos no católicos?*

La sagrada → COMUNIÓN es expresión de la unidad del Cuerpo de Cristo. Pertenece a la Iglesia católica quien está bautizado en ella, comparte su fe y vive en unión con ella. Sería una contradicción que la Iglesia invitara a comulgar a personas que no comparten (aún) la fe y la vida de la Iglesia. La credibilidad del signo de la → EUCARISTÍA se vería perjudicada. [1398-1401]

Cristianos ortodoxos aislados pueden solicitar la recepción de la sagrada Comunión en una celebración católica, porque comparten la fe eucarística de la Iglesia católica, aunque sus comunidades no viven aún en la comunión plena con la Iglesia católica. En el caso de los miembros de otras confesiones cristianas, se puede administrar la sagrada Comunión en casos especiales, siempre que se dé una necesidad grave y se dé la fe plena en la presencia eucarística. La celebración común de la Eucaristía/Santa Cena de cristianos católicos y evangélicos es la meta y el deseo de todos los esfuerzos ecuménicos, pero anticiparla, sin que se haya establecido la realidad del Cuerpo de Cristo en *una* fe y en la *única* Iglesia, es erróneo y por ello no está permitido. Otro tipo de celebraciones ecuménicas, en las que cristianos de diferentes confesiones rezan juntos, son buenas y son recomendadas también por la Iglesia católica.

223 *¿De qué modo es la sagrada Eucaristía una anticipación de la vida eterna?*

Jesús prometió a sus discípulos, y con ello también a nosotros, que nos sentaríamos un día a la mesa con él. Por eso cada Santa Misa es «memorial de la pasión, plenitud de la gracia, prenda de la gloria futura» (oración «O sacrum convivium» recogida en la antífona del Magníficat en las II Vísperas de la fiesta del Santísimo Cuerpo y Sangre de Cristo). [1402-1405]

<> CAPÍTULO SEGUNDO <>
Los sacramentos de curación

El Sacramento de la Penitencia
y de la Reconciliación

224 *¿Por qué nos ha dado Cristo el sacramento de la Penitencia y la Unción de los enfermos?*

El amor de Cristo se muestra en que busca a quienes están perdidos y cura a los enfermos. Por eso se nos dan los →SACRAMENTOS de la curación y restauración, en los que nos vemos liberados del pecado y confortados en la debilidad corporal y espiritual. [1420-1421]
→ 67

225 *¿Qué nombres hay para el sacramento de la Penitencia?*

El sacramento de la Penitencia se denomina también →SACRAMENTO de la reconciliación, del perdón, de la conversión y de la confesión. [1422-1424, 1486]

Señor, no soy digno de que entres bajo mi techo. Basta que lo digas de palabra, y mi criado quedará sano.

Mt 8,8

Una variante de esta frase que dijo el centurión a Jesús («Señor, no soy digno de que entres en mi casa, pero una palabra tuya bastará para sanarme») se pronuncia antes de recibir la sagrada Comunión.

El Hijo del hombre ha venido a buscar y salvar lo que estaba perdido.

Lc 19,10

No necesitan médico los sanos, sino los enfermos. No he venido a llamar a justos, sino a pecadores.

Mc 2,17

Si decimos que no hemos pecado, nos engañamos y la verdad no está en nosotros.

1 Jn 1,8

Su hijo le dijo: «Padre, he pecado contra el cielo y contra ti; ya no merezco llamarme hijo tuyo». Pero el padre dijo a sus criados: «Sacad enseguida la mejor túnica y vestídsela; ponedle un anillo en la mano y unas sandalias en los pies».

Lc 15,21-22

A quienes les perdonéis los pecados, les quedan perdonados, a quienes se los retengáis, les quedan retenidos.

Jn 20,23

Algunos santos se han calificado a sí mismos de grandes criminales, porque contemplaban a Dios, se miraban a sí mismos, y veían la diferencia.

SANTA TERESA DE CALCUTA

226 Si ya tenemos el Bautismo, que nos reconcilia con Dios, ¿porqué necesitamos entonces un sacramento específico de la Reconciliación?

Si bien el Bautismo nos arranca del poder del pecado y de la muerte y nos introduce en la nueva vida de los hijos de Dios, no nos libra de la debilidad humana y de la inclinación al pecado. Por eso necesitamos un lugar en el que podamos reconciliarnos continuamente de nuevo con Dios. Esto es la confesión. [1425-1426]

Confesarse parece no estar de moda. Quizá sea difícil y al principio cueste un gran esfuerzo. Pero es una de las mayores gracias que podamos comenzar siempre de nuevo en nuestra vida, realmente de nuevo: totalmente libres de cargas y sin las hipotecas del pasado, acogidos en el amor y equipados con una fuerza nueva. Dios es misericordioso, y no desea nada más ardientemente que el que nosotros nos acojamos a su misericordia. Quien se ha confesado abre una nueva página en blanco en el libro de su vida. → 67-70

227 ¿Quién ha instituido el sacramento de la Penitencia?

Jesús mismo instituyó el sacramento de la Penitencia cuando el día de Pascua se apareció a los →APÓSTOLES y les dijo: «Recibid el Espíritu Santo, a quienes les perdonéis los pecados, les quedan perdonados; a quienes se los retengáis, les quedan retenidos». (Jn 20,22a-23). [1439, 1485]

En ningún lugar ha expresado Jesús de forma más bella lo que sucede en el sacramento de la Penitencia que en la parábola del hijo pródigo: nos extraviamos, nos perdemos, no podemos más. Pero Dios Padre nos espera con un deseo mayor e incluso infinito; nos perdona cuando regresamos; nos acepta siempre, perdona el pecado. Jesús mismo perdonó los pecados a muchas personas; eso era más importante para él que hacer milagros. Veía en ello el gran signo de la llegada del reino de Dios, en el que todas las heridas serán sanadas y todas las lágrimas serán enjugadas. El poder del Espíritu Santo, en el que Jesús perdonaba los pecados, lo transmitió a sus → APÓSTOLES. Cuando nos dirigimos a un sacerdote y nos confesamos, nos arrojamos a los brazos abiertos de nuestro Padre celestial. → 314, 524

228 ¿Quién puede perdonar los pecados?

Sólo Dios puede perdonar los pecados. «Tus pecados te son perdonados» (Mc 2,5) sólo lo pudo decir Jesús porque él es el Hijo de Dios. Y sólo porque Jesús les ha conferido este poder pueden los → PRESBÍTEROS perdonar los pecados en nombre de Jesús. [1441-1442]

Hay quien dice: Esto lo arreglo yo directamente con Dios, ¡para eso no necesito ningún sacerdote! Pero Dios quiere que sea de otra manera. Él nos conoce. Hacemos trampas con respecto a nuestros pecados, nos gusta echar tierra sobre ciertos asuntos. Por eso Dios quiere que expresemos nuestros pecados y que los confesemos cara a cara. Por eso es válido para los sacerdotes: «A quienes les perdonéis los pecados, les quedan perdonados; a quienes se los retengáis, les quedan retenidos» (Jn 20,23).

229 ¿Qué hace que un hombre esté dispuesto al arrepentimiento?

Desde el examen de la culpa personal surge el deseo de mejorar; esto se llama arrepentimiento. Se produce cuando vemos la contradicción entre el amor de Dios y nuestro pecado. Entonces nos llenamos de dolor por nuestros pecados; nos decidimos a cambiar nuestra vida y ponemos toda nuestra confianza en el auxilio de Dios. [1430-1433, 1490]

Con frecuencia se oculta la realidad del pecado. Algunos creen incluso que contra los sentimientos de culpa sencillamente sólo hay que tomar medidas psicológicas. Pero los verdaderos sentimientos de culpa son importantes. Es como en los coches: cuando el velocímetro señala que se ha superado el límite de velocidad, no es culpable el velocímetro, sino el conductor. Cuanto más nos acercamos a Dios, que es todo luz, tanto más claramente salen a la luz nuestras sombras. Pero Dios no es una luz que quema, sino una luz que cura. Por eso el arrepentimiento nos impulsa a avanzar hacia la luz en la que somos completamente curados. → 312

Haznos volver a ti, Señor, y volveremos.

Lam 5,21

El arrepentimiento brota del conocimiento de la verdad.

THOMAS STEARNS ELIOT (1888-1965, poeta angloamericano)

Después de una caída, ¡hay que levantarse inmediatamente de nuevo! No hay que dejar ni un momento el pecado en el corazón.

SAN JUAN MARÍA VIANNEY, cura de Ars

La Penitencia es el segundo Bautismo, el bautismo de las lágrimas.

SAN GREGORIO NACIANCENO (330-390, Doctor de la Iglesia)

Oye, pastor, que por amores mueres,/ no te espante el rigor de mis pecados,/ pues tan amigo de rendidos eres/ espera, pues/ y escucha mis cuidados.

LOPE DE VEGA

> Dios valora tanto la penitencia, que la más nimia de las penitencias del mundo, si es auténtica, le hace olvidar cualquier tipo de pecado, de modo que incluso a los demonios se les perdonarían las culpas si pudieran tener arrepentimiento.

SAN FRANCISCO DE SALES

> Un signo del arrepentimiento sincero es alejar la ocasión.

SAN BERNARDO DE CLARAVAL

> Dios lo sabe todo. De antemano ya sabe que, después de haberos confesado, volveréis a pecar. Y, sin embargo, perdona. Va incluso tan lejos como para olvidar intencionadamente el futuro con tal de perdonarnos.

SAN JUAN MARÍA VIANNEY, cura de Ars

> El amor tapa multitud de pecados.

1 Pe 4,8

230 *¿Qué es la penitencia?*

La penitencia es la reparación de una injusticia cometida. La penitencia no debe darse sólo en la mente, sino que debe expresarse en obras de misericordia y en el compromiso con los demás. También con la oración, el ayuno y la ayuda material y espiritual a los pobres se hace penitencia. [1434-1439]

Con frecuencia se entiende mal la penitencia. No tiene nada que ver con maltratarse o con los escrúpulos. La penitencia no es estar dando vueltas sobre lo mala persona que soy. La penitencia nos libera y nos anima a empezar de nuevo.

231 *¿Cuáles son los elementos esenciales que se deben dar para que se perdonen los pecados en el sacramento de la Penitencia?*

Los elementos esenciales de la estructura de este sacramento son la persona que se convierte y el → Presbítero, que, en nombre de Dios, le concede la absolución de sus pecados. [1448]

232 *¿Qué debo hacer en una confesión?*

Pertenecen a toda confesión el examen de conciencia, la contrición o arrepentimiento, el propósito de enmienda, la confesión y la penitencia. [1450-1460, 1490-1492, 1494]

El *examen de conciencia* debe ser a fondo, pero nunca puede ser exhaustivo. Sin verdadero *arrepentimiento*, basado en una confesión de los labios, nadie puede ser absuelto de sus pecados. Igualmente es imprescindible el *propósito* de no cometer ese pecado nunca más en el futuro. El pecador debe necesariamente declarar el pecado ante el confesor, es decir, hacer una *confesión* del mismo. Finalmente pertenece a una confesión la *reparación o penitencia* que impone el confesor al pecador para reparar el daño cometido.

233 *¿Qué pecados hay que confesar?*

Los pecados graves, que se recuerden tras un examen de conciencia minucioso, y que aún no se hayan confesado, sólo pueden ser perdonados, en circunstancias normales, en la confesión sacramental individual. [1457]

Es cierto que ante la confesión nos sentimos cohibidos. Pero superar esto es ya el primer paso para sanar interiormente. A menudo ayuda pensar en que también el → Papa debe tener valor para confesar a otro sacerdote —y con ello a Dios— sus faltas y debilidades. Sólo en casos de necesidad existencial (como por ejemplo en la guerra, en un bombardeo o en otra circunstancia en la que un grupo de personas se encuentre en peligro de muerte) puede un sacerdote conceder la absolución a un grupo de personas, sin que previamente se haya dado una confesión individual de los pecados (es la llamada *absolución general*). En cualquier caso, si se supera esta circunstancia, hay que confesar individualmente los pecados graves en la primera ocasión que se tenga.
→ 315-320

> 99 ¡Yo soy mucho más digno de castigo que vosotros! No temáis confesar vuestros pecados.

SAN JUAN MARÍA VIANNEY, cura de Ars

ABSOLUCIÓN (del lat. *absolvere* = desatar, absolver): La absolución del sacerdote es el perdón sacramental de uno o más pecados después de la confesión de los pecados del penitente. La fórmula de la absolución es:

> 99 Dios, Padre misericordioso, que reconcilió consigo al mundo por la Muerte y Resurrección de su Hijo y derramó el Espíritu Santo para la remisión de los pecados, te conceda, por el ministerio de la Iglesia, el perdón y la paz. Y yo te absuelvo de tus pecados en el nombre del Padre y del Hijo y del Espíritu Santo.

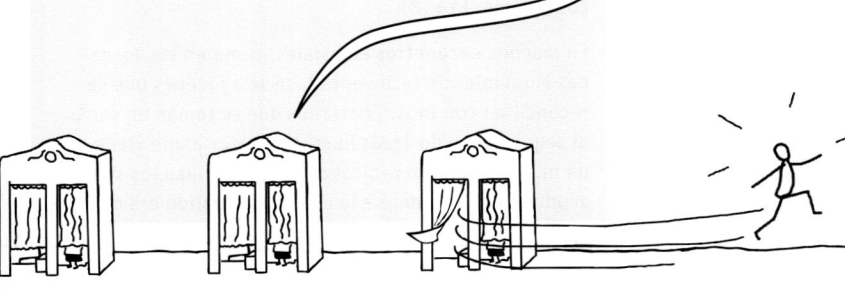

> El confesionario no es una sala de tortura, sino aquel lugar de misericordia en el que el Señor nos empuja a hacer lo mejor que podamos.

PAPA FRANCISCO, 21.09.2013

> No es correcto pensar que deberíamos vivir de modo que nunca necesitáramos el perdón. Aceptar nuestra debilidad, pero permanecer en camino, sin rendirnos, sino avanzando y convirtiéndonos constantemente mediante el sacramento de la Reconciliación para volver a comenzar y de este modo crecer para el Señor, madurando en nuestra comunión con él.

BENEDICTO XVI, 17.02.2007

234 *¿Cuándo hay obligación de confesar los pecados graves? ¿Con qué frecuencia hay que confesarse?*

Al llegar a la edad de la discreción hay obligación de confesar los pecados graves. La Iglesia manda que se haga al menos una vez al año. En cualquier caso hay que confesarse antes de recibir la sagrada → COMUNIÓN si se ha cometido algún pecado grave. [1457]

Con la expresión «edad de la discreción» se refiere la Iglesia a la edad en la que se ha llegado a usar la razón y se ha aprendido a distinguir entre el bien y el mal.
→ 315-320

235 *¿Puede uno confesarse también cuando no se han cometido pecados graves?*

La confesión es también en esa ocasión el gran regalo de la curación y de la unión más íntima con el Señor, aunque estrictamente uno no estuviera obligado a confesarse. [1458]

En muchos encuentros eclasiales, como en las Jornadas Mundiales de la Juventud, se ve a jóvenes que se reconcilian con Dios. Cristianos que se toman en serio el seguimiento de Jesús buscan la alegría que viene de un nuevo comienzo radical con Dios. Incluso los santos acudían regularmente a la confesión cuando era posible.

Lo necesitaban para crecer en la humildad y en el amor y para dejarse tocar por la luz sanadora de Dios hasta el último rincón del alma.

236 *¿Por qué sólo los sacerdotes pueden perdonar pecados?*

Ningún hombre puede perdonar pecados a no ser que tenga un mandato de Dios para ello y la fuerza que él le otorga, para que el perdón que él concede al penitente se verifique realmente. Los encargados de ello son en primer lugar el → OBISPO y después sus colaboradores, los → SACERDOTES.
[1461-1466, 1495] → 150, 228, 249-250

237 *¿Hay pecados tan graves que no los pueda absolver un sacerdote normal?*

Hay pecados en los cuales el hombre se aparta total-mente de Dios y, dada la gravedad especial del acto, atrae sobre sí la pena de → EXCOMUNIÓN. En caso de pecados sancionados con excomunión, sólo puede conceder la absolución el → OBISPO o un sacerdote que tenga este oficio específico, e incluso en algunos ca-sos sólo el → PAPA. En caso de peligro de muerte todo → SACERDOTE puede absolver de cualquier pecado y de la excomunión. [1463]

Un católico que, por ejemplo, presta una colaboración imprescindible para un aborto que efectivamente se rea-liza, se excluye automáticamente de los sacramentos; la Iglesia sólo constata este estado. La → EXCOMUNIÓN tiene la intención de que el pecador cambie de vida y vuelva al buen camino.

238 *¿Puede un sacerdote contar a otras personas algo que haya conocido en la confesión?*

No, de ningún modo. El secreto de confesión es absolu-to. Todo → PRESBÍTERO quedaría excomulgado si contara a otras personas cualquier cosa que haya conocido en confesión. Ni siquiera a la policía puede decir o insinuar algo. [1467]

No se debe confundir con la confesión la franqueza con un hermano. La confesión se hace ante el Señor del cielo y tierra en presencia de un hombre, que tiene este mandato.

HERMANO ROGER SCHUTZ

EXCOMUNIÓN
(del lat. *ex* = fuera y *communicatio* = participación, comunidad): La exclusión de un católico de la recepción de los sacramentos.

«Señor, enséñame vuestra faz y aunque sea como piedra, si yo os conozco, me ablandaré...». Él puso de su casa lo que tú debías y pagó más de lo que merecías. Échate a sus pies y dirate: «Yo te perdono tus pecados, porque yo los pagué por ti».

SAN JUAN DE ÁVILA

¡Ama a Jesús! ¡No tengas ningún miedo! Aunque hubieras cometido todos los pecados de este mundo, Jesús te repite a ti las palabras: Se te han perdonado muchos pecados porque has amado mucho.

SAN PÍO DE PIETRALCINA (1887-1968, uno de los santos más populares de Italia)

Para que se cumpliera lo dicho por medio del profeta Isaías: «Él tomó nuestras dolencias y cargó con nuestras enfermedades».

Mt 8,17

En el confesionario debes mostrar por igual sentimientos de caridad, lo mismo si tienes que animar a los pusilánimes que si tienes que amenazar a los contumaces; el pecador ha de sentir siempre que tus palabras proceden exclusivamente de tu caridad.

SAN VICENTE FERRER (1350-1419, dominico español, gran predicador)

Jesús lo oyó y les dijo: «No necesitan médico los sanos, sino los enfermos. No he venido a llamar a justos, sino a pecadores».

Mc 2,17

Quizá no haya nada que los → PRESBÍTEROS tomen más en serio que el secreto de confesión. Hay sacerdotes que por ello han soportado torturas y han llegado a morir. Por eso se puede hablar abiertamente sin reservas y uno puede confiarse con gran tranquilidad a un sacerdote, cuya única tarea en ese momento es ser todo «oídos de Dios».

239 *¿Qué efectos positivos tiene la confesión?*

La confesión reconcilia al pecador con Dios y con la Iglesia. [1468-1470, 1496]

El segundo después de la absolución es como... una ducha después de hacer deporte, el aire fresco tras una tormenta de verano, el despertar en una radiante mañana de verano, la ingravidez de un submarinista... En la palabra «reconciliación» está contenido todo: estamos de nuevo en paz con Dios.

El Sacramento de la Unción de los enfermos

240 *¿Cómo se interpretaba la «enfermedad» en el Antiguo Testamento?*

En el → ANTIGUO TESTAMENTO se vivía la enfermedad a menudo como una prueba difícil contra la que uno se podía rebelar, y en la que, sin embargo, se podía reconocer también la mano de Dios. Ya en los profetas surge la idea de que el sufrimiento no es sólo una maldición y no siempre es la consecuencia de pecados personales, sino que el sufrimiento aceptado con paciencia puede ser también un modo de vivir para los demás. [1502]

241 *¿Por qué mostró Jesús tanto interés por los enfermos?*

Jesús vino para mostrar el amor de Dios. Con frecuencia lo hizo allí donde nos sentimos especialmente amenazados: en el debilitamiento de nuestra vida a causa de la enfermedad. Dios quiere que recuperemos la salud de alma y cuerpo, y que a causa de ello creamos y reconozcamos el reino de Dios que viene. [1503-1505]

A veces hay que enfermar para reconocer qué es lo que necesitamos por encima de todo, tanto enfermos como sanos: a Dios. No tenemos vida, si no es en él. Por eso los enfermos y pecadores tienen un instinto especial para lo esencial. Ya en el → NUEVO TESTAMENTO eran precisamente los enfermos quienes buscaban la cercanía de Jesús; intentaban «tocarlo, porque salía de él una fuerza que los curaba a todos» (Lc 6,19). → 91

242 ¿Por qué debe la Iglesia preocuparse especialmente de los enfermos?

Jesús nos enseña que el cielo sufre cuando nosotros sufrimos. Dios quiere ser reconocido incluso en «uno de estos mis hermanos más pequeños» (Mt 25,40). Por eso Jesús ha establecido el cuidado de los enfermos como tarea central para sus discípulos. Los exhorta: «Curad enfermos» (Mt 10,8), y les promete el poder divino: «Echarán demonios en mi nombre… impondrán las manos a los enfermos, y quedarán sanos» (Mc 16,17-18). [1506-1510]

Uno de los rasgos determinantes del cristianismo ha sido siempre que los ancianos, los enfermos y los necesitados de cuidados estén en el centro. Madre Teresa, que cuidó de los moribundos en los suburbios de Calcuta, es sólo una persona en una larga cadena de cristianos y cristianas que encontraron a Cristo precisamente en aquellos que eran excluidos y evitados por los demás. Cuando los cristianos son verdaderamente cristianos, brota de ellos un efecto curativo. Algunos reciben incluso el don de curar corporalmente en la fuerza del Espíritu Santo (carisma de la sanación → CARISMAS).

243 ¿Para quién está destinado el sacramento de la Unción de los enfermos?

El → SACRAMENTO de la Unción de los enfermos lo puede recibir todo creyente que se encuentre en una situación crítica en su salud. [1514-1515, 1528-1529]

La Unción de los enfermos se puede recibir varias veces a lo largo de la vida. Por eso tiene sentido que también personas jóvenes soliciten este sacramento, por ejemplo cuando se someten a una operación grave. Muchos cristianos unen en este momento la Unción con una con-

---

Preferiría incluso el peor de los mundos cristianos antes que el mejor de los paganos, porque en el mundo cristiano hay espacio para aquellos que en ningún mundo pagano tuvieron cabida: los lisiados y enfermos, los ancianos y débiles. Para ellos había algo más que espacio, había amor para los que tanto en el mundo pagano como en el mundo sin Dios se consideraban y se consideran inútiles.

HEINRICH BÖLL
(1917-1985, escritor alemán)

El cuidado de los enfermos debe estar ante todo y por encima de todo. Hay que servirles como si fueran realmente Cristo.

SAN BENITO DE NURSIA

Si mirásemos cuán grande es la misericordia de Dios, nunca dejaríamos de hacer bien mientras pudiésemos: pues que, dando nosotros, por su amor, a los pobres lo que él mismo nos da, nos promete ciento por uno en la bienaventuranza.

SAN JUAN DE DIOS

¿Está enfermo alguno entre vosotros? Llame a los presbíteros de la Iglesia, que recen por él y lo unjan con óleo en el nombre del Señor.

Sant 5,14

Aunque camine por cañadas oscuras, nada temo, porque tú vas conmigo.

Sal 23,4

El que come mi carne y bebe mi sangre tiene vida eterna, y yo lo resucitaré el último día.

Jn 6,54

> Por esta Santa Unción y por su bondadosa misericordia te ayude el Señor con la gracia del Espíritu Santo, para que, libre de tus pecados, te conceda la salvación y te conforte en tu enfermedad.
>
> Del ritual de la Unción de los enfermos

fesión general, porque en caso de muerte quieren entrar a la presencia de Dios con la conciencia limpia.

244 *¿Cómo se administra la Unción de los enfermos?*

El rito esencial en la administración del → SACRAMENTO de la Unción de los enfermos en la Iglesia consiste en la unción de la frente y las manos con el óleo sagrado, acompañada por las oraciones correspondientes. [1517-1519, 1531]

245 *¿Qué efectos tiene la Unción de los enfermos?*

La Unción de los enfermos otorga consuelo, paz y ánimo y une al enfermo, en su situación precaria y en su sufrimiento, de un modo más íntimo con Cristo. Porque el Señor pasó por nuestros miedos y llevó en su cuerpo nuestros dolores. En algunas personas, la Unción de los enfermos logra la curación corporal. Pero si Dios quiere llevarse consigo a alguien, la Unción de los enfermos le otorga la fuerza para todas las luchas corporales y espirituales en su último viaje. En fin, la Unción de los enfermos tiene el efecto de perdonar pecados. [1520-1523, 1532]

Muchos enfermos tienen miedo ante este → SACRAMENTO y lo retrasan hasta el último momento, porque piensan que es una especie de condena de muerte. Pero en realidad es al revés: la Unción de los enfermos es una especie de seguro de vida. Quien acompaña como cristiano a un enfermo debería quitarle todo falso miedo. La mayoría de los que están seriamente en peligro, presienten de forma intuitiva que en ese momento no hay para ellos nada más importante que arrimarse rápida e incondicionalmente a aquel que superó la muerte y es la misma vida: Jesús, el Salvador.

246 *¿Quién puede administrar la Unción de los enfermos?*

La administración de la Unción de los enfermos está reservada a los obispos y presbíteros. Cristo es quien actúa a través de ellos en virtud del Orden sacramental. [1516, 1530]

  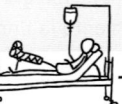

247 *¿Qué se entiende por Viático?*

Se entiende por Viático la última sagrada → COMUNIÓN que recibe una persona antes de morir. [1524-1525]

Pocas veces es la → COMUNIÓN tan necesaria para la vida como en el momento en el que un hombre se dispone a terminar su vida terrena. En el futuro tendrá únicamente tanta vida como tiene en la unión (= comunión) con Dios.

CAPÍTULO TERCERO

Los sacramentos al servicio de la comunidad y de la misión

248 *¿Cómo se llaman los sacramentos al servicio de la comunidad?*

Quien está bautizado y confirmado puede además recibir en la Iglesia una misión particular mediante dos → SACRAMENTOS específicos y ser por ello tomado por Dios a su servicio; se trata del orden sacerdotal y del matrimonio. [1533-1535]

Ambos → Sacramentos tienen algo en común, están ordenados a *otras personas*. Nadie se ordena para uno mismo y tampoco nadie contrae matrimonio sólo para sí mismo. El sacramento del Orden y el sacramento del Matrimonio deben construir el pueblo de Dios, es decir, son un canal por medio del cual Dios hace llegar su amor al mundo.

El Sacramento del Orden

249 *¿Qué sucede en el sacramento del Orden?*

Quien es ordenado recibe un don del Espíritu Santo que le confiere un poder sagrado y que le es otorgado por Cristo por medio del → OBISPO. [1538]

Ser → PRESBÍTERO o sacerdote no supone únicamente asumir una función o un cargo. Mediante el Orden, el sacerdote recibe como don una fuerza particular y una misión en favor de sus hermanos en la fe.

→ 150, 215, 228, 236

La bienaventuranza eterna es un estado en el que contemplar es alimentarse.

SIMONE WEIL (1909-1943, anarquista francesa, filósofa y mística)

La ordenación sacerdotal no se administra como un medio de salvación para el individuo, sino para toda la Iglesia.

SANTO TOMÁS DE AQUINO

Sólo Cristo es el verdadero sacerdote, los demás son ministros suyos.

SANTO TOMÁS DE AQUINO

El sacerdote continúa la obra de redención en la tierra.

SAN JUAN MARÍA VIANNEY, cura de Ars

Nuestro Redentor no quiso dejar el cuidado de los hombres, que tantos sufrimientos le causaron, al solo cuidado de nuestra prudencia, sino que quiere actuar con nosotros.

SANTO TOMÁS DE VILLANUEVA (1488-1555, arzobispo de Valencia)

> Cuando me asusta lo que soy para vosotros, entonces me consuela lo que soy con vosotros. Para vosotros soy obispo, con vosotros soy cristiano. Aquél designa el ministerio, éste la gracia, aquél el peligro, éste la salvación.

SAN AGUSTÍN

> Que todos reverencien a los diáconos como a Jesucristo, como también al obispo, que es imagen del Padre, y a los presbíteros como al senado de Dios y como a la asamblea de los apóstoles: sin ellos no se puede hablar de Iglesia.

SAN IGNACIO DE ANTIOQUÍA (¿-107/117, mártir, Padre de la Iglesia)

250 ¿Cómo entiende la Iglesia el sacramento del Orden?

Los sacerdotes de la Antigua Alianza consideraban su tarea la mediación entre lo celestial y lo terreno, entre Dios y su pueblo. Puesto que Cristo es el único «mediador entre Dios y los hombres» (1 Tim 2,5), es él quien ha cumplido y finalizado ese sacerdocio. _Después_ de Cristo sólo puede existir un sacerdocio ordenado _en_ Cristo, _en_ el sacrificio de Cristo en la Cruz y _a través de_ la vocación de Cristo y la misión apostólica. [1539-1553, 1592]

El sacerdote católico que administra los sacramentos, no actúa por su propio poder o en virtud de su perfección moral (de la que desgraciadamente carece a menudo), sino «in persona Christi». El sacramento del Orden le confiere el poder transformador, sanador y salvífico de Cristo. Dado que un sacerdote no tiene nada por sí mismo, es ante todo un _servidor_. De aquí que un signo para reconocer a un auténtico sacerdote sea el asombro humilde ante su propia vocación. → 215

251 ¿Cuántos grados tiene el sacramento del Orden?

El sacramento del Orden tiene tres grados: →OBISPO (episcopado), →PRESBÍTERO (presbiterado), →DIÁCONO (Diaconado). [1554, 1593] → 140

252 ¿Qué sucede en la ordenación episcopal?

En la ordenación episcopal se confiere a un →PRESBÍTERO la plenitud del Sacramento del Orden. Es ordenado como sucesor de los →APÓSTOLES y entra en el Colegio episcopal. Juntamente con los demás →OBISPOS y con el →PAPA es desde entonces responsable de toda la Iglesia. La Iglesia le encomienda especialmente las funciones de enseñar, santificar y gobernar. [1555-1559]

El ministerio episcopal es el verdadero ministerio pastoral en la Iglesia, puesto que se remonta a los testigos primitivos de Jesús, los →APÓSTOLES, y continúa el ministerio pastoral de los apóstoles instituido por Cristo. También el →PAPA es un →OBISPO, pero el primero entre ellos y la cabeza del Colegio episcopal. → 92, 137

253 *¿Qué importancia tiene el obispo para un católico?*

Un católico se siente vinculado a su → Obispo; el obispo es también para él vicario de Cristo. Además el obispo, que juntamente con los → Presbíteros y los → Diáconos, sus colaboradores ordenados, ejerce el ministerio pastoral, es vicariamente el principio visible y el fundamento de la Iglesia local (diócesis). [1560-1561]

254 *¿Qué sucede en la ordenación presbiteral?*

En la ordenación presbiterial el → Obispo invoca el poder de Dios sobre el candidato al Orden. Ese poder marca a esta persona con un sello indeleble que nunca le abandonará. Como colaborador de su obispo, el → Presbítero anuncia la Palabra de Dios, administra los → Sacramentos y ante todo celebra la sagrada → Eucaristía. [1562-1568]

En el transcurso de la Santa Misa, la ordenación sacerdotal comienza con la llamada de los candidatos por su nombre. Después de la homilía del obispo, el futuro sacerdote promete obediencia al obispo y a sus sucesores. La ordenación propiamente dicha se realiza mediante la imposición de las manos del obispo y la oración propia.
→ 215, 236, 259

255 *¿Qué sucede en la ordenación diaconal?*

En la ordenación diaconal el candidato recibe el encargo de un servicio propio dentro del orden. Porque representa a Cristo como el que no ha venido a «ser servido sino a servir y a dar su vida en rescate por muchos» (Mt 20,28). En la liturgia de ordenación se dice: «En el servicio de la Palabra, del altar y de la caridad, el → Diácono está disponible para todos». [1569-1571]

El prototipo del → Diácono es el mártir san Esteban. Cuando los → Apóstoles, en la comunidad primitiva de Jerusalén, se vieron desbordados por la abundancia de tareas caritativas, buscaron a siete hombres «para servir las mesas», que fueron ordenados por ellos. Esteban, el

99 El lenguaje del obispo debe ser limpio, sencillo, abierto, lleno de gravedad y corrección, dulce y suave. Sobresalga tanto en la humildad como en la autoridad; que, ni por apocamiento queden por corregir los desmanes, ni por exceso de autoridad atemorice a los súbditos. Esfuércese en abundar en la caridad, sin la cual toda virtud es nada.

SAN ISIDORO DE SEVILLA (556-636, arzobispo de Sevilla y Doctor de la Iglesia)

? DIÁCONO
El diácono (del griego *diakonos* = servidor) es el primer grado del sacramento del Orden en la Iglesia católica. Como dice el nombre mismo, el diácono se compromete especialmente en al ámbito caritativo (diaconía), sin embargo también enseña, da catequesis, proclama el Evangelio, predica y asiste en el culto divino.

SEGUNDA PARTE – CÓMO CELEBRAMOS LOS MISTERIOS CRISTIANOS

[II] CAPÍTULO 3°: LOS SACRAMENTOS DE LA COMUNIDAD Y DE LA MISIÓN.

En cuanto a los diáconos, sean también respetables, sin doble lenguaje, no aficionados al mucho vino ni dados a negocios sucios. [...] Los diáconos sean maridos de una sola mujer, que gobiernen bien a sus hijos y sus propias casas.

1 Tim 3,8.12

Nadie podría haber sido mejor sacerdote de lo que fue María. Ella podía decir sin dudar: «Esto es mi cuerpo», porque ella dio verdaderamente a Jesús su propio cuerpo. Y, sin embargo, María continuó siendo la sencilla sierva del Señor, de forma que siempre nos podemos dirigir a ella como nuestra Madre. Es una de nosotros y siempre estamos unidos a ella. Después de la muerte de su Hijo continuó viviendo en la tierra para fortalecer a los apóstoles en su ministerio, para ser su Madre hasta que la joven Iglesia hubo tomado forma.

SANTA TERESA DE CALCUTA

La castidad sin la caridad no tiene ni valor ni mérito. Es una lámpara sin aceite.

SAN BERNARDO DE CLARAVAL

primero en ser nombrado, actuó «lleno de gracia y poder» a favor de la nueva fe, así como de los pobres de la comunidad. Después de que durante siglos el diácono haya sido sólo un grado del Orden en el camino al presbiterado, hoy es nuevamente una vocación independiente para célibes y para casados. Por un lado era preciso destacar con ello de nuevo el carácter de servicio de la Iglesia, por otro se quería, como en la Iglesia primitiva, poner junto a los → PRESBÍTEROS un estado que asuma determinados encargos pastorales y sociales de la Iglesia. También la ordenación diaconal marca al ordenado para toda la vida y de modo irrevocable. → 140

256 *¿Quién puede recibir el sacramento del Orden?*

Puede ser ordenado válidamente como → DIÁCONO, → PRESBÍTERO y → OBISPO el varón bautizado, católico, que es llamado a este ministerio por la Iglesia. [1577-1578]

257 *¿Es un desprecio a las mujeres el hecho de que sólo los varones puedan recibir el sacramento del Orden?*

La decisión de que sólo los varones puedan recibir el orden sagrado no es ningún desprecio a la mujer. Ante Dios, varón y mujer tienen la misma dignidad, pero diferentes tareas y → CARISMAS. Para la Iglesia es vinculante el hecho de que Jesús, al instituir el sacerdocio en la Última Cena, eligiera exclusivamente a *varones*. El papa san Juan Pablo II declaró en el año 1994 que «la Iglesia no tiene en modo alguno la facultad de conferir la ordenación sacerdotal a las mujeres, y que este dictamen debe ser considerado como definitivo por todos los fieles de la Iglesia».

Como ningún otro hombre de la Antigüedad, Jesús revalorizó provocativamente a las mujeres, les concedió su amistad y las tomó bajo su protección. Había mujeres entre sus seguidores y Jesús valoraba mucho su fe. Al fin y al cabo la primera testigo de la Resurrección es una mujer. Por ello María Magdalena es denominada «apóstol de los → APÓSTOLES». Sin embargo, el sacerdocio ordenado y el ministerio pastoral siempre se ha conferido sólo a varones. En el sacerdote varón la comunidad ha de encontrar representado a Jesucristo. El sacerdocio es un servicio particular que se vale del hombre también en su rol sexual de varón y padre. Pero no es ninguna forma de superioridad masculina sobre las mujeres. Las mujeres tienen una función en la Iglesia, como vemos en María, que no es menos central que la de los hombres, pero es una función femenina. Eva fue madre de todos los que viven (Gén 3,20). Como «madres de los que viven» las mujeres tienen dones y capacidades singulares. Sin su modo de enseñanza, de anuncio, de caridad, de espiritualidad y de cuidado de las almas, la Iglesia estaría «hemipléjica». Allí donde los varones utilizan su ministerio sacerdotal como instrumento de poder o no dejan entrar en juego a las mujeres con sus carismas específicos, faltan contra el amor de Cristo y contra el Espíritu Santo. → 64

258 *¿Por qué la Iglesia exige a los presbíteros y obispos una vida célibe?*

Jesús vivió célibe y con ello quiso expresar su amor indiviso a Dios Padre. Asumir la forma de vida de Jesús y vivir en castidad «por el reino de los cielos» (Mt 19,12) es desde tiempos de Jesús un signo del amor, de la entrega plena al Señor y de la total disponibilidad para el servicio. La Iglesia católica latina exige esta forma de vida a sus → Obispos y → Presbíteros, las Iglesias católicas orientales únicamente a sus obispos. [1579-1580, 1599]

El celibato, en palabras del papa Benedicto XVI, no puede significar «quedarse privados de amor, sino que debe significar dejarse tomar por la pasión por Dios». Un → Sacerdote debe, como célibe, ser fecundo representando la paternidad de Dios y de Jesús. Además añade el Papa: «Cristo necesita sacerdotes que sean maduros y varoniles, capaces de ejercer una verdadera paternidad espiritual».

CELIBATO
El celibato (del latín *caelebs* = que vive solo) es el compromiso de una persona a permanecer soltera «por el reino de los cielos». En la Iglesia católica realizan esta promesa especialmente personas en comunidades religiosas (votos religiosos) así como en el clero (promesa del celibato).

El celibato es un «sí» definitivo, es un acto de fidelidad y de confianza en Cristo; es precisamente lo contrario de un «no», de esta autonomía que no quiere crearse obligaciones, que no quiere aceptar un vínculo; es precisamente el «sí» definitivo que supone, confirma el «sí» definitivo del matrimonio.

BENEDICTO XVI,
10.06.2010

También vosotros, como piedras vivas, entráis en la construcción de una casa espiritual para un sacerdocio santo, a fin de ofrecer sacrificios espirituales agradables a Dios por medio de Jesucristo.

1 Pe 2,5

Vosotros, en cambio, sois un linaje elegido, un sacerdocio real, una nación santa, un pueblo adquirido por Dios para que anunciéis las proezas del que os llamó de las tinieblas a su luz maravillosa. Los que antes érais no-pueblo, ahora sois pueblo de Dios.

1 Pe 2,9-10a

Serás una bendición.

Gén 12,2b

¿Cómo podré describir la felicidad del matrimonio que celebra la Iglesia? Admirad qué tiro de dos caballos: dos creyentes unidos por una sola esperanza, un solo deseo, una disciplina, un mismo servicio... Ninguna división en el espíritu, ninguna en la carne. Donde la carne es una, también es uno el espíritu.

TERTULIANO
(160-después de 220, escritor de la Iglesia latina)

259 *¿En qué se diferencia el sacerdocio común de los fieles del sacerdocio ordenado?*

Por el Bautismo Cristo nos ha convertido en un reino de «sacerdotes para Dios, su Padre» (Ap 1,6). Por el sacerdocio común, todo cristiano está llamado a actuar en el mundo en nombre de Dios y a transmitirle su bendición y su gracia. Sin embargo, en el Cenáculo y en el envío de los → APÓSTOLES, Cristo ha dotado a algunos con un poder sagrado para el servicio de los creyentes; estos sacerdotes ordenados representan a Cristo como pastores de su pueblo y cabeza de su Cuerpo, la Iglesia. [1546-1553, 1592]

La misma palabra «sacerdote» usada para expresar dos realidades relacionadas, pero con una diferencia «esencial y no sólo en grado» (Concilio Vaticano II, LG), lleva a menudo a confusión. Por un lado tenemos que darnos cuenta con gozo de que todos los bautizados somos sacerdotes, porque vivimos en Cristo y participamos de todo lo que él es y hace. ¿Por qué entonces no pedimos constantemente → BENDICIONES para este mundo? Por otra parte tenemos que descubrir de nuevo el don de Dios a su Iglesia, que son los sacerdotes ordenados, que representan entre nosotros al mismo Señor. → 138

El Sacramento del Matrimonio

260 *¿Por qué ha hecho Dios al hombre y a la mujer el uno para el otro?*

Dios ha hecho al hombre y a la mujer el uno para el otro para que «ya no sean dos, sino una sola carne» (Mt 19,6): de esta forma deben vivir el amor, ser fecundos y así convertirse en signo del mismo Dios, que no es otra cosa que amor desbordante. [1601-1605]
→ 64, 400, 417

261 *¿Cómo se lleva a cabo el sacramento del Matrimonio?*

El → SACRAMENTO del Matrimonio se lleva a cabo mediante una promesa hecha ante Dios y ante la Iglesia, que es aceptada y sellada por Dios y se consuma por la

unión corporal de los esposos. Dado que es Dios mismo quien anuda el vínculo del matrimonio sacramental, este vínculo une hasta la muerte de uno de los contrayentes. [1625-1631]

El sacramento del Matrimonio se lo confieren el hombre y la mujer recíprocamente. El → PRESBÍTERO o el → DIÁCONO invoca la → BENDICIÓN de Dios sobre la pareja y es únicamente el testigo cualificado de que el matrimonio se celebra en las condiciones adecuadas y de que la promesa se da completa y en público. El matrimonio sólo tiene lugar cuando hay un *consentimiento matrimonial*, es decir, cuando el hombre y la mujer, libremente y sin temor o coacción quieren el matrimonio y cuando no están impedidos para contraerlo por otros compromisos naturales o eclesiales (matrimonio ya contraído, promesa del celibato).

262 *¿Qué se requiere necesariamente para poder casarse por la Iglesia?*

Para que haya matrimonio sacramental se requieren necesariamente tres elementos: a) el consentimiento expresado en libertad, b) la aceptación de una unión exclusiva y para toda la vida y c) la apertura a los hijos.

Maridos, amad a vuestras mujeres como Cristo amó a su Iglesia: Él se entregó a sí mismo por ella, para consagrarla, purificándola con el baño del agua y la palabra... Así deben también los maridos amar a sus mujeres, como cuerpos suyos que son.

Ef 5,25-26.28a

Los cristianos no aman de modo diferente a los demás hombres, pero tienen más ayuda.

ANÓNIMO

❓ MONOGAMIA, POLIGAMIA
(del griego *monos* = uno, *polys* = muchos, y *gamos* = matrimonio): Un matrimonio y muchos matrimonios. El cristianismo prohíbe la poligamia, que también es castigada por el Estado como delito de bigamia (griego *bi* = dos).

Pero lo más profundo en un matrimonio cristiano es la conciencia de la pareja de ser una imagen viva del amor entre Cristo y su Iglesia. [1644-1654, 1664]

La exigencia de la *unidad y la indisolubilidad* se dirige en primer lugar contra la → POLIGAMIA, en la que el cristianismo ve una clara vulneración del amor y de los derechos humanos; también se dirige contra lo que se podría denominar «poligamia sucesiva»: una sucesión de relaciones amorosas no vinculantes, que no alcanzan un único y gran «sí» que ya no se puede echar atrás. La exigencia de la *fidelidad conyugal* contiene la disposición a un compromi-

❝❞ El amor nunca dice basta ni sosiega hasta abrasar, y abrasando nuestro corazón el puro amor de Jesús, arrojará de él cuanto se opone a que todo sea amor.

SANTA JOAQUINA VEDRUNA (1783-1854, religiosa y fundadora española)

❝❞ El amor se perfecciona en la fidelidad.

SÖREN KIERKEGAARD (1813-1855, filósofo danés)

so para toda la vida, que excluye relaciones amorosas al margen del matrimonio. La exigencia de la *apertura a la fecundidad* quiere decir que un matrimonio cristiano está abierto a los hijos que Dios les quiera conceder. Las parejas que no pueden tener hijos están llamadas a ser «fecundas» de otra manera. Un matrimonio en cuya celebración se excluya cualquiera de estos elementos no es válido.

263 *¿Por qué es indisoluble el matrimonio?*

El matrimonio es indisoluble por tres razones. Por un lado porque corresponde a la esencia del amor el entregarse mutuamente sin reservas; luego porque es una imagen de la fidelidad incondicional de Dios a su

creación; y es también indisoluble finalmente porque representa la entrega de Cristo a su Iglesia, que llegó hasta la muerte en Cruz. [1605, 1612-1617, 1661]

En un tiempo en el que en muchos sitios se rompen el 50 por ciento de los matrimonios, cada uno que perdura es un gran signo, en definitiva un signo de Dios. En esta tierra en la que tantas cosas son *relativas*, los hombres deben creer en Dios, el único *absoluto*. Por eso todo lo que no es relativo es tan

" Amar a una persona quiere decir verla como Dios la ha pensado.

FIODOR M. DOSTOIEVSKI

" Amar a alguien es ser el único en ver un milagro invisible para los demás.

FRANÇOIS MAURIAC
(1914-1996, novelista francés)

importante: alguien que dice *absolutamente* la verdad o es *absolutamente* fiel. La fidelidad absoluta en el matrimonio no es tanto un testimonio del logro humano como de la fidelidad de Dios, que siempre está presente, aun cuando a todas luces le traicionamos y le olvidamos. Casarse por la Iglesia quiere decir confiar más en la ayuda de Dios que en la propia provisión de amor.

 Si somos infieles, él permanece fiel, porque no puede negarse a sí mismo.

2 Tim 2,13

264 *¿Qué es lo que amenaza a los matrimonios?*

Lo que amenaza realmente al matrimonio es el pecado; lo que lo renueva es el perdón; lo que lo fortalece es la oración y la confianza en la presencia de Dios. [1606-1608]

El odio provoca reyertas, el amor disimula las ofensas.

Prov 10,12

Es como si Dios mismo exhortara por medio de nosotros. En nombre de Cristo os pedimos que os reconciliéis con Dios.

2 Cor 5,20

Descargad en él todo vuestro agobio, porque él cuida de vosotros.

1 Pe 5,7

El conflicto entre hombres y mujeres, que precisamente en los matrimonios llega en ocasiones al odio recíproco, no es una señal de la incompatibilidad de los sexos; tampoco hay una disposición genética a la infidelidad o una limitación psíquica especial ante compromisos para toda la vida. Ciertamente muchos matrimonios están en peligro por la falta de una cultura del diálogo o la falta de respeto. A ello se añaden problemas económicos y sociales. El papel decisivo lo tiene la realidad del pecado: celos, despotismo, riñas, concupiscencia, infidelidad y otras fuerzas destructoras. Por ello el perdón y la reconciliación forman parte esencial de todo matrimonio, también a través de la confesión.

265 *¿Todas las personas están llamadas al matrimonio?*

No todo el mundo está llamado al matrimonio. A algunas personas Jesús les muestra un camino particular; les invita a vivir renunciando al matrimonio «por el reino de los cielos» (Mt 19,12). También las personas que viven solas por otros distintos motivos pueden tener una vida plena. [1618-1620]

No pocas veces Jesús llama a algunas personas también a una cercanía especial con él. Éste es el caso cuando experimentan en su interior el deseo de renunciar al matrimonio «por el reino de los cielos». Esta vocación no supone nunca un desprecio del matrimonio o de la sexualidad. El celibato voluntario sólo puede ser vivido en el amor y por amor, como un signo poderoso de que Dios es más importante que cualquier otra cosa. El célibe renuncia a la relación sexual, pero no al amor; sale anhelante al encuentro de Cristo, el esposo que viene (Mt 25,6). Muchas personas que viven solas por otros distintos motivos sufren por su soledad, la experimentan únicamente como carencia y desventaja. Pero una persona que no tiene que preocuparse de una pareja o de una familia, disfruta también de libertad e independencia y tiene tiempo de hacer cosas importantes y llenas de sentido para las que no tendría tiempo una persona casada. Quizás sea voluntad de Dios que se ocupe de personas por las que nadie más se preocupa.

266 *¿Cómo se celebra la boda por la Iglesia?*

Una boda debe celebrarse ordinariamente de modo público. Los contrayentes son preguntados por su deseo de contraer matrimonio. El → PRESBÍTERO o el → DIÁCONO bendice los anillos. Los contrayentes intercambian los anillos y se prometen mutuamente «fidelidad en la prosperidad y en la adversidad, en la salud y en la enfermedad, hasta que la muerte nos separe», diciéndose el uno al otro de modo solemne: «Yo prometo amarte, respetarte y honrarte todos los días de mi vida». El celebrante confirma el enlace y otorga la → BENDICIÓN. [1621-1624, 1663]

De la forma siguiente la Iglesia pregunta, en el rito del matrimonio, primero al esposo y luego a la esposa, o a ambos. *Celebrante*: N. y N., ¿venís a contraer matrimonio sin ser coaccionados, libre y voluntariamente? *Esposo/Esposa*: Sí, venimos libremente. *Celebrante*: ¿Estáis decididos a amaros y respetaros mutuamente, siguiendo el modo de vida propio del Matrimonio, durante toda la vida? *Esposo/Esposa*: Sí, estamos decididos. *Celebrante*: ¿Estáis dispuestos a recibir de Dios responsable y amorosamente los hijos, y a educarlos según la ley de Cristo y de su Iglesia? *Esposo/Esposa*: Sí, estamos dispuestos.

267 *¿Qué se hace cuando un católico quiere casarse con un cristiano no católico?*

En este caso, para la celebración del matrimonio hay que solicitar un permiso expreso de la autoridad eclesiástica. Porque el matrimonio llamado mixto (entre católico y bautizado no católico) exige por ambas partes una fidelidad especial a Cristo, de forma que el escándalo, aun sin remedio, de la separación de los cristianos no se continúe en pequeño y lleve quizás incluso al abandono de la práctica religiosa. [1633-1637]

Iré a donde tú vayas, viviré donde tú vivas; tu pueblo será mi pueblo y tu Dios será mi Dios; moriré donde tú mueras, y allí me enterrarán. Juro ante el Señor que sólo la muerte podrá separarnos.

Rut 1,16-17

La diferencia de confesión entre los cónyuges no constituye un obstáculo insuperable para el matrimonio, cuando llegan a poner en común lo que cada uno de ellos ha recibido en su comunidad, y a aprender el uno del otro el modo como cada uno vive su fidelidad a Cristo.

CCE, 1634

DISPENSA
Una dispensa (del latín medieval → *dispensare* = conceder libertades) es en el Derecho Canónico católico la liberación de una ley eclesiástica. Una dispensa es competencia del obispo o de la Sede Apostólica.

Que el sol no se ponga sobre vuestra ira. No deis ocasión al diablo.

Ef 4,26-27

" El amor se pone ciertamente a prueba en la fidelidad, pero sólo se perfecciona en el perdón.

WERNER BERGENGRUEN (1862-1964, escritor alemán)

" Los divorciados vueltos a casar, a pesar de su situación, siguen perteneciendo a la Iglesia, que los sigue con especial atención, con el deseo de que, dentro de lo posible, cultiven un estilo de vida cristiano mediante la participación en la Santa Misa, aunque sin comulgar, la escucha de la Palabra de Dios, la Adoración eucarística, la oración, la participación en la vida comunitaria, →

268 *¿Puede casarse un católico con alguien de otra religión?*

Para los católicos puede ser difícil, para la propia fe y para la de los futuros hijos casarse y vivir con una pareja que pertenece a otra → RELIGIÓN. Por responsabilidad ante los fieles, la Iglesia católica ha establecido el impedimento para contraer matrimonio con disparidad de culto. Por eso un matrimonio de este tipo sólo puede contraerse válidamente si antes del enlace se obtiene la → DISPENSA de este impedimento. Este matrimonio no es sacramental.
[1633-1637]

269 *¿Pueden separarse cónyuges que están peleados?*

La Iglesia tiene un gran respeto ante la capacidad que tiene una persona para mantener una promesa y para comprometerse en fidelidad para toda la vida. Ella le toma la palabra. Cualquier matrimonio puede correr peligro a causa de alguna crisis. El diálogo, la oración (en común), a veces también la ayuda especializada, pueden ayudar a salir de la crisis. Y en especial, el recuerdo de que en todo matrimonio sacramental hay un tercero en la unión, Cristo, puede encender de nuevo la esperanza. Pero a quien su matrimonio se ha vuelto insoportable, o a quien está expuesto a violencia psíquica o física, le está permitido separarse. Esto se denomina una «separación de mesa y cama», que debe ser comunicada a la Iglesia. Aunque en estos casos se ha roto la convivencia, el matrimonio sigue siendo válido.
[1629, 1649]

Ciertamente también hay casos en los que la crisis de un matrimonio se debe atribuir en último término a que uno de los cónyuges o ambos no eran capaces de contraer matrimonio en el momento del enlace o no aportaban una voluntad plena de contraerlo. Entonces el matrimonio es inválido en el sentido jurídico. En estos casos se puede instruir un proceso de nulidad ante los tribunales eclesiásticos. → 424

270 *¿Qué actitud tiene la Iglesia con los divorciados casados de nuevo?*

Siguiendo el ejemplo de Cristo, los acoge con amor. Pero quien, después de un matrimonio canónico se divorcia y, en vida del cónyuge, establece una nueva unión, se coloca ciertamente en contradicción con la clara exigencia de Jesús respecto a la indisolubilidad del matrimonio. Esta exigencia no puede ser suprimida por la Iglesia. La ruptura de la fidelidad está en contradicción con la → EUCARISTÍA, en la que la Iglesia celebra precisamente la irrevocabilidad del amor de Dios. Por eso no puede acceder a la sagrada → COMUNIÓN quien vive en una situación tan contradictoria. [1665, 2384]

Lejos de tratar por igual todos los casos concretos, el papa Benedicto XVI habla de una «situación dolorosa» y exhorta a los pastores a «discernir bien las diversas situaciones, para ayudar espiritualmente de modo adecuado a los fieles implicados» (*Sacramentum Caritatis*, 29). → 424

271 *¿Qué quiere decir que la familia es una «iglesia doméstica»?*

Lo que la → IGLESIA es en lo grande, es la familia en lo pequeño: una imagen del amor de Dios en la comunión de las personas. Todo matrimonio se perfecciona en la apertura a otros, a los niños que son don de Dios, en la acogida mutua, en la hospitalidad, en la disponibilidad para otros. [1655-1657]

Nada en la Iglesia primitiva fascinaba más a los hombres en el «nuevo camino» de los cristianos que las «iglesias domésticas». Con frecuencia alguien «creyó en el Señor con toda su familia; también otros muchos corintios... creían y se bautizaban» (Hch 18,8). En un mundo no creyente surgían islotes de fe vivida, lugares de oración, de compartir, de hospitalidad cordial. Roma, Corinto, Antioquía, las grandes ciudades de la Antigüedad, quedaron pronto inundadas de iglesias domésticas como si fueran puntos de luz. También hoy en día las familias, en las que Cristo se encuentra en su casa, son el gran fermento de renovación de nuestra sociedad.
→ 368

→ el diálogo con un sacerdote de confianza o un director espiritual, la entrega a obras de caridad, de penitencia, y la tarea de educar a los hijos.

BENEDICTO XVI,
Sacramentum Caritatis

" Nadie se sienta sin familia en este mundo: la Iglesia es casa y familia para todos, especialmente para cuantos están «cansados y agobiados» (Mt 11, 28).

SAN JUAN PABLO II,
Familiaris Consortio

" Si quieres que alguien se haga cristiano, invítale a vivir contigo durante un año.

SAN JUAN CRISÓSTOMO

EXORCISMO

El exorcismo (del griego *exorkismós* = conjurar hacia fuera) es una oración en virtud de la cual un hombres es protegido o liberado del demonio.

Sed sobrios, velad. Vuestro adversario, el diablo, como león rugiente, ronda buscando a quien devorar. Resistidle, firmes en la fe.

1 Pe 5,8-9

La piedad popular es uno de nuestros puntos fuertes, porque se trata de oraciones muy arraigadas en el corazón de las personas. Incluso personas que están algo alejadas de la vida de la Iglesia y que no tienen una gran comprensión de la fe, se conmueven interiormente con estas oraciones. Sólo hay que «iluminar» estos gestos, «purificar» esta tradición, para que se convierta en vida actual de la Iglesia.

BENEDICTO XVI, 22.02.2007

❧ CAPÍTULO CUARTO ❧
Otras celebraciones litúrgicas

272 *¿Qué son los sacramentales?*

Los sacramentales son signos sagrados o acciones sagradas por las que se confiere una bendición. [1667-1672, 1677-1678]

Ejemplos típicos de sacramentales son la imposición de la ceniza el Miércoles de Ceniza, el lavatorio de los pies, el uso del agua bendita, la bendición de la mesa, las palmas del Domingo de Ramos, la bendición de diferentes objetos, las procesiones, el exorcismo y el rito de la profesión en una congregación religiosa.

273 *¿Practica la Iglesia todavía hoy el exorcismo?*

En todo Bautismo se realiza el llamado → EXORCISMO simple, una oración en la que el niño es sustraído del poder del maligno y es fortalecido contra las «fuerzas y poderes» que ha derrotado Jesús. El exorcismo solemne es una oración, mediante la cual, por el poder de Jesús, un cristiano bautizado es sustraído a la influencia y al poder del maligno; este exorcismo se realiza en contadas ocasiones y sólo después de un riguroso examen. [1673]

Lo que se representa en las películas como «exorcismo» no se corresponde, en la mayoría de los casos, con la verdad de Jesús y de la Iglesia. Se narra con frecuencia en los Evangelios que Jesús expulsaba demonios. Tenía poder sobre poderes y fuerzas malignos y podía liberar a personas sometidas a ellos. Jesús dio a los apóstoles «autoridad para expulsar espíritus inmundos y curar toda enfermedad y toda dolencia» (Mt 10,1). Lo mismo hace la Iglesia, cuando un → SACERDOTE, que ha recibido este encargo, pronuncia la oración del exorcismo sobre una persona que lo solicita. Antes se excluye que se trate de un fenómeno psíquico (estos asuntos son competencia del psiquiatra). En el exorcismo se trata de rechazar una tentación y un asedio espiritual y de la liberación del poder del maligno.
→ 90-91

274 *¿Qué importancia tiene la llamada «piedad popular»?*

La piedad popular, que se expresa en la veneración de → RELIQUIAS, en procesiones, peregrinaciones y devociones, es una forma importante de la inculturación de la fe que es buena en tanto sea eclesial, conduzca a Cristo y no pretenda ganarse el cielo por medio de obras al margen de la gracia de Dios.
[1674-1676]

RELIQUIA
Reliquias (del lat. *relictum* = resto, residuo) son restos de los cuerpos de santos, así como objetos que usaron los santos a lo largo de su vida.

 275 *¿Se pueden venerar las reliquias?*

La veneración de → RELIQUIAS es una necesidad humana natural, para mostrar respeto y honor a personas veneradas. La veneración de reliquias es correcta cuando se alaba la acción de Dios en personas que se han entregado totalmente a él.
[1674]

276 *¿Cuál es el sentido de las peregrinaciones?*

Quien peregrina «ora» con los pies y experimenta con todos los sentidos que toda su vida es un único gran camino hacia Dios.
[1674]

 ¡Qué alegría cuando me dijeron: «Vamos a la casa del Señor»! Ya están pisando nuestros pies tus umbrales, Jerusalén.

Sal 122,1-2

> Los caminos de Dios son los caminos que él mismo ha recorrido y que ahora debemos recorrer nosotros con él.

DIETRICH BONHOEFFER

> La Cruz del Señor abraza el mundo entero; su vía crucis atraviesa los continentes y los tiempos. En el vía crucis no podemos ser meros espectadores. También nosotros estamos implicados y debemos por eso buscar nuestro lugar: ¿dónde estamos nosotros?

BENEDICTO XVI,
14.04.2006

> El divino Salvador dijo: «Que todos sepan que la tribulación va seguida de la gracia; que todos se convenzan que sin el peso de la aflicción no se puede llegar a la cima de la gracia... ésta es la única escala del paraíso, y sin la cruz no se encuentra el camino de subir al cielo».

SANTA ROSA DE LIMA

Ya en el antiguo Israel se peregrinaba al Templo de Jerusalén. Los cristianos retomaron esta costumbre. De este modo, especialmente en la Edad Media, surgió un verdadero movimiento de peregrinaciones a los lugares santos (especialmente a Jerusalén y a las tumbas de los apóstoles en → ROMA y Santiago de Compostela). Con frecuencia se peregrinaba para hacer penitencia, y a veces la peregrinación no estaba libre del falso pensamiento de que había que justificarse ante Dios mediante una acción autotorturadora. Hoy las peregrinaciones experimentan un renacimiento único. Los hombres buscan la paz y la fuerza que brotan de los lugares santos. Están cansados del individualismo, quieren salir de la rutina diaria, liberarse de lastres y ponerse en marcha hacia Dios.

277 *¿Qué es la devoción del vía crucis?*

Seguir contemplando y orando las 14 estaciones del camino de Jesús con la Cruz es una devoción popular muy antigua que se practica especialmente en los tiempos de Cuaresma y Semana Santa. [1674-1675]

Las 14 estaciones son:

1. Jesús es condenado a muerte.

2. Jesús carga con la cruz.

3. Jesús cae por primera vez.

4. Jesús encuentra a su Madre.

5. Simón de Cirene ayuda a Jesús a llevar la cruz.

6. La Verónica limpia el rostro de Jesús.

7. Jesús cae por segunda vez.

8. Jesús consuela a las mujeres de Jerusalén.

9. Jesús cae por tercera vez.

10. Jesús es despojado de sus vestiduras.

> Cristo mío, Padre amado,/ ¿cómo, andándome a buscar,/ os han puesto en tal lugar/ vuestro amor y mi pecado?
> ...
> Bendigo vuestra piedad,/ pues me llamáis a que os quiera,/ como si de mí tuviera vuestro amor necesidad.

LOPE DE VEGA

11. Jesús es clavado en la cruz.

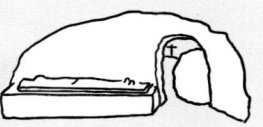

12. Jesús muere en la cruz.

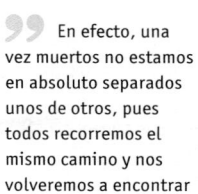

> En efecto, una vez muertos no estamos en absoluto separados unos de otros, pues todos recorremos el mismo camino y nos volveremos a encontrar en el mismo lugar.

SAN SIMEÓN DE TESALÓNICA († 1429, teólogo y místico)

13. Bajan a Jesús de la cruz y lo entregan a su Madre.

14. El cuerpo de Jesús es puesto en el sepulcro.

278 *¿Qué carácter tiene un entierro cristiano?*

Las exequias cristianas son un servicio de la comunidad a sus difuntos. Acogen el duelo de los parientes del difunto, pero son portadoras siempre de las señales de la Pascua. Al fin y al cabo morimos en Cristo para celebrar con él la fiesta de la Resurrección. [1686-1690]

TERCERA PARTE

Cómo obtenemos la vida en Cristo

PREGUNTAS
279 - 468

Para qué estamos en la tierra, qué debemos hacer y cómo nos ayuda el Espíritu Santo de Dios 162

La dignidad del hombre 162

La comunidad humana 180

La salvación de Dios, la ley y la gracia 186

Los diez mandamientos 192

«Amarás al Señor, tu Dios, con todo tu corazón, con toda tu alma y con todas tus fuerzas» 194

«Amarás a tu prójimo como a ti mismo» 202

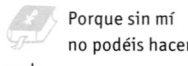
Porque sin mí no podéis hacer nada.

Jn 15,5b

99 Nada te turbe, nada te espante./ Todo se pasa, Dios no se muda./ La paciencia todo lo alcanza./ Quien a Dios tiene nada le falta./ Sólo Dios basta.

SANTA TERESA DE JESÚS

Y creó Dios al hombre a su imagen, a imagen de Dios lo creó.

Gén 1,27

99 Pero cuando Dios desaparece, el hombre no llega a ser más grande; al contrario, pierde la dignidad divina, pierde el esplendor de Dios en su rostro. Al final se convierte sólo en el producto de una evolución ciega, del que se puede usar y abusar. Eso es precisamente lo que ha confirmado la experiencia de nuestra época.

BENEDICTO XVI, 15.08.2005

✧ PRIMERA SECCIÓN ✧
Para qué estamos en la tierra, qué debemos hacer y cómo nos ayuda el Espíritu Santo de Dios

279 *¿Por qué necesitamos la fe y los sacramentos para llevar una vida buena y justa?*

Si sólo dependiéramos de nuestras fuerzas, no avanzaríamos mucho en nuestros intentos de ser buenos. Por la fe descubrimos que somos hijos de Dios y que hemos sido fortalecidos por él. Cuando Dios nos da su fuerza, hablamos de «gracia». Especialmente en los signos sagrados que conocemos como →SACRAMENTOS, Dios nos otorga la capacidad de hacer realmente el bien que queremos hacer. [1691-1695]

Como Dios ha visto nuestra necesidad, nos «ha sacado del dominio de las tinieblas» (Col 1,13) por medio de su Hijo Jesucristo. Nos ha concedido la posibilidad de empezar de nuevo en comunión con él y de avanzar por el camino del amor. → 172-178

✧ CAPÍTULO PRIMERO ✧
La dignidad del hombre

280 *¿Cómo fundamentan los cristianos la dignidad del ser humano?*

Todo ser humano tiene desde el primer momento en el seno materno una dignidad inviolable, porque Dios, desde toda la eternidad, lo ha querido, amado, creado, y lo ha destinado a la salvación y a la bienaventuranza eterna. [1699-1715]

Si la dignidad humana tuviera su origen únicamente en los éxitos y realizaciones que llevan a cabo los hombres, entonces los débiles, enfermos e indefensos carecerían de dignidad. Los cristianos creemos que la *dignidad* humana viene en primer término de la *dignidad* de Dios. Él mira a cada hombre y lo ama como si fuera la única criatura sobre la tierra. Y dado que Dios ha fijado su mirada hasta en el más pequeño de los seres humanos,

> Dios quiere que seamos felices. Pero ¿dónde está la fuente de esta esperanza? Está en la comunión con Dios, que vive en el fondo del alma de cada persona.

HERMANO ROGER SCHUTZ

> La felicidad no está en nosotros, y la felicidad no está tampoco fuera de nosotros. La felicidad está sólo en Dios. Y si lo encontramos a él, entonces está en todas partes.

BLAISE PASCAL

éste posee una dignidad infinita que no puede ser destruida por los hombres. → 56-65

281 *¿Por qué anhelamos la felicidad?*

Dios ha puesto en nuestro corazón un deseo tan infinito de felicidad que nadie lo puede saciar, sólo Dios mismo. Todas las satisfacciones terrenas nos dan únicamente un anticipo de la felicidad eterna. Por encima de ellas debemos ser atraídos a Dios. [1718-1719, 1725] → 1-3

282 *¿Conoce la Sagrada Escritura un camino para alcanzar la felicidad?*

Somos felices confiando en las palabras de Jesús en las bienaventuranzas. [1716-1717]

El Evangelio es una promesa de felicidad para todas las personas que quieran recorrer los caminos de Dios. Especialmente en las bienaventuranzas (Mt 5,3-12) Jesús nos ha dicho concretamente que contaremos con una → BENDICIÓN infinita si seguimos su estilo de vida y buscamos la paz con un corazón limpio.

283 *¿Qué dicen las bienaventuranzas?*

Bienaventurados los pobres en el espíritu,
porque de ellos es el reino de los cielos.

Bienaventurados los mansos,
porque ellos heredarán la tierra.

Bienaventurados los que lloran,
porque ellos serán consolados.

Bienaventurados los que tienen hambre y sed
    de la justicia,
porque ellos quedarán saciados.

Bienaventurados los misericordiosos,
porque ellos alcanzarán misericordia.

Bienaventurados los limpios de corazón,
porque ellos verán a Dios.

Bienaventurados los que trabajan por la paz,
porque serán ellos llamados hijos de Dios.

Bienaventurados los perseguidos por causa
    de la justicia,
porque de ellos es el reino de los cielos.

Bienaventurados vosotros cuando os insulten y
os persigan y os calumnien de cualquier modo por
mi causa. Alegraos y regocijaos, porque vuestra
recompensa será grande en el cielo. (Mt 5,3-12)

284 *¿Por qué son tan importantes las
bienaventuranzas?*

**Quien anhela el reino de Dios tiene en cuenta la lista
de prioridades de Jesús: las bienaventuranzas.
[1716-1717, 1725-1726]**

Comenzando por Abraham, Dios ha hecho promesas a su
pueblo. Jesús las retoma, amplía su validez hasta el cielo y
las convierte en su propio programa de vida: el Hijo de Dios
se hace pobre para compartir nuestra pobreza, se alegra
con los que están alegres y llora con los que lloran (Rom
12,15); no recurre a la violencia, sino que ofrece la otra
mejilla (Mt 5,39); tiene misericordia, siembra la paz y con
ello muestra el camino más seguro hacia el cielo.

99 Porque sólo él es
el camino que merece la
pena seguir, la luz que
merece la pena encender,
la vida que es digna de
ser vivida y el amor que
merece la pena amar.

SANTA TERESA DE CALCUTA

99 Hacer lo que Dios
quiere y querer lo que
Dios hace.

SAN JOSÉ MARÍA RUBIO
(1864-1929, sacerdote
español de la Compañía
de Jesús)

> El hombre es tan grande que nada sobre la tierra puede satisfacerle. Sólo cuando se vuelve a Dios está satisfecho. Si sacas un pez del agua, no podrá vivir. Eso es el hombre sin Dios.

SAN JUAN MARÍA VIANNEY, cura de Ars

 Porque lo veremos tal cual es.

1 Jn 3,2b

> La libertad, Sancho, es uno de los más preciosos dones que a los hombres dieron los cielos.

MIGUEL DE CERVANTES

> El hombre que se abandona totalmente en manos de Dios no se convierte en una marioneta de Dios, en una persona aburrida y conformista; no pierde su libertad. Sólo el hombre que confía plenamente en Dios encuentra la verdadera libertad, la gran amplitud creadora de la libertad para el bien. El hombre que se dirige a Dios no se hace más pequeño, sino más grande, pues gracias a Dios y juntamente con él se hace grande, divino, llega a a ser verdaderamente él mismo.

BENEDICTO XVI, 08.12.2005

285 ¿Qué es la bienaventuranza eterna?

La bienaventuranza eterna es contemplar a Dios y ser introducido en la bienaventuranza de Dios. [1720-1724, 1729]

En Dios Padre, Hijo y Espíritu Santo hay vida, alegría y comunión sin fin. Ser introducido allí será una felicidad inconcebible e ilimitada para nosotros los hombres. Esta felicidad es puro don de la gracia de Dios, porque nosotros los hombres no podemos ni producirla por nosotros mismos ni captarla en su grandeza. Dios quiere que nosotros optemos por nuestra felicidad; libremente debemos elegir a Dios, amarle sobre todas las cosas, hacer el bien y evitar el mal con todas nuestras fuerzas.

→ 52, 156-158

286 ¿Qué es la libertad y para qué sirve?

La libertad es el poder que Dios nos ha regalado para poder actuar por nosotros mismos; quien es libre ya no actúa determinado por otro. [1730-1733, 1743-1744]

Dios nos ha creado como seres libres y quiere nuestra libertad para que podamos optar de corazón por el bien, también por el supremo «bien», es decir, Dios. Cuanto más hacemos el bien tanto más libres nos volvemos.

→ 51

287 ¿No consiste precisamente la «libertad» en poder decidirse también por el mal?

El mal sólo es aparentemente digno de interés y decidirse por el mal sólo hace libre en apariencia. El mal no da la felicidad, sino que nos priva del verdadero bien; nos ata a algo carente de valor y al final destruye toda nuestra libertad. [1730-1733, 1743-1744]

Esto lo vemos en la adicción. En ella un hombre vende su libertad a cambio de algo que le parece bueno. En realidad se convierte en esclavo. El hombre es perfectamente libre cuando dice siempre sí al bien; cuando ninguna adicción, ninguna costumbre, le impiden elegir y hacer lo que es justo y bueno. La decisión por el bien es siempre una decisión orientada a Dios. → 51

288 *¿Es responsable el hombre de todo lo que hace?*

El hombre es responsable de todo lo que hace conscientemente y por propia voluntad. [1734-1737,1745-1746]

No se puede hacer a nadie (plenamente) responsable de algo que ha hecho a la fuerza, por miedo, ignorancia, bajo la influencia de drogas o por la fuerza de malas costumbres. Cuanto más sabe un hombre del bien y más se entrena en la práctica del mismo, tanto más se aleja de la esclavitud del pecado (Rom 6,17; 1 Cor 7,22). Dios sueña con este tipo de personas libres, que pueden asumir la responsabilidad de sí mismos, de su entorno y de toda la tierra. Pero el amor misericordioso de Dios también pertenece a quienes no son libres; todos los días les brinda la posibilidad de dejarse liberar para ser libres.

289 *¿Hay que dejar al hombre actuar según su voluntad aunque se decida por el mal?*

El ejercicio de la libertad es un derecho original de la dignidad humana; la libertad del individuo sólo puede ser limitada por las leyes civiles cuando mediante el ejercicio de su libertad lesione la dignidad y la libertad de los demás. [1738, 1740]

La libertad no sería tal libertad si no incluyera la libertad de elegir también lo equivocado. Se atentaría contra la dignidad de una persona si no se respetara su libertad. Una de las tareas centrales del Estado es proteger los derechos de libertad de todos sus ciudadanos (libertad de religión, de reunión y asociación, de opinión, de ejercicio profesional, etc.). La libertad de cada uno es el límite para la libertad del otro.

> El bondadoso es libre, aunque sea un esclavo; el malvado es un esclavo, aunque sea un rey.

SAN AGUSTÍN

> El camino hacia la meta comienza el día en el que asumes la plena responsabilidad de tus actos.

DANTE ALIGHIERI

> Los mártires de la Iglesia primitiva murieron por su fe en el Dios que se había revelado en Jesucristo, y precisamente así murieron también por la libertad de conciencia y por la libertad de profesar la propia fe, una profesión que ningún Estado puede imponer, sino que sólo puede hacerse propia con la gracia de Dios, en libertad de conciencia. Una Iglesia misionera, consciente de que tiene el deber de anunciar su mensaje a todos los pueblos, debe comprometerse necesariamente en favor de la libertad de la fe.

BENEDICTO XVI, 22.12.2005

Pues no habéis recibido un espíritu de esclavitud para recaer en el temor, sino que habéis recibido un Espíritu de hijos de adopción, en el que clamamos: «¡Abbá, Padre!». Ese mismo Espíritu da testimonio a nuestro espíritu de que somos hijos de Dios.

Rom 8,15-16

290 *¿Cómo nos ayuda Dios a llegar a ser hombres libres?*

Cristo quiere que nosotros, «liberados para la libertad» (Gál 5,1), seamos capaces de amar fraternalmente. Por eso nos da el Espíritu Santo, que nos hace libres e independientes de los poderes de este mundo, y nos fortalece para una vida de amor y de responsabilidad. [1739-1742, 1748]

Cuanto más pecamos, tanto más pensamos sólo en nosotros mismos, tanto peor podemos desarrollarnos libremente. En el pecado nos volvemos además inútiles para hacer el bien y vivir el amor. El Espíritu Santo, que ha sido derramado en nuestros corazones, nos concede un corazón lleno de amor a Dios y a los hombres. Percibimos al Espíritu Santo como el poder que nos conduce a la libertad interior, que nos abre al amor y que nos hace instrumentos cada vez mejores para el bien y el amor. → 120, 310-311

291 *¿Cómo puede un hombre distinguir si sus actos son buenos o son malos?*

El hombre está en condiciones de distinguir las acciones buenas de las malas ejercitando su inteligencia y siguiendo la voz de su conciencia.
[1749-1754, 1757-1758]

Para poder distinguir mejor las acciones buenas de las malas existen las siguientes directrices:
1. Lo *que hago* debe ser bueno; no es suficiente con una buena intención. Atracar un banco es siempre malo, aunque se cometa el atraco con la buena intención de dar el dinero a gente pobre. 2. Aunque la acción sea realmente buena, *la mala intención* con la que llevo a cabo el bien convierte en mala toda la acción. Si acompaño a una señora mayor y la ayudo a entrar en su casa, lo que hago es una buena acción. Pero si lo hago únicamente para preparar un futuro robo, toda la acción se convierte en un acto malo. 3. Las circunstancias bajo las que actúa una persona pueden disminuir la responsabilidad, pero no cambian nada del carácter bueno o malo de una acción.
→ 295-297

292 *¿Se puede hacer algo malo para que de ello se derive algo bueno?*

No, nunca se puede hacer algo malo o aceptar el mal para que de ello resulte algo bueno. A veces no nos queda más remedio que aceptar el mal menor para evitar un mal mayor.
[1755-1756, 1759-1761]

El fin no justifica los medios. Es erróneo utilizar embriones para la investigación con células madre, incluso si con ello se pudieran alcanzar logros radicales en la medicina. Es erróneo pretender «ayudar» a la víctima de una violación con el aborto del niño.

99 En este mundo, tan lleno de libertades ficticias que destruyen el ambiente y al hombre, con la fuerza del Espíritu Santo queremos aprender juntos la libertad verdadera; construir escuelas de libertad; demostrar a los demás, con la vida, que somos libres y que es muy hermoso ser realmente libres con la verdadera libertad de los hijos de Dios.

BENEDICTO XVI, Vigilia de Pentecostés 2006

99 La conciencia es el núcleo más secreto y el sagrario del hombre, en el que éste se siente a solas con Dios, cuya voz resuena en el recinto más íntimo de aquélla.

Concilio Vaticano II, GS

99 Si un hombre quiere en verdad el bien, entonces debe querer hacer todo por el bien o querer sufrir todo por el bien.

SÖREN KIERKEGAARD

> Existe el bien sin el mal, pero no hay nada malo sin algo bueno.

SANTO TOMÁS DE AQUINO

> Ten paciencia con todo, especialmente contigo mismo.

SAN FRANCISCO DE SALES

293 *¿Para qué nos ha dado Dios las pasiones?*

Las pasiones existen para que, por medio de emociones fuertes y percepciones claras de lo justo seamos atraídos hacia el bien y rechacemos el mal. [1762-1766, 1771-1772]

Dios ha hecho al hombre de tal modo que pueda amar y odiar, desear algo o despreciarlo, ser atraído por algunas cosas y tener miedo ante otras, que esté lleno de alegría, de tristeza o de ira. En el fondo de su corazón el hombre siempre ama el bien y odia el mal, o lo que considera como tal.

> La virtud es lo que se hace con pasión; el vicio es aquello que no se puede dejar de hacer a causa de la pasión.

SAN AGUSTÍN

294 *¿Es pecador quien experimenta en sí mismo pasiones fuertes?*

No, las pasiones pueden ser muy valiosas. Sólo por una mala orientación, las pasiones, que están pensadas para la realización vigorosa del bien, se convierten en colaboradoras del mal. [1767-1770, 1773-1775]

Las pasiones que se orientan al bien se convierten en *virtudes* por medio del discernimiento de la razón. Son entonces las propulsoras de una vida de lucha en pro del amor y la justicia. Las pasiones que dominan al hombre, oscureciendo la luz de la razón, y le privan de su libertad y le empujan al mal se llaman *vicios*.

295   ¿Qué es la conciencia?

La conciencia es la voz interior en el hombre, que le exige hacer el bien y evitar el mal. Es, a la vez, la capacidad de poder diferenciar el uno del otro. En la conciencia, que es testigo de la Verdad, Dios habla al hombre. [1776-1779]

La conciencia es comparada con una voz interior en la que Dios mismo se muestra dentro del hombre. Es Dios quien se hace perceptible en la conciencia. Cuando decimos: «Esto no puedo conciliarlo con mi conciencia», para un cristiano quiere decir: «Esto no lo puedo hacer en presencia de mi Creador». Por fidelidad a su conciencia muchas personas han ido a la cárcel y han sido ejecutadas.

→ 120, 290-292, 312, 333

296   ¿Se puede obligar a alguien a hacer algo contra su conciencia?

Nadie puede ser obligado a actuar contra su conciencia, mientras su acción se sitúe dentro de los límites del → BIEN COMÚN. [1780-1782, 1798]

Quien pasa por alto la conciencia de un hombre, la ignora y la presiona, atenta contra su dignidad. Pocas cosas hacen más hombre al hombre que el don de poder distinguir por sí mismo el bien del mal y poder elegir entre ellos. Esto es válido incluso cuando la decisión, vista desde la luz de la Verdad, es errónea. Si una conciencia se formó rectamente, la voz interior habla en coincidencia con lo que es razonable, justo y bueno ante Dios.

297   ¿Se puede formar la conciencia?

Sí, es más, debemos hacerlo. La conciencia que todo ser humano tiene por nacimiento, puede ser conducida en mala dirección o adormecida. Por eso debe ser formada para llegar a ser un instrumento, cada vez más sensible, de la actuación justa. [1783-1788, 1799-1800]

La primera escuela de la conciencia es la autocrítica, a la luz de la Verdad sinceramente buscada. Pues los hombres

" Todo lo que sucede contra la conciencia es pecado.

SANTO TOMÁS DE AQUINO

" Es hora de hacer algo ya. Pero aquel que se atreva a hacer algo debe ser consciente de que probablemente entrará en la historia como un traidor. Si, por el contrario, deja de actuar, sería un traidor ante su propia conciencia.

CONDE CLAUS SCHENK VON STAUFFENBERG (1907-1944, poco antes del atentado contra Hitler del 20 de julio de 1944, por el que fue ejecutado posteriormente)

" Si nos sentimos responsables, nos avergonzamos, nos asustamos ante una falta contra la voz de la conciencia, esto implica que hay aquí alguien ante quien somos responsables, ante quien nos avergonzamos, cuyas exigencias tememos.

BEATO JOHN HENRY NEWMAN

" Los cristianos tienen —como afirma el Concilio— en la Iglesia y en su Magisterio una gran ayuda para la formación de la conciencia.

SAN JUAN PABLO II, *Veritatis Splendor* [VS]

> Hacer violencia a la conciencia de la persona es herirla gravemente, dar el golpe más doloroso a su dignidad. En cierto sentido es más grave aún que matarla.

SAN JUAN XXIII
(1881-1963, el Papa que inauguró el Concilio Vaticano II)

> Todo lo que tiene que ver con la moral tiene, en definitiva, su origen en la Teología, lógicamente; en ningún caso en fundamentos seculares.

MAX HORKHEIMER
(1895-1973, filósofo y sociólogo alemán)

> ¡No tengas miedo de que un día se acabe tu vida! Teme más bien perder la ocasión de comenzarla correctamente.

BEATO JOHN HENRY NEWMAN

tenemos la inclinación a juzgar a favor nuestro. La segunda escuela de la conciencia es la orientación al buen obrar de los otros. La formación correcta de la conciencia conduce al hombre a la libertad de hacer el bien conocido rectamente. La Iglesia, con la ayuda del Espíritu Santo y de la Escritura, ha acumulado en su larga historia mucho conocimiento acerca del buen obrar; pertenece a su misión enseñar a las personas y darles también directrices. → 344

298 *¿Es culpable ante Dios alguien que actúa erróneamente, pero siguiendo su conciencia?*

No. Si uno se ha examinado detalladamente y ha llegado a un juicio cierto, hay que seguir en cualquier circunstancia la propia voz interior, aun corriendo el riesgo de hacer algo equivocado. [1790-1794, 1801-1802]

Dios no nos acusa del mal que se provoca por un juicio de conciencia erróneo no culpable. Por mucho que haya que seguir finalmente la voz de la propia conciencia, hay que ver claro que, invocando abusivamente una supuesta conciencia, en ocasiones se ha falsificado, asesinado, torturado y engañado.

299 *¿Qué se entiende por «virtud»?*

Una virtud es una actitud interior, una disposición estable positiva, una pasión puesta al servicio del bien. [1803, 1833]

«Sed perfectos como vuestro Padre celestial es perfecto» (Mt 5,48). Es decir, tenemos que transformarnos en el camino hacia Dios. Con nuestras fuerzas humanas sólo somos capaces de ello parcialmente. Dios apoya con su gracia las *virtudes humanas* y además nos regala también las llamadas *virtudes teologales*, con cuya ayuda alcanzamos con seguridad la luz y la cercanía de Dios.
→ 293-294

300 *¿Por qué debemos cultivarnos a nosotros mismos?*

Debemos cultivarnos a nosotros mismos para poder practicar el bien con alegría y facilidad. A ello nos

ayuda en primer término la fe en Dios, pero también el hecho de vivir las *virtudes;* es decir, que con la ayuda de Dios formemos en nosotros actitudes firmes, no nos entreguemos a ninguna pasión desordenada y orientemos las potencias de la razón y de la voluntad cada vez más inequívocamente hacia el bien.
[1804-1805, 1810-1811, 1834, 1839]

Las principales virtudes son: prudencia, justicia, fortaleza y templanza. Se las llama también «virtudes cardinales» (del lat. *cardo* = perno, gozne de la puerta, o bien *cardinalis* = importante).

301 ¿Cómo se llega a ser prudente?

Se llega a ser prudente aprendiendo a distinguir lo esencial de lo accidental, a ponerse las metas adecuadas y a elegir los mejores medios para alcanzarlas.
[1806, 1835]

La virtud de la prudencia regula todas las demás. Porque la prudencia es la capacidad de reconocer lo justo. Quien quiera vivir bien, debe saber qué es el «bien» y reconocer su valor. Como el comerciante en el Evangelio: «al encontrar una perla de gran valor se va a vender todo lo que tiene y la compra» (Mt 13,46). Sólo el hombre que es prudente puede aplicar la justicia, la fortaleza y la templanza para hacer el bien.

302 ¿Cómo se actúa justamente?

Se actúa justamente estando siempre pendiente de dar a Dios y al prójimo lo que les es debido.
[1807, 1836]

El principio de la justicia dice: «A cada uno lo suyo». Un niño discapacitado debe ser apoyado de un modo diferente a uno superdotado, de forma que ambos reciban lo que necesitan. La justicia se esfuerza por la compensación y anhela que los hombres reciban lo que les es debido. También ante Dios debemos dejar que reine la justicia y darle lo que es suyo: nuestro amor y adoración.

" Vivir bien no es otra cosa que amar a Dios con todo el corazón, con toda el alma y con todo el obrar. Quien no le obedece más que a él (lo cual pertenece a la justicia), quien vela para discernir todas las cosas por miedo a dejarse sorprender por la astucia y la mentira (lo cual pertenece a la prudencia), le entrega un amor entero (por la templanza), que ninguna desgracia puede derribar (lo cual pertenece a la fortaleza).

SAN AGUSTÍN

" La prudencia tiene dos caras con que mira, con la una lo pasado y con la otra lo venidero.

PEDRO DE VALENCIA
(1555-1620, humanista y cronista español)

" La justicia sin misericordia es insensible, la misericordia sin justicia es deshonrosa.

FRIEDRICH VON BODELSCHWINGH
(1831-1910, teólogo evangélico y fundador de los sanatorios de Betel)

Proclama la Palabra, insiste a tiempo y a destiempo.

2 Tim 4,2

Para el fuerte la felicidad y la infelicidad son como su mano derecha e izquierda; se sirve de ambas.

SANTA CATALINA DE SIENA

Pues se ha manifestado la gracia de Dios, que trae la salvación para todos los hombres, enseñándonos a que, renunciando a la impiedad y a los deseos mundanos, llevemos ya desde ahora una vida sobria, justa y piadosa.

Tit 2,11-12

Quedan estas tres: la fe, la esperanza y el amor: estas tres. La más grande es el amor.

1 Cor 13,13

Dios es amor, y quien permanece en el amor permanece en Dios y Dios en él.

1 Jn 4,16b

---

303 ¿Qué significa ser fuerte?

Quien es fuerte, aboga continuamente por el bien que ha conocido, incluso cuando en un caso extremo deba sacrificar hasta la propia vida.
[1808, 1837] → 295

304 ¿Por qué es una virtud la templanza?

La templanza es una virtud porque modera la atracción de los placeres y procura el equilibrio en el uso de los bienes creados. [1809, 1838]

Quien es intemperante se abandona al dominio de sus impulsos, arremete contra otros por su codicia y se perjudica a sí mismo. En el → NUEVO TESTAMENTO encontramos como sinónimos de «templanza» palabras como «moderación» o «sobriedad».

305 ¿Cuáles son las tres virtudes teologales?

Las virtudes teologales son fe, esperanza y caridad. Se llaman «teologales» porque tienen su fundamento en Dios, se refieren inmediatamente a Dios y son para nosotros los hombres el camino para acceder directamente a Dios.
[1812-1813, 1840]

306 ¿Por qué son virtudes la fe, la esperanza y la caridad?

También la fe, la esperanza y la caridad son verdaderas fuerzas, ciertamente concedidas por Dios, que el hombre puede desarrollar y consolidar con la ayuda de Dios para obtener «vida abundante» (Jn 10,10). [1812-1813, 1840-1841]

307 *¿Qué es la fe?*

La fe es la virtud por la que asentimos a Dios, reconocemos su verdad y nos vinculamos personalmente a él. [1814-1816, 1842]

La fe es el camino creado por Dios para acceder a la verdad, que es Dios mismo. Puesto que Jesús es «el camino y la verdad y la vida» (Jn 14,6) esta fe no puede ser una mera actitud, una «credulidad» en cualquier cosa. Por un lado la fe tiene contenidos claros, que la Iglesia confiesa en el → CREDO (= confesión de fe) y que está encargada de custodiar. Quien acepta el don de la fe, quien por tanto quiere creer, confiesa esta fe mantenida fielmente a través de los tiempos y las culturas. Por otra parte, la fe consiste en la relación de confianza con Dios, con el corazón y la inteligencia, con todas las emociones. Porque la fe «actúa por el amor» (Gál 5,6). Si alguien cree realmente en el Dios del amor lo demuestra no en sus proclamaciones, sino en sus actos de amor.

 Quien dice: «Yo lo conozco» y no guarda sus mandamientos, es un mentiroso, y la verdad no está en él.

1 Jn 2,4

 A quien se declare por mí ante los hombres, yo también me declararé por él ante mi Padre que está en los cielos.

Mt 10,32

308 *¿Qué es la esperanza?*

La esperanza es la virtud por la que anhelamos, con fortaleza y constancia, aquello para lo que estamos en la tierra: para alabar y servir a Dios; aquello en lo que consiste nuestra verdadera felicidad: encontrar en Dios nuestra plenitud; y en donde está nuestra morada definitiva: Dios. [1817-1821, 1843]

La esperanza es confianza en lo que Dios nos ha prometido en la Creación, en los profetas y especialmente en Jesucristo, aunque todavía no lo veamos. Para que podamos esperar con paciencia la verdad se nos da el Espíritu Santo de Dios. → 1-3

309 *¿Qué es la caridad?*

La caridad es la virtud por la que nosotros, que hemos sido amados primero por Dios, nos podemos entregar a Dios para unirnos a él y podemos aceptar a los demás, por amor a Dios, tan incondicional y cordialmente como nos aceptamos a nosotros mismos. [1822-1829, 1844]

Jesús coloca la caridad por encima de todas las leyes, sin abolirlas por ello. Con razón por tanto dice san Agustín: «Ama y haz lo que quieres». Lo que no es tan fácil como parece. Por ello la caridad es la mayor de las virtudes, la energía que anima a las demás y las llena de vida divina.

310 *¿Qué son los siete dones del Espíritu Santo?*

Los siete dones del Espíritu Santo son: sabiduría, inteligencia, consejo, fortaleza, ciencia, piedad y temor de Dios. Con ellos «dota» el Espíritu Santo a los cristianos; es decir, más allá de sus disposiciones naturales, él les regala unas fuerzas determinadas y les da la oportunidad de convertirse en instrumentos especiales de Dios en este mundo. [1830-1831, 1845]

Así dice san Pablo: «Uno recibe del Espíritu el hablar con sabiduría; otro, el hablar con inteligencia, según el mismo Espíritu. Hay quien, por el mismo Espíritu, recibe el don de la fe; y otro, por el mismo Espíritu, don de curar. A éste se le ha concedido hacer milagros; a aquél, profetizar. A otro, distinguir los buenos y malos espíritus. A uno, la diversidad de lenguas; a otro, el don de interpretarlas» (1 Cor 12,8-10).

→ 113-120

311 *¿Qué son los frutos del Espíritu Santo?*

Los → Frutos del Espíritu Santo son: «caridad, gozo, paz, paciencia, longanimidad, bondad, benignidad, mansedumbre, fidelidad, modestia, continencia, castidad» (cf. Gál 5,22-23). [1832]

En los → Frutos del Espíritu Santo puede ver el mundo qué sucede con las personas que se dejan totalmente tomar, conducir y formar por Dios. Los frutos del Espíritu Santo muestran que Dios tiene un papel real en la vida de los cristianos.

→ 120

312 *¿Cómo sabe un hombre que ha pecado?*

Un hombre sabe que ha pecado porque su conciencia le acusa y le mueve a confesar sus faltas ante Dios. [1797, 1848] → 229, 295-298

313 *¿Por qué debe el pecador dirigirse a Dios y pedirle perdón?*

Cualquier pecado destruye, oscurece o niega el bien; pero Dios es muy bueno y el origen de todo bien. Por eso cualquier pecado se dirige (también) contra Dios y, en el contacto con él, debe ser reordenado. [1847] → 224-239

314 *¿Cómo sabemos que Dios es misericordioso?*

En muchos pasajes de la Sagrada Escritura Dios se muestra como el misericordioso, especialmente en la parábola del hijo pródigo (Lc 15), en la que el padre sale al encuentro del hijo perdido y lo acoge sin condiciones, para celebrar con él una fiesta del reencuentro y de la reconciliación. [1846, 1870]

En verdad, en verdad os digo: el que cree en mí, también él hará las obras que yo hago, y aún mayores, porque yo me voy al Padre.

Jn 14,12

Sacad vuestra fuerza sencillamente de la alegría de estar con Jesús. Estad alegres y llenos de paz. Aceptad todo lo que él os dé. Y dad siempre, tome él lo que tome, con una gran sonrisa.

SANTA TERESA DE CALCUTA
a sus colaboradores

Si decimos que no hemos pecado, nos engañamos y la verdad no está en nosotros.

1 Jn 1,8

Si confesamos nuestros pecados, él, que es fiel y justo, nos perdonará los pecados y nos limpiará de toda injusticia.

1 Jn 1,9

¡No desesperéis nunca de la misericordia de Dios!

SAN BENITO DE NURSIA

Algunos dicen: «He hecho demasiadas obras malas, Dios no puede perdonarme». Esto es una vulgar blasfemia. Significa poner un límite a la misericordia de Dios. Pero ésta no los tiene: es ilimitada. Nada ofende tanto al buen Dios como dudar de su misericordia.

SAN JUAN MARÍA VIANNEY, cura de Ars

En caso de que nos condene nuestro corazón, pues Dios es mayor que nuestro corazón y lo conoce todo.

1 Jn 3,20

Más allá de la misericordia de Dios no hay otra fuente de esperanza para los hombres.

SAN JUAN PABLO II

Sólo quien ha pensado seriamente lo pesada que es la Cruz puede comprender la gravedad del pecado.

SAN ANSELMO DE CANTERBURY

Buen Jesús, ¿quién no tendrá confianza, por pecador que haya sido, si llega a tu Santísima Madre, Ella a Ti, y Tú a tu Eterno Padre?

LOPE DE VEGA

Ya en el → ANTIGUO TESTAMENTO dice Dios por medio del profeta Ezequiel: «Yo no me complazco en la muerte del malvado, sino en que el malvado se convierta de su conducta y viva» (Ez 33,11). Jesús ha sido enviado «a las ovejas descarriadas de Israel» (Mt 15,24), y sabe que «no tienen necesidad de médico los sanos, sino los enfermos» (Mt 9,12). Por eso come con publicanos y pecadores, antes de, al final de su vida terrena, interpretar incluso su muerte como iniciativa del amor misericordioso de Dios: «Ésta es mi sangre de la alianza, que es derramada por muchos para el perdón de los pecados» (Mt 26,28). → 227, 524

315 ¿Qué es en realidad un pecado?

Un pecado es una palabra, un acto o una intención, con la que un hombre atenta, consciente y voluntariamente, contra el verdadero orden de las cosas, previsto así por el amor de Dios. [1849-1851, 1871-1872]

Pecar significa más que infringir alguna de las normas acordadas por los hombres. El pecado se dirige libre y conscientemente contra el amor de Dios y lo ignora. El pecado es en definitiva «el amor de sí hasta el desprecio de Dios» (san Agustín), y en caso extremo la criatura pecadora dice: Quiero ser «como Dios» (Gén 3,5). Así como el pecado me carga con el peso de la culpa, me hiere y me destruye con sus consecuencias, igualmente envenena y afecta también a mi entorno. En la cercanía de Dios se hacen perceptibles el pecado y su gravedad. → 67, 224-239

316 ¿Cómo se pueden distinguir los pecados graves (pecados mortales) de los menos graves (pecados veniales)?

El pecado grave destruye en el corazón del hombre la fuerza divina del amor, sin la que no puede existir la felicidad eterna. Por ello se llama pecado mortal. El pecado grave aparta de Dios, mientras que los pecados veniales sólo enturbian la relación con él. [1852-1861, 1874]

Un pecado mortal corta la relación de un hombre con Dios. Tal pecado tiene como condición previa que se refiera a una materia grave y que sea cometido con pleno conocimiento y consentimiento deliberado. Son pecados veniales los referidos a materias leves, o los pecados que se dan sin pleno conocimiento de su trascendencia o sin consentimiento deliberado. Estos últimos pecados afectan a la relación con Dios, pero no rompen con él.

317 *¿Cómo se libera uno de un pecado grave y se une de nuevo a Dios?*

Para reparar la ruptura con Dios que se da con un pecado grave, un católico debe reconciliarse con Dios por medio de la confesión. [1856] → 224-239

318 *¿Qué son los vicios?*

Los vicios son costumbres negativas adquiridas que adormecen y oscurecen la conciencia, abren a los hombres al mal y los predisponen al pecado. [1865-1867]

Los vicios humanos se encuentran en la cercanía de los pecados capitales: soberbia, avaricia, envidia, ira, lujuria, gula y pereza.

319 *¿Somos responsables de los pecados de otras personas?*

No, no somos responsables de los pecados de otras personas, a no ser que seamos culpables por haber inducido a alguien a pecar, por haber colaborado en su pecado, por haber animado a otros en su pecado o por haber omitido a tiempo una advertencia o una ayuda. [1868]

99 Acabo de producir una ceniza costosa: he quemado un billete de quinientos francos. Esto es menos grave que si hubiera cometido un pecado venial.

SAN JUAN MARÍA VIANNEY, cura de Ars

99 Si en la Iglesia no existiera el perdón de los pecados, no tendríamos ninguna esperanza en la vida eterna ni en la liberación eterna. ¡Demos gracias a Dios que ha regalado tal don a su Iglesia!

SAN AGUSTÍN

99 Por tanto la virtud y también el vicio están en nuestro poder. Porque donde el actuar está en nuestro poder, también está el dejar de actuar, y donde está el no, también está el sí.

ARISTÓTELES (382-322 a.C., junto a Platón el mayor filósofo de la Antigüedad)

99 ...quien llora sus pasados desatinos da al Cielo gloria y al infierno espanto.

LOPE DE VEGA

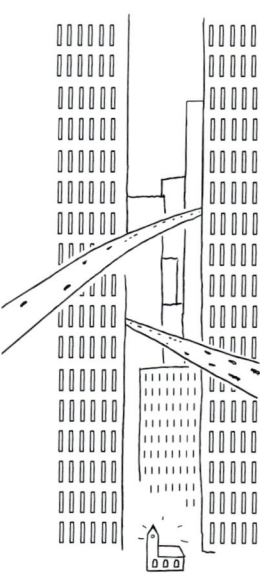

 320 *¿Existen estructuras de pecado?*

Existen estructuras de pecado sólo en sentido figurado. Un pecado siempre está vinculado a una persona que aprueba un mal consciente y voluntariamente. [1869]

No obstante existen estructuras e instituciones sociales que están de tal forma en contradicción con los mandamientos de Dios que se puede hablar de «estructuras de pecado», pues en definitiva son la consecuencia de pecados personales.

◇ **CAPÍTULO SEGUNDO** ◇
La comunidad humana

321 *¿Puede un cristiano ser un puro individualista?*

No, un cristiano no puede ser nunca un puro individualista, porque el hombre está destinado a la vida social por su propia naturaleza. [1877-1880, 1890-1891]

99 El mayor don que puede tener el hombre bajo el cielo es poder vivir bien con aquellos con los que convive.

BEATO EGIDIO DE ASÍS (?-1262, uno de los más estrechos confidentes de san Francisco)

Todo hombre tiene un padre y una madre; recibe ayuda de otros y está obligado a ayudar a otros y a desarrollar sus talentos a favor de todos. Puesto que el hombre es «imagen» de Dios, refleja en cierto modo a Dios, que no está solo en su profundidad, sino que es trino (y con ello amor, diálogo e intercambio). Por último es el amor, el mandamiento central de todos los cristianos, por el cual en el fondo pertenecemos a un mismo grupo y somos referencia unos de otros de un modo fundamental: «Amarás a tu prójimo como a ti mismo» (Mt 22,39).

322 *¿Qué es más importante: la sociedad o el individuo?*

Ante Dios cada ser humano individual cuenta primero como persona, pero el individuo no se realiza como persona más que en sociedad. [1881, 1892]

La sociedad no puede ser nunca más importante que la persona. Las personas no deben ser nunca medios para un fin social. Sin embargo, instituciones sociales como el Estado y la familia son necesarias para el individuo; corresponden incluso a su naturaleza.

323 *¿Cómo puede el individuo estar integrado en la sociedad de manera que pueda, sin embargo, desarrollarse libremente?*

El individuo puede desarrollarse libremente en la sociedad si se respeta el «principio de subsidiariedad». [1883-1885, 1894]

El principio de subsidiariedad, desarrollado por la → DOCTRINA SOCIAL DE LA IGLESIA afirma: lo que puede hacer el individuo por sí mismo y por sus propias fuerzas no debe ser suplantado por una instancia superior. Una estructura social de orden superior no debe interferir ni asumir las competencias de una estructura de orden inferior. Más bien es su función actuar de modo secundario (subsidiario) allí donde el individuo o las instituciones pequeñas se vean superadas por sus tareas.

324 *¿Sobre qué principios se fundamenta una sociedad?*

Toda sociedad se fundamenta en una jerarquía de valores que se realiza mediante la justicia y la caridad. [1886-1889, 1895-1896]

Ninguna sociedad puede perdurar si no se fundamenta en valores que se reflejen en una ordenación justa de las relaciones y en una consecución activa de la justicia. Así, el hombre no puede convertirse nunca en un medio para el fin de la acción social. Toda sociedad necesita constantemente la conversión de las estructuras injustas. En definitiva esto sólo lo logra la caridad, el mayor

---

" Pues no temes el caer a solas, ¿cómo presumes de levantarte a solas? Mira que más pueden dos juntos que uno solo.

SAN JUAN DE LA CRUZ

" Cada uno de nosotros es el fruto de un pensamiento de Dios. Cada uno de nosotros es querido, cada uno es amado, cada uno es necesario.

BENEDICTO XVI en la Eucaristía de inicio de su pontificado

DOCTRINA SOCIAL DE LA IGLESIA/PRINCIPIOS SOCIALES
Enseñanzas de la Iglesia acerca del orden de la convivencia social y para el logro de la justicia individual y social. Sus cuatro principios centrales son: personalidad, bien común, solidaridad y subsidiariedad.

" La justicia de hoy es la caridad de ayer; la caridad de hoy es la justicia de mañana.

BEATO ÉTIENNE-MICHEL GILLET (1758-1792, sacerdote y mártir)

> La Iglesia aprecia el sistema de la democracia, en la medida en que asegura la participación de los ciudadanos en las decisiones políticas y garantiza a los gobernados la posibilidad de elegir y controlar a sus propios gobernantes, o bien la de sustituirlos oportunamente de manera pacífica.

SAN JUAN PABLO II, *Centesimus Annus*

> No hay ninguna comunidad sin una última instancia.

ARISTÓTELES

BIEN COMÚN
El bien común es el bien común a todos. Comprende en sí «el conjunto de aquellas condiciones de la vida social que permiten a los grupos y a cada uno de sus miembros conseguir más plena y fácilmente su propia perfección» (GS).

Hay que obedecer a Dios antes que a los hombres.

Hch 5,29

---

mandamiento social. Ella respeta a los otros. Exige justicia. Hace posible la conversión de las relaciones equivocadas. → 449

325 *¿En qué se basa la autoridad en la sociedad?*

Toda sociedad depende de que su ordenamiento, su cohesión y su desarrollo sean ejercidos y fomentados por una autoridad legítima. Corresponde a la naturaleza del hombre, creada por Dios, que el hombre se deje regir por la autoridad legítima.
[1897-1902, 1918-1919, 1922]

Naturalmente la autoridad en la sociedad no puede proceder de la mera arrogación, sino que debe estar legitimada por el derecho. Quién ha de gobernar y qué régimen político es el apropiado depende de la voluntad de los ciudadanos. La Iglesia no se vincula a ningún régimen político, sino que establece únicamente que no deben contradecir al → Bien común.

326 *¿Cuándo se ejerce la autoridad legítimamente?*

La autoridad se ejerce legítimamente cuando trabaja al servicio del → Bien común y emplea medios justos para alcanzarlo. [1903-1904, 1921]

Las personas deben poder fiarse de que viven en un «Estado de derecho» en el que existen reglas vinculantes para todos. Nadie debe atenerse a leyes que sean arbitrarias o injustas o que contradigan el orden moral natural. En ese caso existe el derecho o, en algunas circunstancias, incluso el deber de la resistencia.

327 *¿Cómo se puede desarrollar el bien común?*

El → Bien común se da allí donde se respetan los derechos fundamentales de la persona y donde las personas pueden ejercer en libertad su desarrollo espiritual y religioso. El bien común significa que las personas pueden vivir en libertad, paz y seguridad. En los tiempos de la globalización el bien común debe buscar un alcance mundial y contemplar los derechos y obligaciones de toda la humanidad.
[1907-1912, 1925, 1927]

El mejor servicio al → BIEN COMÚN es que el bienestar de cada persona y de las células menores de la sociedad (como, por ejemplo, la familia) esté en el centro. El individuo y la unidad social menor necesitan protección y promoción especiales por parte de las instituciones estatales.

328 *¿Qué puede aportar el individuo al bien común?*

Trabajar por el → BIEN COMÚN quiere decir asumir responsabilidades en favor de los demás. [1913-1917, 1926]

El → BIEN COMÚN debe ser cosa de todos. Esto se da en primer lugar cuando las personas se comprometen en su ambiente concreto —familia, vecindario, trabajo— y asumen responsabilidades. Implicarse también en responsabilidades sociales y políticas es importante. Pero quien asume una responsabilidad, ejerce el poder y está siempre en peligro de abusar de este poder. Por eso todo responsable está llamado a un proceso continuo de conversión, para poder ejercer el cuidado de los otros en justicia y en caridad permanentes.

329 *¿Cómo se construye la justicia social en una sociedad?*

La justicia social se construye allí donde se respeta la dignidad inviolable de cada ser humano y se garantizan y ponen en práctica los derechos que se derivan de ella, sin ninguna restricción. A ellos pertenece también el derecho a la participación activa en la vida política, económica y cultural de la sociedad. [1928-1933, 1943-1944]

La base de toda justicia es el respeto de la dignidad inviolable del hombre que «nos ha sido confiada por el Creador, y de la que son rigurosa y responsablemente deudores los hombres y mujeres en cada coyuntura de la historia» (san Juan Pablo II, *Sollicitudo Rei Socialis*, de 1987). De la dignidad humana se derivan directamente derechos humanos que no puede abolir o cambiar ningún Estado. Los Estados y las autoridades que pisotean estos derechos son regímenes injustos y pierden su autoridad. Pero una sociedad no se perfecciona mediante leyes,

> El orden social y su progreso deben subordinarse al bien de las personas y no al contrario.

Concilio Vaticano II, GS

> Con todos hay que obrar según justicia y humanidad.

Concilio Vaticano II, *Dignitatis Humanae* [DH]

> Ningún hombre puede afirmar, como Caín, no ser responsable del destino de su hermano.

SAN JUAN PABLO II

> Los que se comprometen a ejercer esta misión educadora han de estar dotados de una gran caridad... Y lo conseguirán más fácilmente si procuran vivir unidos a Cristo y agradarle sólo a él, ya que él ha dicho: «Cada vez que lo hicisteis con uno de éstos, mis humildes hermanos, conmigo lo hicisteis».

SAN JOSÉ DE CALASANZ (1557-1648, sacerdote, pedagogo y fundador español)

> Cada vez que lo hicisteis con uno de estos mis hermanos más pequeños, conmigo lo hicisteis.

Mt 25,40

> Toda ciencia y todo arte tienen como meta un bien...: su bien supremo es la justicia; y ésta consiste en la realización del bien común.

ARISTÓTELES

> La lógica del don no excluye la justicia ni se yuxtapone a ella como un añadido externo. El desarrollo económico, social y político necesita, si quiere ser auténticamente humano, dar espacio al principio de gratuidad como expresión de fraternidad.

Caritas in Veritate 34

sino mediante el amor al prójimo, que, «sin ninguna excepción, debe considerar al prójimo como 'otro yo'» (GS 27,1). → 280

> El hombre no puede adorar a Dios y al mismo tiempo despreciar a su prójimo. Ambas cosas son incompatibles.

MAHATMA GANDHI
(1869-1948, líder espiritual del movimiento independentista de la India, fundador de un movimiento político de la no violencia)

330 *¿En qué medida son todos los hombres iguales ante Dios?*

Ante Dios todos los hombres son iguales en la medida en que todos tienen el mismo Creador, todos fueron creados según la única imagen de Dios con un alma dotada de razón, y todos tienen el mismo Redentor. [1934-1935, 1945]

Dado que ante Dios todos los hombres son iguales, todo hombre posee la misma dignidad y puede reclamar los mismos derechos como persona. Por eso toda discriminación social, racial, sexista, cultural o religiosa de la persona es una injusticia inaceptable.

331 *¿Por qué existen, no obstante, las desigualdades entre los hombres?*

Todos los hombres tienen la misma dignidad, pero no todos encuentran las mismas condiciones de vida. Donde la desigualdad es causada por los hombres, está en contradicción con el Evangelio. Donde los hombres han recibido de Dios diferentes dones y talentos, es Dios quien nos remite unos a otros para que en la caridad uno compense lo que le falta al otro. [1936-1938, 1946-1947]

Existen desigualdades entre los hombres que no tienen su origen en Dios, sino que proceden de condiciones sociales, especialmente del reparto injusto en todo el mundo de materias primas, propiedades y capital. Dios nos obliga a eliminar del mundo todo aquello que está en abierta oposición al Evangelio y menosprecia la dignidad de la persona. Pero hay también desigualdades entre los hombres que sí corresponden a la voluntad de Dios: desigualdad en los talentos, en las condiciones iniciales, en las posibilidades. En ello se esconde una indicación de que ser hombre significa estar disponible para los demás en la caridad, compartir con ellos y hacer posible la vida. → 61

332 *¿Dónde se muestra la solidaridad de los cristianos con las demás personas?*

Los cristianos se comprometen a favor de estructuras sociales justas. A ello pertenece el que todos los hombres tengan acceso a los bienes materiales y espirituales de esta tierra. Los cristianos también se preocupan de que se respete la dignidad del trabajo humano, a lo que corresponde un salario justo. También la transmisión de la fe es un acto de solidaridad con todos los hombres. [1939-1942, 1948]

La solidaridad es el signo práctico en el que se reconocen los cristianos. Pues ser solidario no es únicamente un mandato de la razón. Jesucristo, nuestro Señor, se ha identificado plenamente con los pobres y los más pequeños (Mt 25,40). Negarles a ellos la solidaridad supondría rechazar a Cristo.

99 Dice Dios: He querido que unos necesitasen de otros y que fuesen mis servidores para la distribución de las gracias y de las liberalidades que han recibido de mí.

SANTA CATALINA DE SIENA

99 Nada es verdaderamente nuestro hasta que lo compartimos.

C. S. LEWIS

99 Amad a los pobres y no les deis la espalda, pues si les dais la espalda, se la dais a Cristo. Él mismo se convirtió en hambriento, desnudo, apátrida, para que tú y yo tengamos la oportunidad de amarlo.

SANTA TERESA DE CALCUTA

El que tenga dos túnicas, que comparta con el que no tiene; y el que tenga comida, haga lo mismo.

Lc 3,11

PRINCIPIO DE SOLIDARIDAD
(del lat. *solidus* = sólido, fuerte): Principio de la Doctrina Social de la Iglesia que tiene como meta la vinculación de los hombres entre sí y que está orientado a la «civilización del amor» (san Juan Pablo II).

LEY MORAL NATURAL
«En todas las culturas se dan singulares y múltiples convergencias éticas, expresiones de una misma naturaleza humana, querida por el Creador, y que la sabiduría ética de la humanidad llama ley natural» (Benedicto XVI, *Caritas in Veritate*).

El Creador ha inscrito en nuestro mismo ser la «ley natural», que es el reflejo de su plan de Creación en nuestros corazones, como indicador del camino y regla interna de nuestra vida.

BENEDICTO XVI,
27.05.2006

❧ **CAPÍTULO TERCERO** ❧
La salvación de Dios: la ley y la gracia

333 *¿Existe una ley moral natural que puede ser conocida por todos?*

Si los hombres deben hacer el bien y evitar el mal, el conocimiento acerca de *qué* es bueno y malo debe estar inscrito en su interior. De hecho existe una ley moral, en cierto modo «natural» al hombre, que en principio puede ser conocida por todo hombre por medio de su razón. [1949-1960, 1975, 1978-1979]

La → LEY MORAL NATURAL es válida para todos. Dice al hombre qué derechos y obligaciones fundamentales tiene y de este modo constituye el verdadero fundamento de la convivencia en la familia, la sociedad y el Estado. Dado que el conocimiento natural está a menudo oscurecido por el pecado y la debilidad humana, el hombre necesita la ayuda de Dios y su → REVELACIÓN para mantenerse en el buen camino.

334 *¿Qué relación hay entre la «ley moral natural» y la Ley de la Antigua Alianza?*

La Ley de la Antigua Alianza expresa verdades que son accesibles por naturaleza a la razón, pero que se declaran y acreditan como Ley de Dios. [1961-1963, 1981]

335 *¿Qué importancia tiene la «Ley» de la Antigua Alianza?*

En la «Ley» (la Torá) y su núcleo, los Diez Mandamientos (el → DECÁLOGO), se presenta al pueblo de Israel la voluntad de Dios; el seguimiento de la Torá es para Israel el camino central para la salvación. Los cristianos saben que mediante la «ley» se conoce lo que hay que hacer. Pero saben también que la «ley» no es la que salva. [1963-1964, 1981-1982]

Todo hombre tiene la experiencia de que uno se encuentra con lo bueno como si estuviera «prescrito». Pero no se tiene la fuerza de llevarlo a cabo, es muy difícil, uno se siente «impotente» (cf. Rom 8,3 y Rom 7,14-25). Uno ve la «ley» y se siente como entregado en poder del pecado. De este modo se hace patente, precisamente mediante la «ley», cuánto dependemos de la fuerza interior para cumplir la Ley. Por eso la «ley», por buena e importante que sea, sólo nos prepara para la fe en el Dios salvador. → 349

336 ¿Cómo trata Jesús la «Ley» de la Antigua Alianza?

«No creáis», dice Jesús en el sermón de la montaña, «que he venido a abolir la Ley y los Profetas: no he venido a abolir, sino a dar plenitud» (Mt 5,17). [1965-1972, 1977, 1983-1985]

La plenitud de la ley antigua es la ley evangélica, que extrae de aquella todas sus virtualidades; no añade preceptos exteriores nuevos, pero reforma la raíz de los actos, el corazón, donde el hombre elige entre lo bueno y lo malo.

337 ¿Cómo somos salvados?

Ningún hombre se puede salvar a sí mismo. Los cristianos creen que son salvados por Dios, que para esto ha enviado al mundo a su Hijo Jesucristo. La salvación significa que somos liberados del poder del pecado por medio del Espíritu Santo y que hemos salido de la zona de la muerte a una vida sin fin, a una vida en la presencia de Dios. [1987-1995, 2017-2020]

San Pablo declara: «Todos pecaron y están privados de la gloria de Dios» (Rom 3,23). El pecado no puede existir ante Dios, que es completamente justicia y bondad. Si el pecado sólo es digno de la nada, ¿qué pasa con el pecador? En su amor, Dios ha encontrado una vía que aniquila el pecado, pero que salva al pecador. Lo hace de nuevo estar en su sitio, es decir, *justo*. Por eso desde antiguo la redención se denomina también *justificación*. No nos hacemos justos por nuestras propias fuerzas. Un hombre no puede ni perdonarse el pecado ni liberarse de la muerte. Para

> La ley es profecía y pedagogía de las realidades venideras.

SAN IRENEO DE LYON

> Dios escribió en las tablas de la Ley lo que los hombres no leían en sus corazones.

SAN AGUSTÍN

> En verdad os digo que antes pasarán el cielo y la tierra que deje de cumplirse hasta la última letra o tilde de la ley. El que se salte uno solo de los preceptos menos importantes y se lo enseñe así a los hombres será el menos importante en el reino de los cielos. Pero quien los cumpla y enseñe será grande en el reino de los cielos.

Mt 5,18-19

JUSTIFICACIÓN
Es un concepto central de la «doctrina de la gracia». Significa el restablecimiento de la relación justa entre Dios y el hombre. Puesto que únicamente Jesucristo ha activado esta relación justa («justicia»), sólo podemos comparecer de nuevo ante Dios siendo «justificados» por Cristo y, en cierto modo, entrando en su relación intacta con Dios. Creer significa, por tanto, acoger la justicia de Cristo para uno mismo y para la propia vida.

Por gracia estáis salvados, mediante la fe. Y esto no viene de vosotros: es don de Dios. Tampoco viene de las obras, para que nadie pueda presumir.

Ef 2,8-9

Danos lo que nos mandas y mándanos lo que quieras.

SAN AGUSTÍN

Todo es gracia.

SANTA TERESA DEL NIÑO JESÚS

ello debe actuar Dios en nosotros, y además por misericordia, no porque lo pudiéramos merecer. Dios nos regala en el Bautismo «la justicia de Dios por la fe en Jesucristo» (Rom 3,22). Por el Espíritu Santo, que ha sido derramado en nuestros corazones, somos introducidos en la Muerte y la Resurrección de Jesucristo, morimos al pecado y nacemos a la vida nueva en Dios. Fe, esperanza y caridad nos vienen de parte de Dios y nos capacitan para vivir en la luz y corresponder a la voluntad de Dios.

338 *¿Qué es la gracia?*

Llamamos gracia al acercamiento gratuito y amoroso de Dios a nosotros, a su bondad que nos ayuda, a la fuerza para la vida que procede de él. Por la Cruz y la Resurrección Dios se acerca completamente a nosotros y nos hace participar de su vida mediante la gracia. Gracia es todo lo que Dios nos otorga sin que lo merezcamos lo más mínimo.
[1996-1998, 2005, 2021]

«La gracia», dice el papa Benedicto XVI, «es ser contemplado por Dios, ser tocado por su amor». La gracia no es un objeto, sino la comunicación de sí mismo que Dios hace a los hombres. Dios no quiere darnos menos que a sí mismo. En la gracia estamos en Dios.

339 *¿Qué hace la gracia de Dios con nosotros?*

La gracia de Dios nos introduce en la vida interior del Dios trinitario, en el intercambio de amor entre el Padre, el Hijo y el Espíritu Santo. Nos capacita para vivir en el amor de Dios y para obrar a partir de este amor.
[1999-2000, 2003-2004, 2023-2024]

La gracia nos ha sido infundida de lo alto y no se puede explicar por causas intramundanas (*gracia sobrenatural*). Nos convierte en hijos de Dios —especialmente por el Bautismo— y herederos del cielo (*gracia santificante o divinizadora*). Nos otorga una inclinación interior permanente al bien (*gracia habitual*). La gracia nos ayuda a conocer, querer y hacer todo lo que nos conduce al Bien, a Dios y al cielo (*gracia actual*). La gracia se da de modo

especial en los sacramentos, que por voluntad de nuestro Redentor son lugares destacados del encuentro con Dios (*gracia sacramental*). También se muestra en especiales dones de gracia que se conceden a cristianos individuales (→ CARISMAS) o en fuerzas especiales prometidas al estado del matrimonio, del Orden y al estado religioso (*gracia de estado*).

340 *¿Cómo se relaciona la gracia de Dios con nuestra libertad?*

La gracia de Dios sale al encuentro del hombre en libertad y lo busca y lo impulsa en toda su libertad. La gracia no se impone por la fuerza. El amor de Dios quiere el asentimiento libre del hombre. [2001-2002, 2022]

A la oferta de la gracia se puede también decir que no. Sin embargo la gracia no es nada exterior o extraño al hombre; es aquello que desea en realidad en lo más íntimo de su libertad. Dios, al movernos mediante su gracia, se anticipa a la respuesta libre del hombre.

 ¿Tienes algo que no hayas recibido?

1 Cor 4,7

 Mi pasado no me preocupa. Pertenece a la misericordia divina. Mi futuro no me preocupa todavía. Pertenece a la providencia divina. Lo que me preocupa y me exige es el hoy, que pertenece a la gracia de Dios y a la entrega de mi corazón, de mi buena voluntad.

SAN FRANCISCO DE SALES

Se cazan más moscas con una gota de miel que con un barril de vinagre.

SAN JOSÉ MARÍA RUBIO

María contestó: «He aquí la esclava del Señor; hágase (*fiat*) en mí según tu palabra».

Lc 1,38

Confía en Dios como si el éxito de las cosas dependiese únicamente de él y en nada de ti; y, con todo, aplícate enteramente a ellas como si Dios no fuera a hacer nada y tú todo.

SAN IGNACIO DE LOYOLA

El Señor no nos exige grandes obras sino únicamente entrega y agradecimiento. No necesita nuestras obras, sino únicamente nuestro amor.

SANTA TERESA DEL NIÑO JESÚS

La santidad no es el lujo de unas pocas personas, sino sencillamente una obligación para ti y para mí.

SANTA TERESA DE CALCUTA

Ser santo no es oficio de pocos ni una pieza de museo. La santidad ha sido en todo tiempo la sustancia de la vida cristiana.

DON LUIGI GIUSSANI (1922-2005, sacerdote italiano, fundador de Comunión y Liberación)

341 *¿Se puede ganar el cielo mediante las buenas obras?*

No. Ningún hombre puede alcanzar el cielo simplemente por sus propias fuerzas. Ser redimidos es pura gracia de Dios que, sin embargo, exige la cooperación libre del hombre, que es meritoria por gracia. [2006-2011, 2025-2027]

Por más que seamos salvados por la gracia y por la fe, tanto más debe mostrarse en nuestras buenas obras el amor que hace brotar la acción de Dios en nosotros.

342 *¿Debemos todos ser «santos»?*

Sí. El sentido de nuestra vida es unirnos a Dios en el amor, corresponder totalmente a los deseos de Dios. Debemos permitir a Dios «que viva su vida en nosotros» (santa Teresa de Calcuta). Esto significa ser «santo». [2012-2016, 2028-2029]

Todo hombre se hace la pregunta: ¿Quién soy yo? ¿Para qué estoy aquí? ¿Cómo puedo ser yo mismo? La fe responde que sólo en la → SANTIDAD llega el hombre a ser aquello para lo que lo creó Dios. Sólo en la santidad encuentra el hombre la verdadera armonía consigo mismo y con su Creador. Pero la santidad no es una perfección hecha a medida por uno mismo, sino la unión con el amor hecho carne, que es Cristo. Quien de este modo logra la nueva vida se encuentra a sí mismo y llega a ser santo.

La Iglesia

343 *¿Cómo nos ayuda la Iglesia a llevar una vida buena y responsable?*

En la Iglesia somos bautizados. En la Iglesia recibimos la fe que ella ha conservado íntegra a través de los siglos. En la Iglesia escuchamos la Palabra viva de Dios y aprendemos cómo debemos vivir si queremos agradar a Dios. Mediante los → SACRAMENTOS, que Jesús ha confiado a sus discípulos, la Iglesia nos edifica, conforta y consuela. En la Iglesia arde el fuego de los santos, para que nos dejemos encender en él. En la Iglesia se celebra la sagrada → EUCARISTÍA en la que la entrega y

el poder de Cristo se renueva de tal modo para nosotros que, unidos a él, nos convertimos en su cuerpo
y vivimos por su fuerza. Nadie puede ser cristiano al
margen de la Iglesia, a pesar de las debilidades humanas que hay en ella. [2030-2031, 2047]

344 *¿Por qué se pronuncia en realidad la Iglesia
también acerca de cuestiones éticas
pertenecientes a la vida personal?*

**La fe es un camino. Cómo se mantiene uno en este ca-
mino, es decir, cómo se vive de forma justa y buena, no
siempre se deduce de las indicaciones del Evangelio. El
→ MAGISTERIO de la Iglesia también debe recordar a los
hombres las exigencias de la ley moral natural.**
[2032-2040, 2049-2051]

No hay una doble verdad. Lo que es correcto desde el
punto de vista humano, no puede ser falso desde el punto
de vista cristiano. Y lo que es correcto para el cristiano
no puede ser falso humanamente. Por eso la Iglesia debe
pronunciarse acerca de todas las cuestiones morales.

345 *¿Cuáles son los cinco «mandamientos de la
Iglesia»?*

**1) Oír misa entera los domingos y fiestas de precepto.
2) Confesar los pecados mortales al menos una vez
al año, en peligro de muerte, y si se ha de comulgar.
3) Comulgar por Pascua de Resurrección. 4) Ayunar
y abstenerse de comer carne cuando lo manda la
Santa Madre Iglesia. 5) Ayudar a la Iglesia en sus
necesidades. [2042-2043]**

346 *¿Para qué sirven los mandamientos de la Iglesia
y cómo nos obligan?*

**Los cinco «mandamientos de la Iglesia» con sus
exigencias de mínimos quieren recordar que no hay
vida cristiana sin esfuerzo moral, sin participación
concreta en la vida sacramental de la Iglesia y sin la
vinculación solidaria con ella. Son obligatorios para
todo cristiano católico.**
[2041, 2048]

Aún hoy la Iglesia
me da a Jesús. Esto lo
dice todo. ¿Qué sabría
yo de él, qué relación
existiría entre él y yo sin
la Iglesia?

CARDENAL HENRI DE LUBAC
(1896-1991, teólogo
francés)

¿Quiere usted
alcanzar la fe y no sabe
cuál es el camino?
Aprenda de aquellos
que antes de usted
estuvieron llenos de
dudas. Imite usted su
modo de actuar, haga
todo lo que exige la
fe, como si ya fuera
creyente. Asista a la
misa, tome el agua
bendita, etc. Sin duda
esto le hará sencillo y le
conducirá a la fe.

BLAISE PASCAL

El camino del
Señor es sencillo como
el de Juan y Andrés,
de Simón y Felipe, que
comenzaron a ir detrás
de Cristo por curiosidad
y deseo. No hay otra
vía, en el fondo, que
no sea esta curiosidad
deseosa suscitada por
el presentimiento de lo
verdadero.

DON LUIGI GIUSSANI

DOBLE MORAL
Se refiere a una moral practicada en público o también tácitamente, que mide «con doble vara de medir». Hacia fuera la persona de doble moral defiende metas y valores que no observa en su vida privada. «Hijos míos, no amemos de palabra y de boca, sino de verdad y con obras» (1 Jn 3,18).

99 El mundo está lleno de gente que predica agua y bebe vino.

GIOVANNI GUARESCHI (1908-1968, escritor italiano, autor de *Don Camilo y Peppone*)

Lo mismo que es santo el que os llamó, sed santos también vosotros en toda vuestra conducta, porque está escrito: Seréis santos porque yo soy santo.

1 Pe 1,15-16

---

347 *¿Por qué la «doble moral» es un reproche tan grave contra los cristianos?*

La conformidad entre vida y testimonio es la primera condición para el anuncio del Evangelio. Por ello la → DOBLE MORAL es una traición de la misión de los cristianos de ser «sal de la tierra» y «luz del mundo». [2044-2046]

San Pablo fue el primero que recordó a la comunidad de Corinto: «Es evidente que sois carta de Cristo [...] escrita no con tinta, sino con el Espíritu de Dios vivo; no en tablas de piedra, sino en las tablas de corazones de carne» (2 Cor 3,3). Los mismos cristianos, no lo que dicen, son la «carta de recomendación» (2 Cor 3,1) de Cristo al mundo. Por eso es tan perjudicial para la nueva evangelización que pastores y fieles vivamos a veces como si Dios no existiera, escandalosamente acomodados a costumbres y opiniones de la anticultura secularista.

◈ SEGUNDA SECCIÓN ◈
Los diez mandamientos

348 *«Maestro, ¿qué tengo que hacer de bueno para obtener la vida eterna?» (Mt 19,17)*

Jesús responde: «Si quieres entrar en la vida, guarda los mandamientos» (Mt 19,17); y añade después: «Y luego ven y sígueme» (Mt 19,21). [2052-2054, 2075-2076]

Ser cristiano es algo más que una vida correcta que se atiene a mandamientos. Ser cristiano es una relación viva con Jesús. Un cristiano se vincula íntima y personalmente con su Señor y se pone con él en camino hacia la vida eterna.

349 *¿Cuáles son los diez mandamientos?*

1. **Amarás a Dios sobre todas las cosas.**
2. **No tomarás el nombre de Dios en vano.**
3. **Santificarás las fiestas.**
4. **Honrarás a tu padre y a tu madre.**
5. **No matarás.**
6. **No cometerás actos impuros.**
7. **No robarás.**
8. **No dirás falso testimonio ni mentirás.**
9. **No consentirás pensamientos ni deseos impuros.**
10. **No codiciarás los bienes ajenos.**

350 *¿Son los diez mandamientos una agrupación casual?*

No. Los diez mandamientos constituyen una unidad. Cada mandamiento remite a los demás. No se puede quitar arbitrariamente ningún mandamiento. Quien transgrede alguno de ellos quebranta toda la Ley. [2069, 2079]

Lo peculiar de los diez mandamientos consiste en que en ellos se abarca toda la vida del hombre. Pues los hombres nos relacionamos a la vez con Dios (mandamientos 1 al 3) y con nuestro prójimo (mandamientos 4 al 10); somos seres sociales y religiosos.

> El hombre sólo puede realizarse plenamente cuando adora a Dios y lo ama sobre todas las cosas.

BENEDICTO XVI,
07.08.2005

La forma que tienen aquí los diez mandamientos no coincide literalmente con la que aparece en la Sagrada Escritura; el texto se refiere más bien a dos fuentes bíblicas: Éx 20,2-17 y Dt 5,6-21. Ya desde antiguo se han juntado ambas fuentes de forma didáctica y se han ofrecido a los fieles los diez mandamientos en la forma presente de la tradición catequética.

DECÁLOGO
(«diez palabras», del griego *deka* = diez, y *logos* = palabra). Los diez mandamientos son el resumen central de las reglas fundamentales del comportamiento humano en el Antiguo Testamento. Tanto judíos como cristianos se orientan según este texto fundamental.

❞❞ Los diez mandamientos no son una imposición arbitraria de un Señor tirano. [...] Hoy, como siempre, son el único futuro de la familia humana. Salvan al hombre de la fuerza destructora del egoísmo, del odio y de la mentira. Señalan todos los falsos dioses que lo esclavizan: el amor a sí mismo que excluye a Dios, el afán de poder y de placer que altera el orden de la justicia y degrada nuestra dignidad humana y la de nuestro prójimo.

SAN JUAN PABLO II en el Monte Sinaí, 26.02.2000

Nosotros amemos a Dios, porque él nos amó primero.

1 Jn 4,19

351 *¿No están superados los diez mandamientos?*

No, no están en absoluto condicionados por el tiempo. En ellos se expresan los deberes fundamentales del hombre hacia Dios y hacia su prójimo, son inmutables y valen siempre y en todas partes.
[2070-2072]

Los diez mandamientos son tanto mandatos de la razón como parte de la → REVELACIÓN vinculante de Dios. Son tan fundamentalmente vinculantes que nadie puede quedar dispensado de su cumplimiento.

◇ **CAPÍTULO PRIMERO** ◇

«Amarás al Señor, tu Dios, con todo tu corazón, con toda tu alma y con todas tus fuerzas»

EL PRIMER MANDAMIENTO:
Amarás a Dios sobre todas las cosas.

352 *¿Qué significa: «Yo soy el Señor, tu Dios»*
(Éx 20,2)?

Puesto que el Todopoderoso se nos ha mostrado como nuestro Dios y Señor, no debemos poner nada por encima de él, ni considerar nada más importante ni conceder a ninguna otra cosa o persona prioridad sobre él. Conocer a Dios, servirle, adorarlo es la prioridad absoluta en la vida.
[2083-2094, 2133-2134]

Dios espera que le prestemos toda nuestra *fe*; debemos orientar toda nuestra *esperanza* a él y dirigir todas las fuerzas de la *caridad* hacia él. El mandamiento del amor a Dios es el mandamiento más importante de todos y la clave para todos los demás. Por eso está al comienzo de los diez mandamientos.

353 *¿Por qué adoramos a Dios?*

Adoramos a Dios por su existencia y porque la reverencia y la adoración son la respuesta apropiada

a su aparición y a su presencia. «Al Señor, tu Dios, adorarás y a él solo darás culto» (Mt 4,10). [2095-2105, 2135-2136]

Pero la adoración a Dios sirve también al hombre, pues le libera del servicio a los poderes de este mundo. Donde ya no se adora a Dios, donde él ya no es reconocido como el Señor de la vida y de la muerte, otros usurpan su lugar y ponen en peligro la dignidad humana. → 485

354 ¿Se puede obligar a los hombres a creer en Dios?

No. Nadie debe obligar a nadie a creer, ni siquiera a los propios hijos; así como tampoco debe ningún hombre ser obligado a la incredulidad. El hombre sólo puede decidirse a creer en total libertad. Sin embargo, los cristianos están llamados a ayudar a otras personas, mediante la palabra y el ejemplo, a encontrar el camino hacia la fe.
[2104-2109, 2137]

El papa san Juan Pablo II dice: «El anuncio y el testimonio de Cristo, cuando se llevan a cabo respetando las conciencias, no violan la libertad. La fe exige la libre adhesión del hombre, pero debe ser propuesta» (encíclica *Redemptoris Missio* 8, 1990)

355 ¿Qué significa «no habrá para ti otros dioses delante de mí»?

Este mandamiento nos prohíbe:
- **venerar a otros dioses o ídolos o adorar a un ídolo terreno o consagrarse enteramente a un bien terreno (dinero, influencia, éxito, belleza, juventud, etc.)**
- **ser supersticiosos, es decir, en lugar de creer en el poder, la guía y la → BENDICIÓN de Dios, depender de prácticas esotéricas, mágicas u ocultas o dedicarse a la adivinación o al espiritismo**
- **tentar a Dios con palabras o con obras**
- **cometer un → SACRILEGIO**
- **adquirir poder espiritual mediante corrupción y profanar lo santo a través del comercio (simonía).**
[2110-2128, 2138-2140]

> Donde Dios se hace grande, el hombre no se hace pequeño. Allí el hombre se hace también grande y el mundo se llena de luz.

BENEDICTO XVI, 11.09.2006

> El hombre no puede subsistir sin adorar algo.

FIODOR M. DOSTOIEVSKI

> No imponemos a nadie nuestra fe. Este tipo de proselitismo repugna a los cristianos. La fe sólo puede darse en libertad. Pero llamamos a la libertad de los hombres a abrirse a Dios, a buscarle, a prestarle atención.

BENEDICTO XVI, 10.09.2006

? PROSELITISMO
(del griego *proserchomai* = agregarse): Es aprovecharse de la pobreza intelectual o física de otros para atraerlos a la propia fe.

SUPERSTICIÓN
La suposición irracional de que determinadas frases, acciones, sucesos y objetos contienen en sí poderes mágicos o los desarrollan.

SACRILEGIO
(lat. *sacrilegium* = robo del templo): El robo o la profanación de algo santo.

" ¡Sea el Señor alabado, que me libró de mí!

SANTA TERESA DE JESÚS

ESOTERISMO
(del griego *esoterikos* = el círculo interior, lo interior, aquello para lo que es precisa una iniciación para entenderlo): Desde el siglo XIX se usa como concepto genérico de doctrinas y prácticas espirituales en las cuales el hombre es conducido a un supuesto «conocimiento verdadero», que siempre está ya dentro de él. Por el contrario, una Revelación en la que Dios se muestra a los hombres desde fuera es extraña al pensamiento esotérico.

356 *¿Es compatible el esoterismo con la fe cristiana?*

No. El → ESOTERISMO se equivoca ante la realidad de Dios. Dios es un ser personal; es el amor y el origen de la vida, no una fría energía cósmica. El hombre es querido y creado por Dios, pero él mismo no es divino, sino una criatura herida por el pecado, amenazada por la muerte, necesitada de redención. Mientras que las doctrinas esotéricas suponen en su mayoría que el hombre se puede redimir a sí mismo, los cristianos creen que únicamente les redime Jesucristo y la gracia de Dios. Tampoco la naturaleza y el cosmos son Dios (como afirma el → PANTEÍSMO). El Creador, con todo su amor por nosotros, es infinitamente mayor y diferente a todo lo que él ha creado.
[2110-2128]

Muchas personas hoy en día hacen yoga por razones de salud, participan en cursos de meditación (→ MEDITACIÓN) para estar en silencio y recogimiento, o asisten a talleres de danza para hacer una nueva experiencia de su cuerpo. No siempre estas técnicas son inofensivas. A veces son el instrumento para una doctrina ajena al cristianismo, el → ESOTERISMO. Ningún hombre sensato debe compartir esta cosmovisión irracional en la que abundan los espíritus, los duendes y los ángeles (esotéricos), en la que se cree en la magia y los «iniciados» poseen un conocimiento secreto que se oculta al «pueblo llano». Ya en tiempos del antiguo Israel se desenmascararon las creencias en dioses y espíritus de los pueblos vecinos. Sólo Dios es el Señor; no hay ningún otro dios fuera de él. Tampoco hay ninguna técnica mágica mediante la cual se pueda conjurar «la divinidad», imponer sus deseos al universo y salvarse a sí mismo. Mucho del esoterismo es, desde el punto de vista cristiano, → Superstición y → Ocultismo.

357 ¿Es el ateísmo un pecado contra el primer mandamiento?

El → Ateísmo es un pecado en cuanto rechazo o negación de la existencia de Dios. Pero la imputabilidad de esta falta puede quedar ampliamente disminuida en virtud de las intenciones y las circunstancias. [2123-2128]

La frontera entre la imposibilidad práctica de creer y la resistencia a creer es con frecuencia imprecisa. La actitud de rechazar la fe sencillamente como algo sin importancia, sin haberla examinado detalladamente, es con frecuencia más grave que algún → Ateísmo teórico. → 5

358 ¿Por qué el Antiguo Testamento prohíbe las imágenes de Dios y por qué los cristianos ya no mantenemos esta prohibición?

Para proteger el misterio de Dios y diferenciarse de las imágenes de culto de los paganos, el primer mandamiento ordenaba: «No te fabricarás ídolos ni figura alguna» (Éx 20,4). Pero, puesto que Dios se ha dado a sí mismo un rostro humano en Jesucristo, la prohibición de imágenes quedó superada en el cristianismo. En la Iglesia de Oriente los → Iconos son considerados incluso sagrados. [2129-2132, 2141]

El conocimiento de los padres de Israel de que Dios lo supera todo (→ Trascendencia) y de que es mucho mayor que cualquier cosa del mundo, pervive actualmente, tanto en el judaísmo como en el islam, donde al igual que antes no puede existir ninguna imagen de Dios. En el cristianismo se relajó la prohibición de las imágenes a

PANTEÍSMO
(del griego *pan* = todo, *theos* = Dios): Cosmovisión según la cual no existe nada excepto Dios; según esto, todo lo que existe sería Dios; y Dios sería todo lo que existe. Esta doctrina no es compatible con la fe cristiana.

OCULTISMO
(del latín *occultus* = escondido, secreto; doctrina secreta, hoy con frecuencia usado como sinónimo de «esoterismo»): Concepto genérico para doctrinas y prácticas mediante las cuales el hombre recibe supuestamente poder sobre su destino, la materia y su entorno. Prácticas del ocultismo son, por ejemplo, oscilar el péndulo, mover vasos, la astrología y la videncia.

ATEÍSMO
(del griego *theos* = Dios): Concepto general para las múltiples formas teóricas o prácticas de negación de la existencia de Dios.

AGNOSTICISMO
(del griego *gnosis* = conocimiento): Doctrina acerca de la imposibilidad de conocer a Dios. Concepto general para una posición que deja abierta la cuestión de Dios, porque no puede ser decidida o porque Dios no puede ser percibido con certeza.

TRASCENDENCIA
(del lat. *transcendere* = superar, sobrepasar): Lo que está por encima de la experiencia sensible, lo perteneciente al más allá.

ICONO
(del griego *eikon* = imagen): Un icono es una imagen de culto en la Iglesia de Oriente, que se pinta según modelos venerables haciendo ayuno y orando, y que debe establecer una unión mística entre quien lo contempla y lo que representa (Cristo, ángeles, santos).

" Dios asumió un rostro humano, el de Jesús, y por consiguiente de ahora en adelante, si queremos conocer realmente el rostro de Dios, nos basta contemplar el rostro de Jesús. En su rostro vemos realmente quién es Dios y cómo es Dios.

BENEDICTO XVI, audiencia general, 06.09.2006

partir del siglo IV en consideración a Cristo y se suprimió en el segundo Concilio de Nicea (año 787). Mediante su encarnación Dios ya no es el absolutamente inimaginable; desde Jesús podemos tener una imagen de su esencia: «Quien me ha visto a mí, ha visto al Padre» (Jn 14,9). → 9

 **EL SEGUNDO MANDAMIENTO:**
No tomarás el nombre de Dios en vano.

359 *¿Por qué quiere Dios que su «nombre» sea sagrado para nosotros?*

Decir a alguien el propio nombre es una muestra de confianza. Al decirnos su nombre, Dios se da a conocer y nos concede, mediante este nombre, el acceso a él. Dios es totalmente verdad. Quien invoca a la verdad por su nombre, pero la emplea para testificar una mentira, comete un pecado grave. [2142-2149, 2150-2155, 2160-2162, 2163-2164]

No se debe pronunciar el nombre de Dios de forma irreverente. Pues lo conocemos únicamente porque él nos lo ha confiado. El nombre es la llave de acceso al corazón del Todopoderoso. Por eso es una falta grave blasfemar, maldecir usando el nombre de Dios y hacer falsas promesas invocando su nombre. El segundo mandamiento es por tanto una defensa de todo lo «santo». Lugares, objetos, nombres y personas que han sido tocados por Dios son «santos». La sensibilidad por lo santo se denomina reverencia. → 31

360 *¿Qué significa la señal de la Cruz?* MONIQUE

Mediante la señal de la Cruz nos ponemos bajo la protección de la Santísima Trinidad. [2157, 2166]

Al comenzar el día, al comenzar una oración, pero también al comenzar una empresa importante, el cristiano se pone bajo el signo de la Cruz y comienza su tarea con ello «en el nombre del Padre y del Hijo y del Espíritu Santo». Esta invocación del nombre del Dios trino, que nos rodea por todas partes, santifica los asuntos que emprendemos; nos otorga → BENDICIÓN y nos fortalece ante las dificultades y tentaciones.

361 *¿Qué significa para el cristiano recibir en el Bautismo un determinado nombre?*

«En el *nombre* del Padre y del Hijo y del Espíritu Santo» el hombre es bautizado con un *nombre*. El nombre y el rostro son los que hacen único al hombre, también y finalmente ante Dios. «No temas, que te he redimido, te he llamado por tu nombre, tú eres mío». (Is 43,1). [2158]

Los cristianos tratan con respeto el nombre de cada persona, porque el nombre está profundamente unido a la identidad y a la dignidad del hombre. Desde antiguo los cristianos buscan para sus hijos un nombre en la lista de los santos; lo hacen en la creencia de que el patrono es un modelo para ellos e intercede de modo especial por ellos ante Dios. → 201

Así como hay que amar a Dios con la contemplación, también hay que amar al prójimo con la acción. No es posible amar si no se hace la experiencia tanto de una como de otra.

SAN ISIDORO DE SEVILLA

Bendito sea el nombre del Señor ahora y por siempre.

Sal 113,2

¡No nos avergoncemos de mencionar al Crucificado, sellemos llenos de confianza la frente con los dedos, hagamos la señal de la Cruz sobre todo, sobre el pan que comemos, sobre el vaso del que bebemos! Hagámosla al llegar y al partir, antes de dormir, al acostarnos y al levantarnos, al caminar y al descansar.

SAN CIRILO DE JERUSALÉN

HELEN

ROGER · JANE · FERNANDO · GIULIANO · BENJAMIN · LISA
FELICITAS · GUNTHER · MARY · FERNANDO · LEONARD · FRIDA · GIACOMO
MARTIN · CARLOS · JUANITA · BÉLA · THORBEN · GABRIEL · BRANDON
BRUNO · JEREMY · SOPHIE · EMILIA · ESTEBAN · JORGE
JOHANNES · TAMARA · JESSICA · GERTRUD · CLARK · DOROTHÉE

No borraré su nombre del libro de la vida, y confesaré su nombre delante de mi Padre y delante de sus ángeles.

Ap 3,5

Recuerda el día del sábado para santificarlo. [...] No harás trabajo alguno, ni tú, ni tu hijo, ni tu hija, ni tu esclavo, ni tu esclava, ni tu ganado, ni el emigrante que reside en tus ciudades.

Éx 20,8.10

SÁBADO
(en hebreo algo así como «descanso»): Día de descanso de los judíos en recuerdo del séptimo día de la Creación y del éxodo de Egipto. Comienza el viernes por la tarde y acaba el sábado por la tarde. En el judaísmo ortodoxo va acompañado de un montón de reglas para preservar el descanso sabático.

EL TERCER MANDAMIENTO:
Santificarás las fiestas.

362 *¿Por qué se celebra el sábado en Israel?*

El → Sábado es para el pueblo de Israel el gran signo que le recuerda a Dios, el Creador y el liberador. [2168-2172, 2189]

El → Sábado recuerda, por un lado, el séptimo día de la Creación en el que se dice que Dios «descansó y tomó respiro» (Éx 31,17), en cierto modo como autorización a todos los hombres para interrumpir el trabajo y recobrar el aliento. Incluso a los siervos se les debe permitir celebrar el sábado. Esto recuerda el otro gran memorial, la liberación de Israel de la esclavitud de Egipto: «Recuerda que fuiste esclavo en la tierra de Egipto» (Dt 5,15). El sábado es por tanto una fiesta de la liberación humana, el sábado se puede tomar respiro, en él se suspende la división del mundo en señores y siervos. En el judaísmo tradicional este día de la libertad y del descanso es considerado también como una especie de anticipo del mundo futuro. → 47

363 *¿Cómo trata Jesús el sábado?*

Jesús respeta el → Sábado, pero al mismo tiempo se comporta de un modo extremadamente libre y soberano ante él: «El sábado se hizo para el hombre y no el hombre para el sábado» (Mc 2,27). [2173]

El hecho de que Jesús reivindique poder curar en sábado e interpretar el mandato del sábado de forma misericordiosa pone a sus contemporáneos judíos ante la opción: o bien Jesús es el Mesías enviado por Dios, y entonces es el «señor del sábado» (Mc 2,28), o bien es sólo un hombre más, entonces su comportamiento ante el sábado es un pecado contra la Ley.

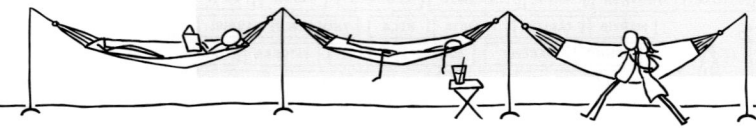

364 *¿Por qué los cristianos sustituyeron el sábado por el domingo?*

Los cristianos han reemplazado la fiesta del → SÁBADO por la fiesta del domingo porque Jesucristo resucitó de entre los muertos en domingo. Pero el «día del Señor» asume en sí elementos del sábado. [2174-2176, 2190-2191]

De este modo el domingo cristiano tiene tres elementos esenciales: 1. Nos recuerda la Creación del mundo e introduce el resplandor festivo de la bondad de Dios en el tiempo; 2. Nos recuerda el «octavo día de la Creación», cuando el mundo se renovó en Cristo (como dice una oración de la noche de Pascua, «oh Dios, que con acción maravillosa creaste al hombre y con mayor maravilla lo redimiste»); 3. Retoma el motivo del descanso, pero no sólo para santificar la interrupción del trabajo, sino para indicar ya desde ahora el descanso eterno del hombre en Dios.

365 *¿Cómo convierten los cristianos el domingo en el «día del Señor»?*

Un católico asiste el domingo o la víspera del domingo a la Santa Misa. En ese día se abstiene de todas la tareas que le impiden la adoración de Dios y que perturben al carácter de la fiesta, la alegría, la paz y el descanso. [2177-2186, 2192-2193]

Dado que el domingo es una fiesta de Pascua que se repite cada semana, desde los primeros tiempos los cristianos se reúnen en ese día para celebrar a su Redentor, darle gracias y unirse con él y con los demás redimidos. Por eso es un objetivo central de todo cristiano consciente el «santificar» el domingo y las demás fiestas de la Iglesia. Sólo está dispensado quien tiene necesidades familiares urgentes o está obligado por tareas de importancia social. Puesto que la participación en la → EUCARISTÍA dominical es fundamental para la vida cristiana, la Iglesia declara como pecado grave el hecho de no asistir a misa sin tener un motivo justificado.

→ 219, 345

Si los paganos lo llaman día del sol, también nosotros lo hacemos con gusto; porque hoy ha amanecido la luz del mundo, hoy ha aparecido el sol de justicia cuyos rayos traen la salvación.

SAN JERÓNIMO

No podemos vivir sin el domingo.

Los mártires cristianos de Abitene, antes de ser ejecutados en el año 304 por el emperador Diocleciano por oponerse a la prohibición de celebrar el domingo.

Sin el Señor y sin el día que le pertenece, no se realiza una vida plena. En nuestras sociedades occidentales el domingo se ha convertido en el fin de semana, en tiempo libre [...]. Pero si el tiempo libre no tiene un centro interior, del que provenga la orientación para el conjunto, entonces se convierte en tiempo vacío, que no nos fortalece ni nos recrea.

BENEDICTO XVI, 09.09.2007

> ¿Cuánto nos cuesta el domingo? La misma pregunta es ya el ataque decisivo al domingo. Pues el domingo es precisamente domingo porque no cuesta nada y no aporta nada en sentido económico. La pregunta de lo que cuesta mantenerlo como día sin trabajo, presupone en verdad que mentalmente ya hemos convertido al domingo en un día laborable.
>
> ROBERT SPAEMANN
> (*1927, filósofo alemán)

Honra a tu padre y a tu madre, para que se prolonguen tus días en la tierra que el Señor, tu Dios, te va a dar.

Éx 20,12

> La vida de los padres es el libro que leen los hijos.
>
> SAN AGUSTÍN

366 *¿Por qué es importante que el Estado proteja el domingo?*

El domingo es un verdadero servicio para el bienestar de la sociedad, porque es un signo de la resistencia a que el hombre sea totalmente acaparado por el mundo del trabajo. [2188, 2192-2193]

Por ello los cristianos, en los países de tradición cristiana, no sólo reclaman la protección estatal del domingo, sino que no exigen a otros que realicen el trabajo que ellos no quieren hacer en domingo. Todos deben tomar parte en el «respiro» de la Creación.

◇ CAPÍTULO SEGUNDO ◇
«Amarás a tu prójimo como a ti mismo»

EL CUARTO MANDAMIENTO:
Honrarás a tu padre y a tu madre.

367 *¿A quién se refiere el cuarto mandamiento y qué nos exige?*

El cuarto mandamiento se refiere en primer lugar a los padres, pero también a las personas a quienes debemos nuestro bienestar, nuestra seguridad y nuestra fe. [2196-2200, 2247-2248]

Lo que debemos en primer lugar a nuestros padres, es decir, amor, agradecimiento y respeto, tiene que regular también nuestra relación con las personas que nos dirigen y están a nuestro servicio. Hay muchas personas que representan para nosotros una autoridad natural y buena, otorgada por Dios: padres adoptivos o de acogida, parientes mayores y antepasados, educadores, maestros, empleadores, superiores. A ellos debemos honrarlos justamente en el cuarto mandamiento. Este mandamiento nos indica incluso, en un sentido más amplio, nuestras obligaciones ciudadanas frente al Estado.

→ 325

" La familia es un bien necesario para los pueblos; un fundamento irrenunciable para la sociedad y un gran tesoro para los cónyuges a lo largo de toda su vida. Es un bien insustituible para los hijos, que deben ser el fruto del amor y de la total entrega generosa de los padres.

BENEDICTO XVI, 08.07.2006

" La tuberculosis y el cáncer no son las enfermedades más graves. Yo creo que no ser querido y no ser amado es una enfermedad más grave aún.

SANTA TERESA DE CALCUTA

" Sólo la roca del amor total e irrevocable entre el hombre y la mujer es capaz de ser el fundamento para la construcción de una sociedad que se convierta en una casa para todos los hombres.

BENEDICTO XVI, 11.05.2006

368 *¿Qué lugar ocupa la familia en el plan creador de Dios?*

Un hombre y una mujer unidos en matrimonio forman con sus hijos una familia. Dios quiere que del amor de los padres, en la medida de lo posible, procedan los hijos. Los hijos, que están confiados a la protección y cuidado de sus padres, tienen la misma dignidad que sus padres. [2201-2206, 2249]

Dios mismo es comunidad en su interior. En el ámbito humano la familia es el prototipo de la comunidad. La familia es una escuela única de una vida plena de relaciones. Los niños no crecen en ningún otro lugar mejor que en una familia intacta, en la que se viven el afecto cordial, el respeto mutuo y la responsabilidad recíproca. Finalmente en la familia también crece la fe; la familia, como dice la Iglesia, es una Iglesia en pequeño, una «iglesia doméstica», cuya irradiación debe invitar a otros a la comunión de la fe, la esperanza y la caridad.

→ 271

369 ¿Por qué son insustituibles las familias?

Todo hijo proviene de un padre y una madre y necesita el calor y la seguridad de una familia para crecer protegido y feliz. [2207-2208]

La familia es la célula original de la sociedad humana. Los valores y principios que se viven en el pequeño ámbito familiar hacen posible la vida social solidaria en un ámbito mayor. → 516

> Una familia que ora unida, permanece unida.

SANTA TERESA DE CALCUTA

370 ¿Por qué debe el Estado proteger y potenciar a las familias?

El bienestar y el futuro de un Estado dependen de que la unidad más pequeña que existe dentro de él, la familia, pueda vivir y desarrollarse. [2209-2213, 2250]

Ningún Estado tiene derecho a inmiscuirse en la célula originaria de la sociedad, la familia, y negarle el derecho a la existencia. Ningún Estado tiene derecho a definir la familia de forma diferente a la que corresponde a su misión creatural. Ningún Estado tiene derecho a privar a la familia de sus derechos fundamentales, especialmente en el ámbito de la educación. Por el contrario, el Estado tiene la obligación de apoyar de manera eficaz a las familias y protegerlas en lo tocante a sus necesidades materiales.

> Los más jóvenes deben honrar a los mayores, los mayores deben amar a los más jóvenes.

SAN BENITO DE NURSIA

> Si la familia está bien, el Estado estará bien; si el Estado está bien, la gran comunidad de los hombres vivirá en paz.

LÜ BU WE
(*ca.* 300-236 a.C., filósofo chino)

371 ¿Cómo respeta un hijo a sus padres?

Un hijo respeta y honra a sus padres manifestándoles amor y agradecimiento. [2214-2220, 2251]

Los hijos deben estar agradecidos a sus padres ya sólo por el hecho de haber recibido la vida por medio del amor de sus padres. Este agradecimiento establece una relación de amor, respeto, responsabilidad y obediencia rectamente entendida, a lo largo de la vida. Especialmente en momentos de necesidad, enfermedad y vejez, deben los hijos prestar ayuda a sus padres con cariño y fidelidad.

> Honra a tu padre con todo tu corazón, y no olvides los dolores de tu madre. Recuerda que ellos te engendraron, ¿qué les darás a cambio de lo que te dieron?

Eclo 7,27-28

Acercaban a Jesús niños para que los tocara; pero los discípulos les regañaban. Al verlo, Jesús se enfadó y les dijo: «Dejad que los niños se acerquen a mí; no se lo impidáis, pues de los que son como ellos es el reino de Dios».

Mc 10,13-14

99 En esto consiste la felicidad que dan los niños, en que con cada uno de ellos las cosas son creadas de nuevo y el universo es otra vez puesto a prueba.

G. K. CHESTERTON (1874-1936, escritor inglés)

99 Dos cosas deben recibir los niños de sus padres: raíces y alas.

JOHANN WOLFGANG VON GOETHE (1749-1832, poeta alemán)

Padres, no exasperéis a vuestros hijos, no sea que pierdan el ánimo.

Col 3,21

372 *¿Cómo respetan los padres a sus hijos?*

Dios ha confiado los hijos a sus padres, para que sean modelos estables y justos para ellos, los amen, los respeten y hagan todo lo necesario para que puedan desarrollarse corporal y espiritualmente. [2221-2231]

Los hijos son don de Dios y no propiedad de los padres. Antes de ser hijos de sus padres, son hijos de Dios. La obligación más noble de los padres es regalar a sus hijos la Buena Nueva y transmitirles la fe cristiana.

→ 374

Amaos cordialmente unos a otros; que cada cual estime a los otros más que a sí mismo; en la actividad no seáis negligentes; en el espíritu manteneos fervorosos, sirviendo constantemente al Señor.

Rom 12,10-11

En cuanto a vosotros, que el Señor os colme y os haga rebosar de amor mutuo y de amor a todos, lo mismo que nosotros os amamos a vosotros; y que afiance así vuestros corazones, de modo que os presentéis ante Dios nuestro Padre santos e irreprochables en la venida de nuestro Señor Jesús con todos sus santos.

1 Tes 3,12-13

373 *¿Cómo debe una familia vivir la fe en común?*

Una familia cristiana debe ser una Iglesia en pequeño. Todos los miembros cristianos de una familia están invitados a fortalecerse mutuamente en la fe y a aventajarse unos a otros en el celo por Dios. Deben rezar unos por otros y conjuntamente y realizar en común obras de amor al prójimo. [2226-2227]

Los padres responden con su fe por sus hijos, los llevan a bautizar y les sirven como modelos en la fe. Esto significa que los padres deben hacer todo lo posible para que los hijos experimenten que vivir en la presencia y cercanía de Dios es valioso y benéfico. Ciertamente, en algún momento, los padres aprenderán de la fe de sus hijos y escucharán cómo Dios habla por medio de ellos, porque con frecuencia la fe de las personas jóvenes se caracteriza por una mayor entrega y «porque muchas veces el Señor revela al más joven lo que es mejor» (san Benito, *Regula*, cap. 3,3).

374 *¿Por qué es Dios más importante que la familia?*

El hombre no puede vivir sin relaciones. La relación más importante del hombre es la que tiene con Dios. Tiene prioridad sobre todas las relaciones humanas, incluidas las familiares. [2232-2233]

Los hijos no *pertenecen* a sus padres ni los padres a sus hijos. Toda persona pertenece directamente a Dios. Sólo con Dios existe un vínculo absoluto y perpetuo. Así se comprende la palabra de Jesús a quienes son llamados: «El que quiere a su padre o a su madre más que a mí, no es digno de mí; el que quiere a su hijo o a su hija más que a mí, no es digno de mí» (Mt 10,37). Por ello los padres deben poner a sus hijos en manos de Dios, llenos de confianza, cuando el Señor los llame a una vida de entrega en una comunidad religiosa o como → PRESBÍTEROS.
→ 145

375 *¿Cómo se ejerce correctamente la autoridad?*

La autoridad se ejerce correctamente cuando, siguiendo el ejemplo de Jesús, se entiende como servicio. Jamás debe ser arbitraria. [2234-2237, 2254]

Jesús nos ha mostrado de una vez para siempre cómo se debe ejercer la autoridad. Él, la mayor autoridad, sirvió y se colocó en el último lugar. Incluso lavó los pies a sus discípulos (Jn 13,1-20). A los padres, sacerdotes, profesores, educadores y superiores, su autoridad les viene de Dios, no para dominar a los que les están confiados, sino para que entiendan y ejerzan su tarea de dirección y educación como servicio.

→ 325

376 ¿Qué obligaciones tienen los ciudadanos con el Estado?

Todo ciudadano tiene la obligación de cooperar lealmente con los organismos estatales y contribuir al → BIEN COMÚN en verdad, justicia, libertad y solidaridad. [2238-2246]

Un cristiano debe también amar a su patria, defenderla de formas diversas en caso de necesidad y ponerse con gusto al servicio de las instituciones estatales. Debe ejercer el derecho activo y pasivo al voto y no sustraerse al pago justo de impuestos. Sin embargo, al ciudadano individual le queda un ámbito libre dentro del Estado, contemplado por los derechos fundamentales elementales: tiene derecho a ejercer una crítica constructiva del Estado y de sus organismos. El Estado existe para los hombres, no el hombre para el Estado.

377 ¿Cuándo hay que negar la obediencia al Estado?

Nadie debe seguir las prescripciones de las autoridades civiles que son contrarias a las leyes de Dios. [2242-2246, 2256-2257]

Fue el → APÓSTOL Pedro quien llamó a una obediencia sólo relativa frente al Estado: «Hay que obedecer a Dios antes que a los hombres» (Hch 5,29). Si, por ejemplo, un Estado impone regulaciones racistas, sexistas o que destruyen la vida, un cristiano está obligado en conciencia a rechazar la obediencia, a negarse a participar y a oponer resistencia. → 379

El que quiera ser primero entre vosotros, que sea vuestro esclavo. Igual que el Hijo del hombre no ha venido a ser servido sino a servir y a dar su vida en rescate por muchos.

Mt 20,27-28

Por nacimiento soy albanesa, por nacionalidad india; soy una monja católica. Por mi misión pertenezco a todo el mundo, pero mi corazón pertenece únicamente a Jesús.

SANTA TERESA DE CALCUTA

Pues dad al César lo que es del César y a Dios lo que es de Dios.

Mt 22,21

Habéis oído que se dijo a los antiguos: «No matarás», y el que mate será reo de juicio. Pero yo os digo: todo el que se deja llevar de la cólera contra su hermano será procesado.

Mt 5,21-22

Al principio había en primer lugar sutiles cambios de acento en la postura fundamental. Se comenzó con la idea, que es básica para el movimiento a favor de la eutanasia, de que hay circunstancias que deben ser consideradas como ya no dignas de ser vividas. En su estadio inicial esta postura afectaba sólo a los enfermos crónicos graves. Poco a poco se fue ampliando el círculo de los que entraban en esta categoría y se incluía a los improductivos, los indeseables desde el punto de vista ideológico, los indeseables a causa de su raza. →

La voluntad de Dios a veces nos protege de nosotros mismos.

SAN VICENTE DE PAÚL

EL QUINTO MANDAMIENTO:
No matarás.

378 *¿Por qué no se puede disponer de la propia vida ni de la de los demás?*

Sólo Dios es señor de la vida y de la muerte. Excepto en caso de legítima defensa o de auxilio necesario nadie puede matar a una persona. [2258-2262, 2318-2320]

Atentar contra la vida es un crimen ante Dios. La vida humana es *sagrada*, es decir, pertenece a Dios, es su propiedad. Incluso nuestra propia vida únicamente nos está *confiada*. Dios mismo nos ha dado la vida; sólo él puede tomarla de nuevo. En el libro del Éxodo se dice literalmente: «No matarás» (Éx 20,13).

379 *¿Qué acciones están prohibidas por el precepto de no matar?*

Están prohibidos el asesinato y la cooperación en el mismo. Está prohibido el asesinato en la guerra. Está prohibido el aborto de un ser humano desde su concepción. Están prohibidos el suicidio, la automutilación y la autodestrucción. También está prohibida la eutanasia, es decir, poner fin a la vida de personas disminuidas, enfermas o moribundas. [2268-2283, 2322-2325]

Hoy se infringe a menudo la prohibición de matar por motivos aparentemente humanos. Pero ni la eutanasia ni el aborto son soluciones humanas. Por eso la postura de la Iglesia ante estas cuestiones es de una claridad meridiana. Todo aquel que procure un aborto, ejecutándolo directamente o prestando su colaboración necesaria, si el aborto se produce, está automáticamente excomulgado. Cuando se suicida una persona mentalmente enferma, su responsabilidad está no pocas veces disminuida y con mucha frecuencia totalmente anulada. → 288

380 *¿Por qué, sin embargo, se debe aceptar la muerte del otro en el caso de legítima defensa?*

Quien ataca la vida de otros puede y debe ser frenado, en caso necesario mediante la muerte del agresor. [2263-2265, 2321]

La legítima defensa no es sólo un derecho; puede ser incluso un deber grave para quien es responsable de la vida de otros. No obstante, las medidas de legítima defensa no deben recurrir a medios abusivos ni ser desproporcionadamente violentas.

381 *¿Por qué se opone la Iglesia a la pena de muerte?*

La Iglesia enseña «a la luz del Evangelio» que «la pena de muerte es inadmisible, porque atenta contra la inviolabilidad y la dignidad de la persona». Asimismo, se compromete «con determinación a su abolición en todo el mundo». [2266-2267]

Todo Estado de derecho tiene por principio el deber de castigar proporcionadamente. La Iglesia lleva ya mucho tiempo luchando contra la pena de muerte, y el papa Francisco ha acentuado su postura modificando el *Catecismo de la Iglesia Católica*. La dignidad de la persona «no se pierde ni siquiera después de haber cometido crímenes muy graves. Además, se ha extendido una nueva comprensión acerca del sentido de las sanciones penales por parte del Estado. En fin, se han implementado sistemas de detención más eficaces, que garantizan la necesaria defensa de los ciudadanos, pero que, al mismo tiempo, no le quitan al reo la posibilidad de redimirse definitivamente».

382 *¿Está permitida la eutanasia?*

La eutanasia en sentido propio, es decir, toda acción u omisión que por su naturaleza y en la intención causa la muerte con el fin de eliminar cualquier dolor, constituye siempre un homicidio, gravemente contrario a la Ley de Dios. [2277-2279]

En cambio, no son eutanasia propiamente dicha y, por tanto, son moralmente aceptables la administración

→ Es decisivo sin embargo reconocer que la actitud ante los enfermos incurables fue el minúsculo desencadenante que tuvo como consecuencia este cambio total de mentalidad.

LEO ALEXANDER (1905-1985, médico americano de origen judío) acerca de los delitos de eutanasia cometidos por los nazis

Una pena impuesta por el Estado debe cumplir cuatro condiciones para ser proporcionada y justa:

1. El delito debe tener una reparación.

2. El Estado quiere con ello restaurar el orden público y preocuparse por la seguridad de los ciudadanos.

3. La pena debe hacer mejorar al reo.

4. La pena corresponde a la gravedad del delito.

99 Los hombres no deben morir por mano de otro hombre, sino tomados de la mano de otro hombre.

CARDENAL FRANZ KÖNIG (1905-2004, Arzobispo de Viena)

99 El movimiento de los hospicios, no el de la eutanasia, es la respuesta a nuestra situación acorde con la dignidad humana. El poder de la fantasía y de la solidaridad sólo se movilizarán ante los gigantescos problemas que se nos avecinan, si permanece implacablemente excluida la solución fácil. Donde la muerte ya no es comprendida como parte de la vida, allí comienza la civilización de la muerte.

ROBERT SPAEMANN

99 Si un ser humano ya no está seguro en el seno de su madre, ¿dónde podrá entonces estar seguro en este mundo?

PHIL BOSMANS
(*1922, sacerdote y escritor belga)

99 Los cristianos se casan como todos y tienen hijos, pero no los abandonan.

Epístola a Diogneto, siglo III

99 Tanto el aborto como el infanticidio son crímenes abominables.

Concilio Vaticano II, GS 51

adecuada de calmantes (aunque ello tenga como consecuencia el acortamiento de la vida) o la renuncia a terapias desproporcionadas (al llamado encarnizamiento terapéutico), que retrasan forzadamente la muerte a costa del sufrimiento del moribundo y de sus familiares. La muerte no debe ser causada, pero tampoco absurdamente retrasada. Aunque la muerte se considere inminente, los cuidados ordinarios debidos a una persona enferma no pueden ser legítimamente interrumpidos. La legalización de la eutanasia es inaceptable no sólo porque supondría la legitimación de un grave mal moral, sino porque crearía una intolerable presión social sobre los ancianos, discapacitados o incapacitados y todos aquellos cuyas vidas pudieran ser consideradas por alguien como de «baja calidad» y/o como una carga social. Los cuidados paliativos constituyen una forma privilegiada de la caridad desinteresada. Por eso, deben ser promovidos. → 393

383 *¿Por qué no es aceptable el aborto en ninguna fase del desarrollo del embrión?*

La vida humana es un don de Dios y propiedad directa de él; es *sagrada* desde el primer momento y escapa a toda intervención humana. «Antes de formarte en el vientre, te elegí; antes de que salieses del seno materno, te consagré» (Jer 1,5). [2270-2274, 2322]

Sólo Dios es señor de la vida y de la muerte. Ni siquiera «mi» vida me pertenece en exclusiva. Todo niño tiene derecho a la vida desde su concepción. Desde el principio el ser humano que va a nacer es una persona independiente, cuyo ámbito de derechos no puede ser invadido por nadie externo a él, ni el Estado, ni un médico, ni siquiera su madre o su padre. La claridad de la Iglesia en este punto no es ausencia de misericordia; más bien quiere señalar el daño irreparable que se causa al niño inocente a quien se da muerte, a sus padres y a toda la sociedad. Proteger la vida humana inocente es uno de los deberes más nobles del Estado. Si el Estado se sustrae a esta obligación, socava él mismo los cimientos del Estado de derecho. → 237, 379

384 *¿Se puede abortar a un niño con minusvalías?*

No. Abortar a un niño con minusvalías es siempre un crimen grave, incluso cuando se aduce el motivo de ahorrarle a esta persona un sufrimiento en el futuro. → 280

385 *¿Se puede investigar con embriones vivos o con células madre embrionarias?*

No. Los embriones son seres humanos, porque la vida humana comienza con la unión del espermatozoide y el óvulo. [2275, 2323]

Considerar a los embriones material biológico, «producirlos» y «consumir» sus células madre para fines de investigación es absolutamente inmoral y entra dentro de la prohibición de matar. Merecen un juicio diferente las investigaciones con células madre adultas, porque éstas no provienen de incipientes seres humanos a los que se elimina. Las intervenciones médicas sobre un embrión

---

" Todo lo que hay que saber acerca del aborto está en el quinto mandamiento.

CARDENAL CHRISTOPH SCHÖNBORN

" No matarás al embrión mediante el aborto; no darás muerte al recién nacido.

Didajé (2,2), siglo III

" Dios, danos valor para proteger toda vida no nacida. Porque el hijo es el mayor regalo de Dios para la familia, para un pueblo y para el mundo.

SANTA TERESA DE CALCUTA, en la concesión del premio Nobel de la Paz 1979

" La minusvalía previsible de un niño no puede ser un motivo para interrumpir un embarazo [...] porque también la vida con minusvalías es igualmente valiosa y afirmada por Dios y porque en esta tierra nunca puede nadie tener garantía de una vida sin limitaciones corporales, espirituales o intelectuales.

BENEDICTO XVI, 28.09.2006

Al que escandalice a uno de estos pequeños que creen en mí, más le valdría que le colgasen una piedra de molino al cuello y lo arrojasen al fondo del mar.

Mt 18,6

Si te amas a ti mismo, entonces amas a todas las personas como a ti mismo. Mientras ames a una única persona menos que a ti mismo, no te has tomado aún verdaderamente cariño a ti mismo.

MAESTRO ECKHART

Y ¡cómo se ha parecido que me queríais Vos mucho más a mí que yo me quiero!

SANTA TERESA DE JESÚS

¿Acaso no sabéis que vuestro cuerpo es templo del Espíritu Santo, que habita en vosotros y habéis recibido de Dios? Y no os pertenecéis.

1 Cor 6,19

sólo son responsables si tienen como fin la curación, mientras se garantice en ellas la vida y el desarrollo íntegro del niño, y si el riesgo que comporta la intervención no es desproporcionadamente alto.

→ 292

386 *¿Por qué el quinto mandamiento protege también la integridad física y psíquica de la persona?*

El derecho a la vida y la dignidad de una persona forman una unidad; están unidas de modo inseparable. También se puede llevar a una persona a la muerte psíquica. [2284-2287, 2326]

El mandamiento «No matarás» (Éx 20,13) se refiere a la integridad tanto física como psíquica. Toda tentación o incitación al mal, todo recurso a la violencia, es un pecado grave, especialmente si sucede en una relación de *dependencia*. Es especialmente grave el delito cuando son agredidos niños por los adultos que los tienen a su cargo. Esto se refiere no sólo a los abusos sexuales, sino también a la *seducción mental* por parte de padres, sacerdotes, profesores o educadores, a la desviación de valores morales, etc.

387 *¿Cómo debemos tratar nuestro cuerpo?*

El quinto mandamiento prohíbe también el uso de la violencia contra el propio cuerpo. Jesús nos exige expresamente que nos aceptemos y amemos a nosotros mismos: «Amarás a tu prójimo como a ti mismo» (Mt 22,39).

Acciones autodestructivas contra el propio cuerpo («incisiones», etc.) son en la mayoría de los casos reacciones psíquicas ante experiencias de abandono y de falta de amor; por eso, en primer lugar, reclaman todo nuestro amor a estas personas. No obstante, en este marco de cariño debe quedar claro que no existe un derecho humano a destruir el propio cuerpo recibido de Dios.

→ 379

388 *¿Qué importancia tiene la salud?*

La salud es un valor importante, pero no absoluto. Debemos tratar el cuerpo recibido de Dios con agradecimiento y cuidado, pero no caer en el culto al cuerpo. [2288-2291]

El cuidado adecuado de la salud pertenece también a las obligaciones fundamentales del Estado, que debe crear condiciones de vida que garanticen el alimento suficiente, viviendas limpias y una asistencia médica básica.

 389 *¿Por qué es pecado tomar drogas?*

El consumo de drogas es pecado porque es un acto de autodestrucción y por ello un atentado contra la vida que Dios nos ha dado por amor. [2290-2291]

Toda adicción de una persona a drogas legales (alcohol, medicamentos, tabaco) y en mayor medida a drogas ilegales es cambiar libertad por esclavitud; perjudica a la salud y a la vida del afectado y también causa graves daños al prójimo. Todo intento de perderse u olvidarse de sí mismo en éxtasis, a lo que pueden añadirse excesos en la comida y en la bebida, la sexualidad desordenada o ir a lo loco con el coche, es una pérdida de la dignidad y la libertad humanas y por ello un pecado contra Dios. Hay que diferenciar de esto el uso razonable, consciente y moderado de estimulantes.

→ 286

 390 *¿Se pueden hacer investigaciones con personas vivas?*

Los experimentos científicos, psicológicos o médicos en personas vivas sólo están permitidos cuando los resultados que se esperan son importantes para el bienestar humano y cuando no se pueden obtener de otra manera. Pero todo esto debe llevarse a cabo con el consentimiento libre de las personas afectadas. [2292-2295]

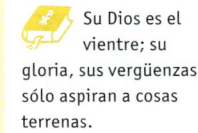 Su Dios es el vientre; su gloria, sus vergüenzas; sólo aspiran a cosas terrenas.

Flp 3,19

99 Uno tras otro nos sacaban fuera, sin fuerzas, impotentes. Ante la puerta de la sala de operaciones nos anestesiaba en el pasillo el Dr. Schidlausky con una inyección intravenosa. Antes de quedarme dormida se me ocurrió un pensamiento que ya no pude expresar: «¡Pero si nosotros no somos conejillos de Indias!». No, no éramos ciertamente conejillos de Indias. ¡Éramos personas!

WANDA POLTAWSKA
(*1921)

99 Con frecuencia los cristianos han negado el Evangelio y han cedido a la lógica de la violencia. Han atentado contra los derechos de tribus y pueblos, han despreciado sus culturas y tradiciones. Señor, ¡muéstranos tu paciencia y tu misericordia y perdónanos!

SAN JUAN PABLO II,
Petición de perdón de la
Iglesia en el año 2000

Además los experimentos no deben ser desproporcionadamente arriesgados. Es un delito convertir a personas en objetos de investigación contra su voluntad. El destino de la doctora polaca Wanda Poltawska, luchadora en la resistencia y amiga personal del papa san Juan Pablo II, nos recuerda lo que está en juego, entonces como ahora. Durante el régimen nazi, Wanda Poltawska fue víctima de los experimentos con humanos en el campo de concentración de Ravensbrück. Más tarde, la psiquiatra abogó por una renovación de la ética médica y fue uno de los miembros fundadores de la Academia Pontificia para la Vida.

391 *¿Por qué son importantes las donaciones de órganos?*

Las donaciones de órganos pueden prolongar la vida o aumentar la calidad de vida. Por ello son un verdadero acto de caridad con el prójimo, siempre y cuando las personas no sean obligadas a ello. [2296]

Debe garantizarse que el donante expresó en vida su consentimiento libre y consciente y que no se le mata con el fin de extraerle sus órganos. Existen donantes vivos, por ejemplo en el trasplante de médula ósea o en la donación de un riñón. La donación de órganos de un cadáver requiere la certificación segura de la muerte y el consentimiento en vida del donante o de su representante.

392 *¿Cómo se atenta contra el derecho a la integridad física de la persona?*

Se atenta contra este derecho mediante el uso de la violencia, el secuestro y la toma de rehenes, el terrorismo, la tortura, la violación, la esterilización por la fuerza, así como con la amputación y la mutilación. [2297-2298]

Estos atentados fundamentales contra la justicia, la caridad y la dignidad humana tampoco están justificados cuando están respaldados por la autoridad del Estado. Con la conciencia de la culpa histórica también de los cristianos, la Iglesia lucha actualmente contra todo empleo de la violencia corporal y psíquica, y especialmente contra la tortura.

393 ¿Cómo ayudan los cristianos a un moribundo?

Los cristianos no dejan solo a un moribundo. Le ayudan a que, con confianza creyente, pueda morir con dignidad y en paz. Oran con él y se preocupan de que le sean administrados a su debido tiempo los → SACRA-MENTOS. [2299]

394 ¿Cómo tratan los cristianos el cuerpo de un difunto?

Los cristianos tratan con respeto y caridad el cuerpo de un difunto, conscientes de que Dios lo ha destinado a la resurrección de los cuerpos. [2300-2301]

Pertenece a la cultura cristiana de la muerte el enterrar dignamente a un difunto bajo tierra y adornar y cuidar la tumba. Hoy en día la Iglesia acepta también otras formas de enterramiento (por ejemplo la incineración), mientras no se interpreten como una muestra contra la fe en la resurrección de los muertos.

395 ¿Qué es la paz?

La paz es la consecuencia de la justicia y la señal del amor hecho realidad. Donde hay paz, allí «toda criatura puede alcanzar la tranquilidad en un orden bueno» (santo Tomás de Aquino). La paz terrena es imagen de la paz de Cristo, que ha reconciliado el cielo y la tierra. [2304-2305]

La paz es más que la ausencia de guerra, más también que un equilibrio de fuerzas cuidadosamente sopesado («el equilibrio del miedo»). En estado de paz los hombres pueden vivir seguros con su propiedad justamente

---

99 Amar a una persona es decirle: Tú no morirás jamás.

GABRIEL MARCEL
(1889-1973, filósofo francés)

99 El desarrollo es el nuevo nombre de la paz.

PABLO VI, *Populorum Progressio*

99 El nacimiento del Señor es el nacimiento de la paz.

SAN LEÓN MAGNO

99 Las armas tienen por objeto y fin la paz, que es el mayor bien que los hombres pueden desear en esta vida.

MIGUEL DE CERVANTES

Bienaventurados los que trabajan por la paz.

Mt 5,9

Él es nuestra paz.

Ef 2,14

La obra de la justicia será la paz, su fruto, reposo y confianza para siempre.

Is 32,17

Habéis oído que se dijo: Amarás a tu prójimo y aborrecerás a tu enemigo. Pero yo os digo: Amad a vuestros enemigos y rezad por los que os persiguen.

Mt 5,43-44

adquirida y cultivar el libre intercambio entre sí. En la paz se respeta la dignidad y el derecho de autodeterminación tanto del individuo como de los pueblos. En la paz la vida en común de los hombres se caracteriza por la solidaridad fraterna.

→ 66, 283-284, 327

396 *¿Qué actitud tiene un cristiano ante la ira?*

San Pablo dice: «Si os indignáis, no lleguéis a pecar; que el sol no se ponga sobre vuestra ira» (Ef 4,26). [2302-2304]

La ira o cólera es en primer lugar un afecto natural, como reacción a una injusticia experimentada. Pero cuando la cólera se convierte en odio y se desea el mal del prójimo, lo que es un sentimiento natural se convierte en una falta grave contra la caridad. Toda ira incontrolada, especialmente el deseo de venganza, está dirigida contra la paz y altera «la tranquilidad del orden».

397 ¿Qué piensa Jesús de la no violencia?

La acción no violenta tiene un gran valor para Jesús; él dice a sus discípulos: «No hagáis frente al que os agravia. Al contrario, si uno te abofetea en la mejilla derecha, preséntale la otra» (Mt 5,39). [2311]

Jesús rechaza a Pedro, cuando quería defenderle mediante la fuerza: «Mete la espada en la vaina» (Jn 18,11). Jesús no llama al uso de las armas. Calla ante Pilatos. Su camino es ponerse en el lado de las víctimas, subir a la cruz, redimir al mundo mediante el amor y llamar bienaventurados a los que buscan la paz. Por eso la Iglesia también respeta a las personas que, por motivos de conciencia, rehúsan el empleo de las armas, pero se ponen de otro modo al servicio de la comunidad.
→ 283-284

398 ¿Tienen que ser pacifistas los cristianos?

La Iglesia lucha por la paz, pero no sostiene un pacifismo radical. Pues no se puede privar ni al individuo ni a los Estados y comunidades del derecho fundamental a la legítima defensa ni a la defensa mediante las armas. La guerra sólo se justifica moralmente como último recurso. [2308]

La Iglesia dice inequívocamente no a la guerra. Los cristianos deben hacer todo lo posible para evitar la guerra ya antes de su inicio: se oponen a la acumulación y al tráfico de armas; luchan contra la discriminación racial, étnica y religiosa; contribuyen a que se acabe la injusticia económica y social, y fortalecen así la paz.
→ 283-284

De las espadas forjarán arados, de las lanzas, podaderas. No alzará la espada pueblo contra pueblo, no se adiestrarán para la guerra.

Miq 4,3

,, Yo creo que la mejora de las condiciones de vida de las personas pobres es una estrategia mejor que el dinero para armas. La lucha contra el terrorismo no puede ganarse mediante acciones militares.

MUHAMMAD YUNUS (*1940, banquero y economista de Bangladesh), al recibir el premio Nobel de la Paz

No hay cifras exactas de víctimas de guerra. Según las estimaciones de diferentes historiadores, en el siglo XVI murieron en todo el mundo cerca de un millón y medio de personas a causa de la guerra; en el siglo XVII puede que fueran cerca de 6 millones y en el siglo XVIII cerca de 6,5 millones de personas fueron víctimas de la guerra. →

→ En el siglo XIX hasta 40 millones de personas perdieron la vida a causa de la guerra. En el siglo XX murieron hasta 180 millones de personas a causa de la guerra y de los efectos secundarios de las guerras.

El Señor Dios se dijo: «No es bueno que el hombre esté solo; voy a hacerle a alguien como él, que le ayude». [...] Por eso abandonará el varón a su padre y a su madre, se unirá a su mujer, y serán los dos una sola carne.

Gén 2,18.24

No hay judío y griego, esclavo y libre, hombre y mujer, porque todos vosotros sois uno en Cristo Jesús.

Gál 3,28

99 El cristianismo ha sacado a las mujeres de un estado que se asemejaba a la esclavitud.

MADAME DE STAËL (1766-1817, escritora francesa)

---

399 *¿Cuándo está permitido el empleo de la fuerza militar?*

El empleo de la fuerza militar sólo es posible en caso extremo de necesidad. Para una «guerra justa» se requieren las siguientes condiciones: 1. Constancia cierta de la gravedad de la agresión; 2. Que sea la única y última posibilidad de defensa; 3. Condiciones serias de éxito; 4. Proporcionalidad de los medios empleados.
[2307-2309]

EL SEXTO MANDAMIENTO:
No cometerás adulterio.

400 *¿Qué quiere decir que el ser humano es un ser sexuado?*

Dios creó al hombre como varón y mujer. Los creó el uno para el otro en el amor. Los creó para la transmisión de la vida.
[2331-2333, 2335, 2392]

Ser varón o mujer marca profundamente al ser humano; es un modo diferente de sentir, una forma diferente de amar, una vocación diferente en relación con los hijos, otro camino de fe. Dado que quería que existieran el uno para el otro y se complementaran en el amor, Dios hizo diferentes al hombre y a la mujer. Por eso el hombre y la mujer se atraen sexual y espiritualmente. Cuando el esposo y la esposa se aman y se unen corporalmente, su amor encuentra una profunda expresión sensible. Así como Dios es creador en su amor, el hombre puede ser creador en el amor dando vida a los hijos.
→ 64, 260, 416-417

401 *¿Existe una primacía de un sexo sobre el otro?*

No. Dios ha concedido a hombres y mujeres la misma dignidad como personas.
[2331, 2335]

Los hombres y las mujeres son personas creadas a imagen de Dios e hijos de Dios redimidos por Jesucristo. Es tan poco cristiano como poco humano el discriminar o postergar a alguien por ser varón o mujer. La igualdad en dignidad y en derechos no significa sin embargo uniformidad. Un falso igualitarismo, que ignore la peculiaridad propia del varón y de la mujer, es contrario a la idea creadora de Dios.

→ 61, 260

402 *¿Qué es el amor?*

El amor es la entrega libre del corazón. [2346]

Estar lleno de amor quiere decir que algo gusta tanto que uno sale de sí mismo y se entrega a ello. Un músico puede entregarse a una obra maestra. Una educadora de jardín de infancia puede estar con todo su corazón a disposición de sus pupilos. En toda amistad hay amor. Una forma de amor particularmente hermosa es, sin embargo, el amor entre el varón y la mujer, en el que dos personas se entregan mutuamente para siempre. Todo amor humano es una imagen del amor divino, en el que todo amor se encuentra. El amor es el interior más íntimo del Dios trino. En Dios hay intercambio constante y entrega perpetua. Por el desbordamiento del amor divino los hombres participamos en el amor eterno de Dios. Cuanto más ama el hombre tanto más se hace semejante a Dios. El amor debe caracterizar toda la vida de la persona, pero debe realizarse de un modo especialmente hondo y significativo allí donde el varón y la mujer se aman en el matrimonio y se hacen «una sola carne» (Gén 2,24). → 309

99 Todas las razones en favor de la «sumisión» de la mujer al hombre en el matrimonio se deben interpretar en el sentido de una «sumisión recíproca» de ambos en el temor de Cristo.

SAN JUAN PABLO II,
Carta apostólica *Mulieris Dignitatem*, 1988

Ya que el amor es de Dios, y todo el que ama ha nacido de Dios y conoce a Dios.

1 Jn 4,7

99 No se puede vivir solamente a prueba, no se puede probar a morir. No se puede amar a prueba, acoger sólo a prueba y por un tiempo a una persona.

SAN JUAN PABLO II

99 En consecuencia, la sexualidad, por medio de la cual el hombre y la mujer se dan uno a otro con los actos propios y exclusivos de los esposos, no es algo puramente biológico, sino que afecta al núcleo íntimo de la persona humana en cuanto tal. →

→ Ella se realiza de modo verdaderamente humano, solamente cuando es parte integral del amor con el que el hombre y la mujer se comprometen totalmente entre sí hasta la muerte. La donación física total sería un engaño si no fuese signo y fruto de una donación en la que está presente toda la persona.

SAN JUAN PABLO II, *Familiaris Consortio*

" Todo lo que hace fácil el encuentro sexual fomenta al mismo tiempo su caída en la irrelevancia.

PAUL RICOEUR (1913-2005 filósofo francés)

CASTIDAD (del lat. *castitas* = castidad): Es la virtud por la que un hombre capacitado para la pasión, reserva su deseo erótico de forma consciente y decidida para el amor y resiste a la tentación de excitarse con instrumentos o de utilizar a otros como medio de su propia satisfacción.

403 *¿Cuál es la relación entre amor y sexualidad?*

Sexualidad y amor van inseparablemente unidos. El encuentro sexual necesita el ámbito de un amor fiel y seguro. [2337]

Donde se separa la sexualidad del *amor* y se busca únicamente por la satisfacción, se destruye el sentido de la unión sexual de varón y mujer. La unión sexual es una hermosa expresión, corporal y sensual, del amor. Las personas que buscan el sexo sin amar, mienten, porque la cercanía de los cuerpos no corresponde a la cercanía de los corazones. Quien no mantiene la palabra de su lenguaje corporal perjudica a la larga al cuerpo y al alma. El sexo se vuelve entonces inhumano; queda degradado a instrumento de placer y se rebaja al nivel de una mercancía. Sólo el amor comprometido y duradero crea el ámbito necesario para una sexualidad vivida humanamente y que satisface a la larga.

404 *¿Qué es el amor casto? ¿Por qué debe un cristiano vivir castamente?*

Un amor casto es un amor que resiste a todas las fuerzas, internas y externas, que quieren destruirlo. Es casto quien asume conscientemente su sexualidad y la integra bien en la persona. → CASTIDAD y continencia no son lo mismo. También quien tiene una vida sexual activa dentro del matrimonio debe ser casto. Una persona actúa castamente cuando su acción corporal es expresión de un amor seguro y fiel. [2338]

No hay que confundir → CASTIDAD con mojigatería. Un hombre que es casto no es juguete de sus deseos, sino que vive conscientemente su sexualidad a partir del amor y como expresión del mismo. La impureza debilita el amor y oscurece su sentido. La sexualidad, en la que se expresa la pertenencia del hombre al mundo corporal y biológico, se hace personal y verdaderamente humana cuando está integrada en la relación de persona a persona, en el don mutuo total y temporalmente ilimitado del varón y de la mujer. La castidad es una virtud moral. Es también un don de Dios, una gracia, un fruto del trabajo espiritual.

405 *¿Cómo se puede vivir un amor casto? ¿Qué nos ayuda a ello?*

Vive castamente quien es libre para amar y no es esclavo de sus instintos y pasiones. Todo aquello que ayuda por tanto a convertirse en un ser humano más rico en relaciones, más maduro, más libre y más lleno de amor, ayuda también a amar castamente. [2338-2345]

Uno se hace libre para amar mediante el dominio de sí, que hay que alcanzar, ejercitar y mantener en todas las edades de la vida. A eso ayuda permanecer, en toda circunstancia, fiel a los mandamientos de Dios, evitar las tentaciones, alejarse de cualquier forma de doble vida o → DOBLE MORAL, y pedir a Dios que me proteja de las tentaciones y me fortalezca en el amor. En definitiva, poder vivir un amor puro e indiviso es una gracia y un don maravilloso de Dios.

406 *¿Debe ser casto todo el mundo, también los casados?*

Sí, todo bautizado está llamado a vivir la castidad, ya sea joven o viejo, viva solo o esté casado. [2348-2349, 2394]

No todas las personas están llamadas a vivir el matrimonio, pero todas están llamadas al amor. Estamos destinados a entregar nuestra vida; unos en la forma del matrimonio, otros en la forma del celibato voluntario por el reino de los cielos, otros, viviendo solos y, sin embargo, al servicio de todos. Toda vida encuentra su sentido en el amor. Ser casto quiere decir *amar sin división*. Quien no es casto está dividido y no es libre. Quien ama verdaderamente es libre, fuerte y bueno; puede entregarse en el amor. Así Cristo, que se ha entregado totalmente por nosotros y al mismo tiempo totalmente al Padre del cielo, es modelo de → CASTIDAD porque es el prototipo del amor fuerte.

> 99 ¡Oh flor de la castidad, que sola sostiene el amor!
>
> JACOPONE DA TODI (1236-1306, poeta italiano)

> 99 Donde brota el amor, atrapa a todos los demás instintos y los convierte en amor.
>
> SAN BERNARDO DE CLARAVAL

> 99 El dominio del momento es el dominio sobre la vida.
>
> MARIE VON EBNER-ESCHENBACH

> Ésta es la voluntad de Dios: vuestra santificación, que os apartéis de la impureza, que cada uno de vosotros trate a su cuerpo con santidad y respeto, no dominado por la pasión, como hacen los gentiles que no conocen a Dios.
>
> 1 Tes 4,3-5

99 Donar el propio cuerpo a otra persona simboliza la entrega total de uno mismo a esa persona.

SAN JUAN PABLO II, encuentro con jóvenes en Kampala, Uganda, 06.02.1993

99 También la experiencia nos muestra que las relaciones sexuales prematrimoniales dificultan más que facilitan la elección del compañero de vida correcto. Para preparar un buen matrimonio es necesario que eduquéis y afiancéis vuestro carácter. Debéis cultivar también aquellas formas de amor y ternura que son adecuadas a lo transitorio de vuestra relación de amistad. El saber esperar y renunciar os facilitará más adelante el respetar amorosamente a vuestra pareja.

SAN JUAN PABLO II, 08.09.1985, en Vaduz a los jóvenes

99 Los jóvenes quieren cosas grandes. [...] Cristo no nos ha prometido una vida cómoda. Quien busca la comodidad, con él se ha equivocado de camino. Él nos muestra la senda que lleva hacia las cosas grandes, hacia el bien, hacia una vida humana auténtica.

BENEDICTO XVI, 25.04.2005

407 *¿Por qué se opone la Iglesia a las relaciones sexuales prematrimoniales?*

Porque quiere proteger el amor. Una persona no puede hacer a otra un regalo mayor que el don de sí misma. «Te quiero» significa para ambos: «Sólo te quiero a ti, te quiero totalmente y te quiero para siempre». Puesto que esto es así, no se puede decir en realidad «Te quiero» a prueba o por un tiempo, tampoco con el cuerpo. [2350, 2391]

Algunos creen tener propósitos serios en sus relaciones prematrimoniales. Y, sin embargo, éstas contienen dos reservas que no son compatibles con el amor: la «opción de dejarlo» y el temor a tener un hijo. Dado que el amor es tan grande, tan santo y tan irrepetible, la Iglesia pide con insistencia a los jóvenes que esperen a estar casados para tener relaciones sexuales.

→ 425

408 *¿Cómo se puede vivir como joven cristiano cuando se vive en una relación prematrimonial o ya se han tenido relaciones prematrimoniales?*

Dios nos ama en cada momento, en cada circunstancia poco clara, también en cada situación de pecado. Dios nos ayuda a buscar la verdad completa del amor y a encontrar el camino para vivirla de forma cada vez más clara y decidida.

En conversación con un → SACERDOTE o con un cristiano digno de crédito y con experiencia, las personas jóvenes pueden encontrar un camino para vivir su amor de forma cada vez más clara. En ello experimentarán que toda vida es un proceso y que, pase lo que pase, siempre se puede comenzar de nuevo con la ayuda de Dios.

409 *¿Es la masturbación una falta contra el amor?*

La masturbación es una falta grave contra el amor, porque convierte el placer sexual en un fin en sí mismo y lo desvincula del desarrollo integral personal en el amor entre varón y mujer. Por eso el «sexo con uno mismo» es una contradicción en sí misma. [2352]

La Iglesia alerta del riesgo de quitarle importancia al autoerotismo. De hecho, muchos jóvenes y adultos están en peligro de aislarse en el consumo de imágenes y películas eróticas y ofertas en Internet, en lugar de encontrar el amor en una relación personal. La soledad puede llevarles a un callejón sin salida, en el que la masturbación se convierte en una adicción. Pero nadie es feliz siguiendo el lema: «No necesito a nadie para el sexo; me lo hago a mí mismo, como y cuando lo necesito».

410 *¿Qué se entiende por «fornicación»?*

El término «fornicación» (en griego *porneia*) se refiere originariamente a prácticas sexuales paganas, como, por ejemplo, la prostitución sagrada en el templo. Hoy el término se aplica a toda forma de actos sexuales fuera de la unión matrimonial. Se usa con frecuencia con sentido jurídico (abusos sexuales a menores y dependientes, etc.). [2353]

Con frecuencia la fornicación se apoya en la seducción, el engaño, la violencia, la dependencia y los abusos. La fornicación es, por tanto, una falta grave contra el amor; ofende a la dignidad de la persona y niega el sentido de la sexualidad humana. Los Estados tienen la obligación de proteger ante los abusos, especialmente a los menores de edad.

411 *¿Por qué es la prostitución una forma de fornicación?*

En la prostitución el «amor» se convierte en mercancía y la persona queda degradada como mero objeto de placer. Por ello la prostitución es una falta grave contra la dignidad humana y un pecado grave contra el amor. [2355]

Quienes sacan beneficios de la prostitución —quienes se dedican a la trata de blancas, los proxenetas, los clientes— tienen mayor culpa sin duda que las mujeres, hombres, niños y adolescentes que frecuentemente venden su cuerpo bajo presión o dependencia.

MASTURBACIÓN (autosatisfacción, etimológicamente es probable que venga del prefijo latino *mas-* = masculino, y *turbare* = mover enérgicamente): Por masturbación se entiende la excitación voluntaria de los órganos genitales a fin de obtener placer sexual.

" Para emitir un juicio justo acerca de la responsabilidad moral de los sujetos [en referencia a la masturbación] y para orientar la acción pastoral, ha de tenerse en cuenta la inmadurez afectiva, la fuerza de los hábitos contraídos, el estado de angustia u otros factores psíquicos o sociales que pueden atenuar o tal vez reducir al mínimo la culpabilidad moral.

CCE 2352

>> Puesto que el amor no se vende, el dinero lo mata infaliblemente.

JEAN-JACQUES ROUSSEAU

>> Quien crea que las faltas contra la castidad son el mayor de los vicios, se equivoca. Los pecados de la carne son graves, pero no son los más graves. [...] Porque dos poderes dentro del hombre intentan separarle de su destino verdadero: lo animal y lo demoníaco. Lo demoníaco es el peor de los dos. Por eso un hipócrita frío y que se justifica a sí mismo, que va regularmente a la Iglesia, puede estar más cerca del infierno que una prostituta. Pero lo mejor, naturalmente, es no ser nada de eso.

C. S. LEWIS

>> La responsabilidad recae sobre aquellos que callan.

SANTA EDITH STEIN

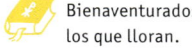 Bienaventurados los que lloran.

Mt 5,5

412 *¿Por qué la producción y el consumo de pornografía son un pecado contra el amor?*

Quien abusa del amor desvinculando la sexualidad humana de la intimidad de un amor vivido como compromiso de dos personas, y convirtiéndola en mercancía para la venta, peca gravemente. Quien produce, consume y vende productos pornográficos ofende a la dignidad humana e incita a otros a cometer el mal. [2354, 2523]

La pornografía es una variante de la prostitución, porque también aquí se sugiere a la persona que existe el «amor» a cambio de dinero. Los actores, productores y comerciantes son igualmente partícipes en esta falta grave contra el amor y la dignidad humana. Quien consume artículos pornográficos, se mueve en mundos porno virtuales o participa en acciones pornográficas, se encuentra en el amplio radio de acción de la prostitución y sostiene el sucio negocio millonario del sexo.

413 *¿Por qué es la violación un pecado grave?*

Quien viola a otra persona la degrada completamente. Irrumpe con violencia en la intimidad más profunda del otro y le hiere en el núcleo de su capacidad de amar. [2356, 2389]

El violador comete un crimen contra la *esencia del amor*. Pertenece a la esencia de la unión sexual el hecho de que se pueda dar libre y exclusivamente dentro del ámbito del amor. Por eso pueden darse violaciones incluso en el matrimonio. Aún más reprobable es la violación cuando existen relaciones de dependencia social, jerárquica, de trabajo o de parentesco, por ejemplo entre padres e hijos o entre profesores, educadores, sacerdotes y quienes les han sido confiados. → 386

414 ¿Qué dice la Iglesia del uso de preservativos en la lucha contra el sida?

Dejando al margen el hecho de que los preservativos no ofrecen una protección totalmente segura frente a la infección, la Iglesia rechaza el uso del preservativo para luchar contra el SIDA por ser un medio mecánico unilateral y apuesta sobre todo por una nueva cultura de las relaciones humanas y por el cambio de la conciencia social.

Únicamente la práctica de la fidelidad y la renuncia a contactos sexuales superficiales protegen eficazmente contra el sida y educan en una relación integral del amor. Pertenecen a ello el respeto de la igual dignidad de hombres y mujeres, la preocupación por la salud de la familia, el control responsable de los deseos impulsivos y también la renuncia a la unión sexual fuera del matrimonio. En países de África donde se ha promovido un comportamiento como éste mediante amplias campañas sociales, se ha podido reducir con claridad la tasa de infecciones. Además de esto la Iglesia hace todo lo posible para ayudar a las personas que están afectadas por el sida.

415 ¿Cómo valora la Iglesia la homosexualidad?

Dios ha creado al ser humano como varón y mujer y los ha destinado uno para el otro también en lo corporal. La Iglesia acoge sin condiciones a las personas que presentan tendencias homosexuales. No deben ser discriminadas por ello. Al mismo tiempo, la Iglesia afirma que todas las formas de encuentros sexuales entre personas del mismo sexo no corresponden al orden de la Creación.
[2358-2359] → 65

99 Puede haber casos aislados fundados, por ejemplo cuando alguien que ejerce la prostitución utiliza un preservativo, si esto quiere ser un primer paso para una visión moral, un primer acto de responsabilidad, para desarrollar de nuevo una conciencia de que no todo está permitido y de que no se puede hacer todo lo que se quiere. Pero ésta no es la forma auténtica de resolver el mal de la infección del VIH. Ésta debe consistir realmente en la humanización de la sexualidad.

BENEDICTO XVI, *Luz del mundo*

224
225

99 La fidelidad conyugal y la continencia fuera del matrimonio son los mejores medios para evitar la infección y la propagación del virus. De hecho, los valores que brotan de la verdadera comprensión del matrimonio y de la vida familiar constituyen el único fundamento seguro de una sociedad estable.

BENEDICTO XVI,
14.12.2006

Grábame como sello en tu corazón, grábame como sello en tu brazo, porque es fuerte el amor como la muerte, es cruel la pasión como el abismo; sus dardos son dardos de fuego, llamaradas divinas. Las aguas caudalosas no podrán apagar el amor, ni anegarlo los ríos. Quien quisiera comprar el amor con todas las riquezas de su casa, sería sumamente despreciable.

Cant 8,6-7

416 *¿Qué es lo esencial del matrimonio cristiano?*

1. La *unidad*: el matrimonio es una alianza que realiza según su esencia la unidad corporal, psíquica y espiritual entre un hombre y una mujer;

2. La *indisolubilidad*: el matrimonio es válido «hasta que la muerte os separe»;

3. La *apertura a la prole*: todo matrimonio debe estar abierto a los hijos.

4. La ordenación al *bien del cónyuge*.
[2360-2361, 2397-2398]

Si en el momento de contraer matrimonio alguno de los contrayentes excluye cualquiera de los cuatro puntos mencionados, el → SACRAMENTO del Matrimonio no se lleva a cabo. → 64, 400

417 *¿Qué sentido tiene el acto conyugal dentro del matrimonio?*

Según la voluntad de Dios, el esposo y la esposa se encuentran en el placer erótico y sexual para unirse en el amor más profundamente y permitir que de su amor surjan los hijos.
[2362-2367]

El cuerpo, el placer y el disfrute erótico gozan de una alta estima en el cristianismo: «El Cristianismo [...] cree que la materia es buena, que Dios mismo asumió forma humana, que incluso en el cielo se nos dará un tipo de cuerpo y que éste será una parte esencial de nuestra felicidad, belleza y poder. El Cristianismo ha enaltecido el matrimonio más que cualquier otra religión. Casi toda la alta poesía amorosa de la literatura mundial ha sido elaborada por cristianos y el Cristianismo se opone a quien afirma que la sexualidad es mala en sí misma» (C. S. Lewis, *Perdón, soy cristiano*). Pero el placer no es un fin en sí mismo. Allí donde el placer de una pareja se cierra en sí mismo y no está abierto a la nueva vida que pudiera surgir de él, no hace justicia a la esencia del amor.

> 99 Hoy es especialmente urgente evitar que el matrimonio se confunda con otro tipo de uniones que se fundan en un amor débil. Sólo la roca del amor total e irrevocable entre el hombre y la mujer es capaz de ser el fundamento de una sociedad que se convierta en un hogar para todos los hombres.
>
> BENEDICTO XVI,
> 11.05.2006

> 99 Os he dicho esto, para que mi gozo esté en vosotros, y vuestro gozo sea colmado.
>
> Jn 15, 11

> Porque toda criatura de Dios es buena, y no se debe rechazar nada, sino que hay que tomarlo todo con acción de gracias.
>
> 1 Tim 4,4

99 Un hijo tiene
derecho a «ser respetado
como persona desde
el momento de su
concepción».

Instrucción *Donum
Vitae*, 2,8

99 Los hijos son una
bendición de Dios.

WILLIAM SHAKESPEARE
(1564-1616, dramaturgo
inglés)

99 Todo niño es
precioso. Todo niño es
una criatura de Dios.

SANTA TERESA DE CALCUTA

**PATERNIDAD
RESPONSABLE** La
Iglesia afirma y defiende
el derecho de un
matrimonio, dentro del
marco de la regulación
natural de la fecundidad,
de poder decidir ellos
mismos el número de
hijos y la distancia entre
los nacimientos.

99 Los hijos, señor,
son pedazos de las
entrañas de sus padres,
y así, se han de querer,
o buenos o malos que
sean, como se quieren
las almas que nos dan
vida.

MIGUEL DE CERVANTES

418 *¿Qué importancia tiene un hijo en el matrimonio?*

Un hijo es una criatura y un don de Dios que llega al mundo por medio del amor de sus padres. [2378, 2398]

El verdadero amor no quiere que una pareja se cierre en sí misma. El amor se abre al hijo. Un hijo que ha sido engendrado y ha venido al mundo, no ha sido «hecho» y tampoco es la suma de sus genes paternos y maternos. Es una criatura de Dios totalmente nueva y única, dotada de su propia alma. Por tanto, el niño no pertenece a sus padres y no es su propiedad. → 368, 372

419 *¿Cuántos hijos debe tener un matrimonio cristiano?*

Un matrimonio cristiano tiene tantos hijos como Dios le conceda y pueda asumir responsablemente. [2373]

Todos los hijos que concede Dios son una gracia y una gran → BENDICIÓN. Esto no quiere decir que una pareja cristiana no deba considerar cuántos hijos puede asumir responsablemente en su situación económica, social o de salud. En todo caso, cuando viene un hijo, este hijo debe ser acogido y aceptado con alegría, disponibilidad y con mucho amor. Basándose en la confianza en Dios, muchos matrimonios cristianos experimentan el gozo de tener una familia numerosa.

420 *¿Puede un matrimonio cristiano utilizar métodos de regulación de la fecundidad?*

Sí, un matrimonio cristiano puede y debe actuar responsablemente con el don de poder dar vida. [2368-2369, 2399]

En ocasiones hay circunstancias sociales, psíquicas y de salud en las que un hijo más podría suponer una gran exigencia para la pareja. Por ello hay criterios claros que los matrimonios deben considerar: la regulación de la fecundidad no quiere decir, en primer lugar, que una pareja excluya por principio la concepción. En segundo lugar, no puede significar que se excluya a los hijos por razones egoístas. En tercer lugar, no puede significar que se dé una presión externa (como, por ejemplo, cuando el Estado decide cuántos hijos está autorizada a tener una pareja). Y en cuarto lugar, no quiere decir que se pueda usar para ello cualquier tipo de medios.

421 *¿Por qué no son buenos todos los métodos de regulación de la fecundidad?*

Como métodos de regulación consciente de la fecundidad la Iglesia remite a los métodos perfeccionados de la autoobservación y de la → PLANIFICACIÓN FAMILIAR NATURAL (PFN/RNF = regulación natural de la fecundidad). Corresponden a la dignidad del varón y la mujer; respetan las leyes internas del cuerpo femenino; exigen ternura y unas relaciones recíprocas respetuosas y son por ello una escuela del amor. [2370-2372, 2399]

No es indiferente que un matrimonio recurra a la anticoncepción o que aproveche el ciclo de los días fértiles de la mujer para regular responsablemente, es decir, generosamente la fecundidad. En el primer caso, distorsiona la naturaleza propia de la relación íntima conyugal haciéndola intencionadamente infecunda; en el segundo caso, respeta la integridad de esa relación íntima personal. La Iglesia rechaza la anticoncepción —realizada por medios químicos (la «píldora»), mecánicos (el preservativo), quirúrgicos (la esterilización) y otros (la interrupción del acto)— no tanto por su carácter «artificial», cuanto porque falsifica la relación personal conyugal privándola de su significado natural propio (ser fecunda). La mentalidad anticonceptiva, que implica una voluntad a ultranza de impedir la fecundidad, puede también afectar al uso de los «métodos naturales», que entonces también sería ilegítimo. Pero cuando recurre a los mencionados «métodos artificiales» la mentalidad anticonceptiva tampoco se detiene ante los daños que causan a la salud de la mujer, ni ante el carácter abortivo de algunos de ellos (la espiral o la «píldora del día después»), ni ante los diversos trastornos que ocasionan a la vida conyugal.

422 *¿Qué puede hacer un matrimonio que no tiene hijos?*

Los matrimonios que sufren a causa de la esterilidad pueden acoger toda ayuda médica que no entre en contradicción con la dignidad de la persona, los derechos del niño que se desea concebir y la → SANTIDAD del → SACRAMENTO del Matrimonio. [2375, 2379]

PLANIFICACIÓN FAMILIAR NATURAL (PFN/RNF)
Se usa en general para los métodos de regulación de la fertilidad que utilizan los signos de la fecundidad cíclica de la mujer y los conocimientos de una fecundidad conjunta de varón y mujer, con la finalidad de lograr o evitar el embarazo.

" Al lenguaje natural que expresa la recíproca donación total de los esposos, la anticoncepción impone un lenguaje objetivamente contradictorio, es decir, el no darse al otro totalmente: se produce no sólo el rechazo positivo de la apertura a la vida, sino también una falsificación de la verdad interior del amor conyugal, llamado a entregarse en plenitud personal.

SAN JUAN PABLO II, *Familiaris Consortio*, 32 (la «anticoncepción» en contraposición a la «regulación de la fecundidad»)

> No olvidéis que hay muchos niños, muchas mujeres y muchos hombres en este mundo, que no tienen lo que vosotros tenéis, y acordaos de amar también a éstos hasta que duela.

SANTA TERESA DE CALCUTA

> Lo más terrible de toda tragedia no es la brutalidad de las personas malas, sino el silencio de las buenas.

MARTIN LUTHER KING (1929-1968, pastor estadounidense, activista de los derechos civiles, en un discurso en el que animaba a sus conciudadanos afroamericanos a la resistencia civil)

No hay ningún derecho absoluto a tener un hijo. Todo hijo es un don de Dios. Los matrimonios que se ven privados de este don, tras haber agotado los recursos legítimos de la medicina, pueden adoptar o acoger a niños, o comprometerse de otro modo en la sociedad, ocupándose, por ejemplo, de niños abandonados.

423 *¿Qué opina la Iglesia de las madres de alquiler y de la inseminación o la fecundación artificial?*

Toda ayuda por parte de la medicina y de la investigación para concebir un hijo debe detenerse cuando se disuelve o se destruye por medio de una tercera persona la paternidad conjunta de los padres o cuando la concepción se convierte en un acto técnico fuera de la unión sexual dentro del matrimonio. [2374-2377]

Por respeto a la dignidad de la persona, la Iglesia rechaza la concepción de un hijo por medio de inseminación o fecundación artificial. Todo hijo tiene el derecho, dado por Dios, a tener un padre y una madre, a conocer a ese padre y a esa madre y, si es posible, a crecer en el ámbito de su amor. La inseminación o la fecundación artificial con el semen de un hombre extraño o el óvulo de una mujer extraña (inseminación o fecundación artificial heteróloga) destruye también el espíritu del matrimonio, en el cual el hombre y la mujer tienen derecho a llegar a ser padre o madre exclusivamente a través del otro cónyuge. Pero también la fecundación artificial homóloga (cuando el semen y el óvulo proceden del propio esposo y de la propia esposa) hace del hijo un producto de un procedimiento técnico y no el fruto de la unidad amorosa del encuentro sexual personal. Y cuando el niño se convierte en un producto, surge en seguida la pregunta cínica acerca de la calidad y la garantía de ese producto. La Iglesia rechaza también la técnica del diagnóstico genético preimplantacional (DGP), que se lleva a cabo con el fin de eliminar a los embriones que no se consideran perfectos. También el recurso a una madre de alquiler, por el que se implanta a una mujer extraña un embrión obtenido por fecundación artificial, es contraria a la dignidad de la persona. → 280

424 *¿Qué es el adulterio? ¿Es lícito el divorcio?*

El adulterio consiste en que una pareja tenga relaciones sexuales cuando al menos uno de ellos está casado con otra persona. El adulterio es la traición fundamental del amor, la ruptura de una alianza sellada por Dios y una injusticia frente al prójimo. El mismo Jesús estableció expresamente la indisolubilidad del matrimonio: «Lo que Dios ha unido, que no lo separe el hombre» (Mc 10,9). Remitiéndose al deseo original del Creador, Jesús suprimió la tolerancia del divorcio en la Antigua Alianza.
[2353, 2364-2365, 2380-2386]

La promesa, que infunde valor, de este mensaje de Jesús es: «¡Como hijos de vuestro Padre celestial tenéis la capacidad de amar para toda la vida!». No obstante, no siempre resulta fácil ser fiel al cónyuge durante toda una vida. Pero los cristianos que provocan frívolamente un divorcio son objetivamente culpables. Pecan contra el amor de Dios, que se hace visible en el matrimonio. Pecan contra el cónyuge abandonado y contra los hijos abandonados. Ciertamente, el cónyuge fiel de un matrimonio que ha llegado a ser insoportable, puede abandonar el domicilio común. Para evitar la escasez de medios, puede ser necesario incluso un divorcio civil. En casos justificados, la Iglesia puede investigar la validez del matrimonio en un proceso de nulidad matrimonial.
→ 269

425 *¿Qué tiene la Iglesia en contra del «matrimonio sin papeles»?*

Para los católicos no existe matrimonio sin la celebración del sacramento. En él Cristo entra en la alianza entre el varón y la mujer y concede abundancia de gracias y dones a los esposos. [2390-2391]

A veces hay personas mayores que aconsejan a los jóvenes que dejen de casarse «para siempre y de blanco». Que el matrimonio es algo así como una unión fusión de patrimonios, perspectivas y buenas intenciones, a la vez que se hacen en público promesas que no se pueden mantener. Pero un matrimonio cristiano no es

99 La fidelidad o es de algún modo absoluta o no es nada.

KARL JASPERS
(1883-1969,
filósofo alemán)

99 La raíz de la crisis del matrimonio y de la familia está en un falso concepto de la libertad.

SAN JUAN PABLO II

99 El matrimonio rato y consumado entre bautizados no puede ser disuelto por ningún poder humano, ni por ninguna causa fuera de la muerte.

CIC 1141

Que vuestro hablar sea sí, sí, no, no. Lo que pasa de ahí viene del Maligno.

Mt 5,37

99 El más poderoso hechizo para ser amado es amar.

BALTASAR GRACIÁN
(1601-1658, escritor español)

> Yo, N., te quiero a ti, N., como esposa y me entrego a ti, y prometo serte fiel en la prosperidad y en la adversidad, en la salud y en la enfermedad, y así amarte y respetarte todos los días de mi vida.

Fórmula del consentimiento en el sacramento del Matrimonio

> El cual, siendo rico, se hizo pobre por vosotros para enriqueceros con su pobreza.

2 Cor 8,9

> Donde no existe la propiedad privada no hay tampoco la alegría de dar. Nadie puede tener el placer de ayudar en sus necesidades a sus amigos, al caminante, al que sufre.

ARISTÓTELES

una estafa, sino el mayor regalo que Dios ha pensado para dos personas que se aman. Dios mismo los une de un modo tan profundo que no lo pueden lograr los hombres. Jesucristo, quien dijo: «Sin mí no podéis hacer nada» (Jn 15,5), está presente de forma permanente en el → Sacramento del Matrimonio. Él es el amor en el amor de los esposos. Es su poder el que se hace presente cuando se agotan aparentemente las fuerzas de los que se quieren. Por eso el sacramento del Matrimonio es algo muy diferente a un pedazo de papel. Es como un vehículo divino ya dispuesto al que pueden subir los esposos, un vehículo del que el esposo y la esposa saben que contiene suficiente combustible para llegar, con la ayuda de Dios, a la meta de sus deseos. Cuando, en la actualidad, muchas personas dicen que no tiene importancia tener relaciones sexuales sin compromiso antes o fuera del matrimonio, la Iglesia invita a resistir con determinación y energía a esta presión social.

EL SÉPTIMO MANDAMIENTO:
No robarás.

426 *¿Qué regula el séptimo mandamiento: «No robarás» (Éx 20,15)?*

El séptimo mandamiento no sólo prohíbe quitarle algo a alguien, sino que exige también la justa administración y el reparto de los bienes de la tierra, regula las cuestiones de la propiedad privada y del reparto de los rendimientos del trabajo humano. Igualmente se denuncia en este mandamiento el reparto injusto de las materias primas.
[2401]

En principio el séptimo mandamiento sólo prohíbe tomar para sí de modo injusto la propiedad de otro. Pero recoge también la aspiración humana de organizar el mundo de forma social y justa y de preocuparse de su correcto desarrollo. El séptimo mandamiento nos dice que estamos obligados por la fe a luchar por la protección de la Creación y la preservación de sus recursos naturales.

427 *¿Por qué no hay un derecho absoluto a la propiedad privada?*

No hay un derecho absoluto, sino sólo relativo, a la propiedad privada, porque Dios creó la tierra y sus bienes para todos los hombres. [2402-2406, 2452]

Antes de que bienes de la realidad creada puedan «pertenecer» a personas individuales, porque han sido trabajados, heredados o donados legalmente, los propietarios deben saber que no hay propiedad sin compromiso social. Al mismo tiempo, la Iglesia se opone a quienes deducen de la obligación social de la propiedad que no debería existir la propiedad privada, y afirman que todo debería pertenecer a todos, o al Estado. El propietario privado que administra, cuida y aumenta un bien según la finalidad de su Creador, y comparte las ganancias de modo que cada uno reciba lo suyo, actúa sin duda siguiendo el mandato divino de la Creación.

428 *¿Qué es el robo y qué incluye el séptimo mandamiento?*

El robo es la apropiación indebida de un bien ajeno. [2408-2410]

Apropiarse injustamente del bien ajeno es una falta contra el séptimo mandamiento, aun cuando el hecho no pueda ser denunciado según la ley civil. Lo que es una injusticia ante Dios, es una injusticia. Pero el séptimo mandamiento no es válido únicamente para el robo, sino también para la retención injusta del salario justo, quedarse con objetos encontrados que se pueden devolver, y los engaños en general. El séptimo mandamiento denuncia también las siguientes prácticas: dar trabajo a empleados en condiciones contrarias a la dignidad humana; no mantener los contratos suscritos; despilfarrar las ganancias sin tomar en consideración la obligación social; elevar o bajar artificialmente los precios; poner en peligro el puesto de trabajo de compañeros que están bajo la tutela de uno; el soborno y la corrupción; inducir a los subordinados a cometer actos ilegales, hacer mal el trabajo o exigir honorarios desproporcionados; derrochar o administrar con descuido las propiedades sociales comunes; falsificar dinero, contabilidades o balances; el fraude fiscal.

" Por tanto, la propiedad privada no es un derecho necesario e ilimitado para nadie.

PABLO VI, *Populorum Progressio*

" Tener y no dar nada es, en algunas ocasiones, mucho peor que robar.

MARIE VON EBNER-ESCHENBACH

" En su encíclica social *Populorum Progressio* el papa Pablo VI estableció el principio de que «la economía debe servir exclusivamente a la persona» (PP 3.26). Rechaza todas las ideas según las cuales «el beneficio es el verdadero motor del progreso económico, la competencia es la ley suprema de la economía, la propiedad de los medios de producción es un derecho absoluto, sin límites, y sin las obligaciones correspondientes frente a la sociedad».

PLAGIO
(del lat. *plagium*
= robo de personas):
Un plagio es el uso no
autorizado y oculto de
la propiedad intelectual
ajena, que se presenta
como realización
intelectual propia.

Jesús alaba
expresamente la
promesa del publicano
Zaqueo: «Y si he
defraudado a alguno, le
restituyo cuatro veces
más» (Lc 19,8).

99 Amo el dinero,
pues me da la posibilidad
de ayudar a otros.

BLAISE PASCAL

99 Un hombre rico
es con frecuencia un
pobre hombre con mucho
dinero.

ARISTÓTELES ONASSIS

429 *¿Qué normas regulan la propiedad intelectual?*

También es robo la sustracción de la propiedad intelectual. [2408-2409]

No sólo el → PLAGIO es robo. El robo de propiedad intelectual comienza copiando en el colegio, continúa con la descarga ilegal de contenidos de Internet, afecta a la realización de copias no autorizadas o la grabación en diferentes medios de reproducción y llega hasta el extremo de negociar con conceptos e ideas robados. Todo uso de la propiedad intelectual ajena exige el acuerdo libre y la remuneración apropiada del autor intelectual o la participación del mismo en los beneficios que se generen.

430 *¿Qué se entiende por justicia conmutativa?*

La justicia *conmutativa* regula los intercambios entre las personas en el respeto exacto de sus derechos. Se preocupa de que se respete el derecho de propiedad, se paguen las deudas, se cumplan las obligaciones libremente contraídas, de que los daños causados obtengan una reparación proporcionada y de que se restituyan los bienes robados.
[2411-2412]

431 *¿Se pueden emplear trucos en el pago de impuestos?*

La inventiva en relación con sistemas complejos de impuestos no se puede objetar moralmente. Es inmoral el engaño y el fraude fiscal, es decir, falsificar, silenciar o tapar hechos para impedir una evaluación fiscal correcta. [2409]

Mediante el pago de impuestos, los ciudadanos contribuyen, según su capacidad, a que el Estado pueda llevar a cabo su misión. Por eso el fraude fiscal no es un delito de poca importancia. Los impuestos deben ser justos y proporcionados y deben ser cobrados por vía legal.

432 *¿Puede un cristiano especular en la bolsa o en Internet?*

Un cristiano puede especular en la bolsa o en Internet mientras se mantenga en los límites de las costumbres normales de una negociación hábil con dinero propio o ajeno y no incurra en faltas contra otros preceptos morales.

La especulación en bolsa se vuelve inmoral cuando se emplean medios deshonestos (como, por ejemplo, información privilegiada); cuando el negocio pone en peligro los medios de vida propios o ajenos, en lugar de asegurarlos; cuando la especulación, como en el juego, adquiere caracteres de adicción.

433 *¿Cómo se debe tratar la propiedad común?*

El vandalismo y los daños deliberados en equipamientos públicos y en bienes comunes son formas de robo y deben ser reparados.
[2409]

434 *¿Puede un cristiano participar en apuestas y juegos de azar?*

Las apuestas y los juegos de azar son inmorales y peligrosos cuando el jugador arriesga su sustento. Sobre todo cuando pone en peligro lo necesario para la vida de otras personas, especialmente cuando están a su cargo. [2413]

Es muy cuestionable moralmente jugarse grandes sumas de dinero en juegos de azar, mientras a otros les falta lo necesario para vivir. Además las apuestas y los juegos de azar pueden crear adicción y esclavizar a las personas.

435 *¿Es lícito «comprar» y «vender» personas?*

Ninguna persona ni partes de una persona pueden ser convertidas en mercancía, tampoco nadie puede ofrecerse a sí mismo como mercancía. El hombre pertenece a Dios, que le ha otorgado libertad y dignidad. Comprar y vender personas, como sucede hoy en día de

Quien ama el dinero nunca se sacia.

Ecl 5,9

Le posee a él su dinero más que ser él quien posee el dinero.

SAN CIPRIANO DE CARTAGO

Al comprar o utilizar un objeto considera que es un producto del trabajo humano y que tú, al consumirlo, destruirlo o dañarlo, destruyes ese trabajo y con ello consumes vida humana.

LEÓN TOLSTÓI
(1818-1910, escritor ruso)

Ante las crueldades de un capitalismo que degrada a la persona a la categoría de mercancía, comprendemos de manera nueva lo que quería decir Jesús con la advertencia ante la riqueza, ante el ídolo Mammón que destruye a la persona, estrangulando con sus manos una gran parte del mundo.

BENEDICTO XVI, *Jesús de Nazaret*

Aproximadamente 12,3 millones de personas viven esclavizadas en trabajos forzados.

Unos 2,4 millones de ellas son víctimas de la trata de seres humanos.

La suma de las ganancias asciende a cerca de 10 mil millones de dólares USA.

Cálculos estimados de la OIT (Organización Internacional del Trabajo) para el año 2005

La experiencia muestra que todo tipo de falta de respeto frente al medio ambiente causa daños a la convivencia humana y viceversa. Cada vez se manifiesta con más claridad la relación inseparable de la paz con la creación y con la paz entre los hombres.

BENEDICTO XVI, 01.01.2007

forma habitual, no sólo en la prostitución, es un acto absolutamente reprobable. [2414]

En el tráfico de órganos y de embriones, en la biotecnología, en el tráfico de niños para la adopción, en el reclutamiento de niños soldado, en la prostitución, en todas partes aparece de nuevo la antigua injusticia del tráfico de seres humanos y la esclavitud. Se priva a personas de su libertad, de su dignidad, de su autodeterminación, en realidad, de su misma vida. Se las humilla convirtiéndolas en objetos con los que el propietario puede hacer negocios. Hay que distinguir del tráfico de seres humanos en sentido estricto, las prácticas del fútbol y otros deportes. También en esos casos se habla de «comprar» y «vender», pero se trata de procedimientos en los que se puede presuponer el libre consentimiento de los jugadores. → 280

436 *¿Cómo debemos tratar la Creación?*

Cumplimos el designio creador de Dios cuando cuidamos la tierra con sus leyes vitales, su variedad de especies, su belleza natural y sus riquezas renovables, y la conservamos eficazmente como ámbito de vida, de modo que también las futuras generaciones puedan vivir bien en la tierra. [2415]

En el libro del → GÉNESIS se dice: «Sed fecundos y multiplicaos, llenad la tierra y sometedla; dominad los peces del mar, las aves del cielo y todos los animales que se mueven sobre la tierra» (Gén 1,28). Lo de «someted la tierra» no significa un derecho absoluto a poder disponer arbitrariamente de la naturaleza viva y muerta, de animales y plantas. Estar creado a imagen y semejanza de Dios significa que el hombre se ocupa de la Creación de Dios como pastor y guardián. Porque también se dice: «El Señor Dios tomó al hombre y lo colocó en el jardín de Edén, para que lo guardara y lo cultivara» (Gén 2,15). → 42-50, 57

437 ¿Cómo debemos tratar a los animales?

Los animales son criaturas de Dios como nosotros, a las que queremos y con las que debemos alegrarnos, como Dios se alegra de su existencia. [2416-2418, 2456-2457]

También los animales son criaturas sensibles creadas por Dios. Es pecado torturarlos, hacerles sufrir y matarlos inútilmente. Sin embargo una persona no debe anteponer el amor a los animales al amor a los seres humanos.

438 ¿Por qué tiene la Iglesia una Doctrina Social propia?

Dado que *todas* las personas, creadas a imagen de Dios, poseen una dignidad única, la Iglesia, con su Doctrina Social, aboga a favor de que esta dignidad de la persona se realice en el ámbito social también para *todas* las personas. No pretende tutelar la política o la economía. Pero cuando en la política y en la economía se ataca la dignidad de las personas, la Iglesia debe intervenir. [2419-2420, 2422-2423]

«Los gozos y las esperanzas, las tristezas y las angustias de los hombres de nuestro tiempo, sobre todo de los pobres y de cuantos sufren, son a la vez gozos y esperanzas, tristezas y angustias de los discípulos de Cristo» (Concilio Vaticano II, GS 1). En su Doctrina Social, la Iglesia concreta esta frase. Y se pregunta: ¿Cómo podemos hacernos responsables del bienestar y el trato correcto para todos, también para los no cristianos? ¿Cómo debe ser la forma justa de la convivencia humana, de las instituciones políticas, económicas y sociales? En su acción a favor de la justicia la Iglesia es llevada por un amor que se mira en el amor de Cristo por los hombres.

439 ¿Cómo se desarrolló la Doctrina Social de la Iglesia?

Con la → DOCTRINA SOCIAL la Iglesia dio su respuesta a la cuestión social de los trabajadores en el siglo XIX. Ciertamente la industrialización había llevado a un aumento del bienestar, pero de ello se beneficiaban ante todo los dueños de las fábricas, mientras muchas

99 Con razón os comprometéis a favor de la conservación del medio ambiente, de los animales y de las plantas. ¡Pronunciad aún con mayor decisión un sí a la vida humana, que en la jerarquía de las criaturas está muy por encima de todas las realidades del mundo visible!

SAN JUAN PABLO II, 08.09.1985

99 La caridad es el camino principal de la Doctrina Social Cristiana.

BENEDICTO XVI, *Caritas in Veritate* [CiV]

99 La Iglesia comparte con los hombres de nuestro tiempo este deseo profundo y ardiente de una vida justa en todas sus dimensiones y no deja de someter a reflexión los diferentes aspectos de la justicia, tal como lo exige la vida de los hombres y de los grupos sociales.

SAN JUAN PABLO II, *Dives in misericordia*

Tú cuidas la tierra, la riegas y la enriqueces sin medida; la acequia de Dios va llena de agua, preparas los trigales. Rezuman los pastos del páramo, y las colinas se adornan de alegría; las praderas se cubren de rebaños, y los valles se visten de mieses, que aclaman y cantan.

Sal 65,10.13-14

99 *Pregunta a las criaturas*:
¡Oh bosques y espesuras,/ plantadas por la mano del Amado!/ ¡Oh prado de verduras,/ de flores esmaltado!,/ decid si por vosotros ha pasado.

Respuesta de las criaturas:
Mil gracias derramando/ pasó por estos sotos con presura,/ e, yéndolos mirando,/ con sola su figura/ vestidos los dejó de hermosura.

SAN JUAN DE LA CRUZ

> El capital no puede existir sin el trabajo, como tampoco el trabajo sin el capital.

LEÓN XIII, *Rerum Novarum*, 1891

> Y en esto conviene subrayar el papel preponderante que cabe a los laicos, hombres y mujeres [...]. A ellos compete animar, con su compromiso cristiano, las realidades y, en ellas, procurar ser testigos y operadores de paz y de justicia

SAN JUAN PABLO II, *Sollicitudo rei socialis*

> Así como es sumamente bueno que alguien haga buen uso del poder en el gobierno de muchos, igualmente es extremadamente reprobable el abusar del mismo.

SANTO TOMÁS DE AQUINO

> El mercado no es ni debe convertirse en el ámbito donde el más fuerte avasalle al más débil.

BENEDICTO XVI, *CiV*

personas se quedaban en la miseria como trabajadores casi sin derechos. De esta experiencia, el comunismo sacó la conclusión de que existía una oposición irreconciliable entre el *trabajo* y el *capital*, que debía decidirse mediante la lucha de clases. Por el contrario, la Iglesia abogó por un equilibrio justo entre los trabajadores y los dueños de las fábricas. [2421]

La Iglesia defendió que no sólo se beneficiaran algunos pocos, sino todos, del nuevo bienestar propiciado por la industrialización y la competencia. Por eso recomendó la creación de sindicatos y luchó para que los trabajadores fueran protegidos de la explotación mediante leyes civiles y seguros para que ellos y sus familias estuvieran asegurados en casos de enfermedad y necesidad.

440 *¿Están obligados los cristianos a comprometerse en la política y en la sociedad?*

Es una misión especial de los fieles → LAICOS comprometerse en la política, la sociedad y la economía, según el espíritu del Evangelio, la caridad, la verdad y la justicia. Para ello la → DOCTRINA SOCIAL DE LA IGLESIA les ofrece una orientación clara. [2442]

La participación activa en la política de partidos no es compatible con el ministerio de los → OBISPOS, → PRESBÍTEROS y religiosos. Deben estar disponibles para todos.

441 *¿Qué dice la Iglesia de la democracia?*

La Iglesia apoya la democracia porque, entre los sistemas políticos, es el que ofrece las mejores condiciones para que se realicen la igualdad ante la ley y los derechos humanos. Pero, para ello, la democracia debe ser algo más que un mero dominio de la mayoría. Una verdadera democracia es posible únicamente en un Estado de derecho que reconozca los derechos fundamentales de todos y, en caso necesario, los defienda contra la voluntad de la mayoría. [1922]

La historia nos enseña que tampoco la democracia ofrece una protección absoluta frente a los ataques a la dignidad humana y los derechos humanos. Está siempre en peligro de convertirse en la tiranía de la mayoría sobre una minoría. La democracia vive de presupuestos que ella misma no puede garantizar. Por eso especialmente los cristianos deben estar atentos a que no se socaven los valores sin los que una democracia no es duradera.

442 *¿Cuál es la postura de la Iglesia ante el capitalismo y ante la economía de mercado?*

Un capitalismo que no esté insertado en un ordenamiento jurídico sólido corre el riesgo de desvincularse del → BIEN COMÚN y de convertirse en un mero instrumento del afán de lucro de algunos. A esto se opone la Iglesia decididamente. Por el contrario, aprueba una economía de mercado que esté al servicio del hombre, evite los monopolios y garantice a todos el suministro de los bienes y el trabajo necesarios para vivir. [2426]

La → DOCTRINA SOCIAL DE LA IGLESIA valora todas las organizaciones sociales en función de su servicio al bien común, es decir, en la medida en que «los hombres, las familias y las asociaciones pueden lograr con mayor plenitud y facilidad su propia perfección» (Concilio Vaticano II, GS). Esto es válido también para la economía que, en primer lugar, tiene que estar al servicio del hombre.

443 *¿Cuál es la función de los responsables de las empresas?*

Los empresarios y los directivos se esfuerzan por el éxito económico de sus empresas. Pero junto a los legítimos intereses de beneficio existe también para ellos una responsabilidad social: tener en cuenta los justos intereses de los empleados, los proveedores, los clientes y de toda la sociedad, y también del medio ambiente. [2432]

Una democracia sin valores se convierte fácilmente, como demuestra la historia, en un totalitarismo abierto o disimulado.

SAN JUAN PABLO II, *Centesimus annus*

Un capitalismo sin humanidad, solidaridad y justicia carece de moral y también de futuro.

CARDENAL REINHARD MARX (*1953, arzobispo de Múnich y Freising)

La obtención de recursos, la financiación, la producción, el consumo y todas las fases del proceso económico tienen ineludiblemente implicaciones morales. Así, toda decisión económica tiene consecuencias de carácter moral.

BENEDICTO XVI, CiV

> El trabajo es un bien del hombre —es un bien de su humanidad—, porque mediante el trabajo el hombre no sólo transforma la naturaleza, adaptándola a las propias necesidades, sino que se realiza a sí mismo como hombre, es más, en un cierto sentido «se hace más hombre».

SAN JUAN PABLO II, *Laborem Exercens* (LE)

> Nunca estará el hombre de acuerdo en trabajar como un Sísifo.

TEILHARD DE CHARDIN (1881-1955, jesuita francés e investigador de la naturaleza)

 444 *¿Qué dice la Doctrina Social de la Iglesia acerca del trabajo y el desempleo?*

El trabajo es un mandato de Dios a los hombres. En un esfuerzo común debemos mantener y continuar la obra de la Creación: «El Señor Dios tomó al hombre y lo colocó en el jardín de Edén, para que lo guardara y lo cultivara» (Gén 2,15). El trabajo es para la mayoría de los hombres su medio de sustento. El desempleo es un mal grave que debe ser combatido con decisión.

Mientras que hoy en día muchas personas a quienes les gustaría trabajar no encuentran un puesto de trabajo, existen «adictos al trabajo» que se entregan de tal modo al trabajo que no encuentran tiempo para Dios ni para el prójimo. Y, mientras que muchas personas apenas pueden alimentarse a sí mismas y a sus familias con su sueldo, otros ganan tanto que pueden llevar una vida con un lujo inimaginable. El trabajo no es un fin en sí mismo, sino que debe servir a la realización de una sociedad que corresponda a la dignidad del hombre. La → DOCTRINA SOCIAL DE LA IGLESIA aboga por ello a favor de un orden económico en el que todos los hombres colaboren activamente y puedan participar del bienestar alcanzado. Defiende un salario justo, que haga posible para todos una existencia digna, y exhorta a los ricos a practicar las virtudes de la moderación y el compartir solidario. → 47, 332

445 *¿A qué se refiere el principio del «trabajo sobre el capital»?*

La Iglesia siempre ha enseñado «el principio de la prioridad del trabajo sobre el capital» (san Juan Pablo II, LE). El dinero o el capital lo posee la persona como una cosa. El trabajo, por el contrario, no se puede separar del hombre que lo realiza. Por eso las necesidades elementales de los trabajadores tienen prioridad sobre los intereses del capital.

Los propietarios del capital y los inversores tienen también intereses legítimos, que tienen que ser protegidos. Pero es una injusticia grave que los empresarios y los inversores intenten aumentar su propio beneficio a costa de los derechos elementales de los trabajadores y empleados.

446 *¿Qué dice la Iglesia acerca de la globalización?*

La globalización en principio no es buena ni mala, sino la descripción de una realidad a la que se debe dar forma. «Surgido en los países económicamente desarrollados, este proceso ha implicado por su naturaleza a todas las economías. Ha sido el motor principal para que regiones enteras superaran el subdesarrollo y es, de por sí, una gran oportunidad. Sin embargo, sin la guía de la caridad en la verdad, este impulso planetario puede contribuir a crear riesgo de daños hasta ahora desconocidos y nuevas divisiones en la familia humana» (Benedicto XVI, CiV).

Cuando nos compramos unos vaqueros baratos no nos deben dejar indiferentes las circunstancias en las que han sido producidos, si los trabajadores han recibido o no un salario justo. El destino de todos es importante. No nos puede dejar indiferente la necesidad de ninguna persona. En el nivel político es necesaria una «verdadera autoridad política mundial» (Benedicto XVI, CiV), que se preocupe de que se alcance un equilibrio justo entre los hombres de los países ricos y los de los países subde-

" Todo lo que está contenido en el concepto de «capital» —en sentido restringido— es solamente un conjunto de cosas. El hombre como sujeto del trabajo, e independientemente del trabajo que realiza, el hombre, él solo, es una persona.

SAN JUAN PABLO II,
Laborem exercens

" Es desconcertante contemplar una globalización que hace cada vez más difíciles las condiciones de vida de los pobres, que no contribuye en absoluto a sanar el hambre, la pobreza y la desigualdad social, y que pisotea el medio ambiente. Estos aspectos de la globalización pueden conducir a reacciones extremas: al nacionalismo, al fanatismo religioso, incluso al terrorismo.

SAN JUAN PABLO II, 2003

" Para poder sostener un estilo de vida que excluye a otros... se ha desarrollado una globalización de la indiferencia. Casi sin advertirlo, nos volvemos incapaces de compadecernos ante los clamores de los otros.

PAPA FRANCISCO,
Evangelii Gaudium 54

sarrollados. Con mucha frecuencia estos últimos están excluidos de las ventajas de la globalización económica y sólo les toca soportar las cargas.

447 ¿Es la globalización una tarea sólo de la política y la economía?

Antes existía la idea de un reparto de funciones: la economía debía ocuparse de aumentar la riqueza, y la política, de su justa distribución. En la era de la globalización, sin embargo, los beneficios se logran a nivel global, mientras que la política queda limitada a las fronteras de los Estados. Por eso hoy no sólo es necesario el fortalecimiento de las instituciones políticas supraestatales, sino también la iniciativa de personas y grupos sociales que se dediquen a la economía en las regiones más pobres del mundo, no en primer lugar a causa del beneficio, sino partiendo de un espíritu de solidaridad y de caridad. Junto al mercado y al Estado es necesaria una sociedad civil fuerte.

En el mercado se intercambian prestaciones equivalentes y contraprestaciones. Pero en muchas regiones del mundo las personas son tan pobres que no pueden ofrecer nada para el trueque y así son cada vez más dependientes. Por eso son necesarias iniciativas económicas que no estén regidas por la «lógica del intercambio» sino por la «lógica del don sin contrapartida» (Benedicto XVI, CiV). En ellas no se trata de dar a los pobres una mera limosna, sino, en el sentido de la autoayuda, de abrirles caminos para la libertad económica. Existen iniciativas cristianas, como, por ejemplo, el proyecto «economía de la comunión» del Movimiento de los Focolares, que tiene en todo el mundo más de 750 empresas. También hay «empresarios sociales» (*social entrepreneurs*) no cristianos, que, aunque se orientan al beneficio, trabajan en el espíritu de una «cultura del don» y con la finalidad de mitigar la pobreza y la exclusión.

448 *¿Son la pobreza y el subdesarrollo un destino ineludible?*

Dios nos ha confiado una tierra que podría ofrecer suficiente alimento y espacio para vivir a todos los hombres. Sin embargo hay regiones enteras, países y continentes, en los que muchas personas apenas tienen lo necesario para poder vivir. Esta división del mundo tiene razones históricas complejas, pero no es irreversible. Los países ricos tienen la obligación moral de ayudar, mediante la ayuda al desarrollo y la creación de condiciones económicas y comerciales justas, a que los países subdesarrollados salgan de la pobreza.

En nuestro mundo viven 1.400 millones de personas que tienen que arreglarse diariamente con menos de 1 euro. Carecen de alimento y a menudo también de agua potable limpia, con frecuencia no tienen acceso a la educación y a la asistencia médica. Se calcula que

> Los pueblos que sufren el hambre piden, con urgencia e insistencia, ayuda a los pueblos que viven en el bienestar. La Iglesia se estremece ante este grito del miedo y solicita a cada uno que responda en el amor al grito de auxilio de su hermano.
>
> PABLO VI, PP

> No hacer participar a los pobres de los propios bienes es robarles y quitarles la vida. Lo que poseemos no son bienes nuestros, sino los suyos.

SAN JUAN CRISÓSTOMO

diariamente mueren más de 25.000 personas a causa de la desnutrición. Muchas de ellas son niños.

 449 *¿Qué importancia tienen los pobres para los cristianos?*

El amor a los pobres debe ser en todos los tiempos el distintivo de los cristianos. A los pobres no les corresponde sin más algún tipo de limosnas; tienen derecho a la justicia. Los cristianos tienen un deber especial de compartir sus bienes. Cristo es un ejemplo en el amor a los pobres. [2443-2446]

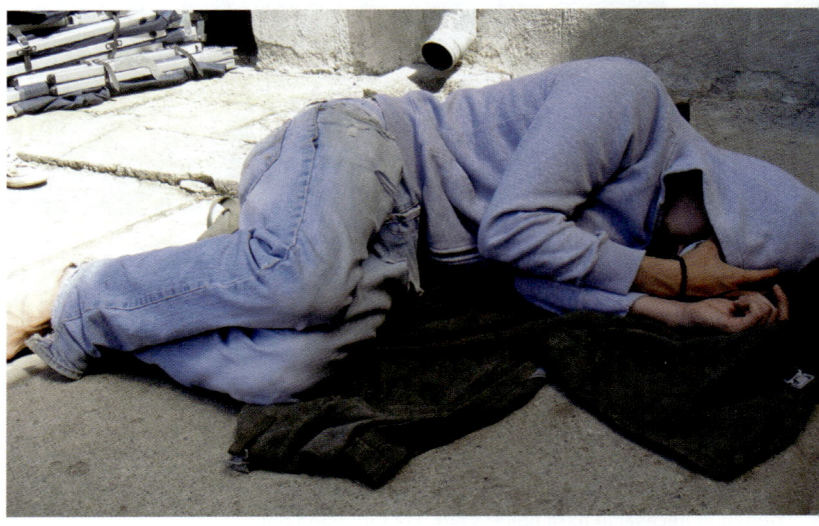

> Porque quien da, recibe; quien se olvida a sí mismo, encuentra; quien perdona, recibe el perdón y quien muere, resucita a la vida eterna.

Oración del movimiento franciscano en Francia, 1913

«Bienaventurados los pobres en el espíritu, porque de ellos es el reino de los cielos» (Mt 5,3) es la primera frase de Jesús en el sermón de la montaña. Hay pobreza material, intelectual, cultural y espiritual. Los cristianos deben cuidar con atención, caridad y constancia de los necesitados de la tierra. Pues en ningún otro aspecto son tan claramente medidos por Cristo como en la forma en la que tratan a los pobres: «Cada vez que lo hicisteis con uno de estos mis hermanos más pequeños, conmigo lo hicisteis» (Mt 25,40). → 427

450 *¿Cuáles son las «obras de misericordia corporales»?*

Dar de comer al hambriento, dar de beber al sediento, vestir al desnudo, dar techo a quien no lo tiene, visitar a los enfermos y a los presos y enterrar a los muertos. [2447]

451 *¿Cuáles son las «obras de misericordia espirituales»?*

Las obras de misericordia espirituales son: enseñar a quien no sabe, dar consejo al que lo necesita, consolar al afligido, corregir al pecador, perdonar al ofensor, sufrir la injusticia con paciencia, rezar por vivos y difuntos.

EL OCTAVO MANDAMIENTO:
No dirás falso testimonio ni mentirás.

452 *¿Qué nos exige el octavo mandamiento?*

El octavo mandamiento nos enseña a no mentir. Mentir significa hablar u obrar consciente y voluntariamente contra la verdad. Quien miente se engaña a sí mismo y conduce al error a otros que tienen derecho a no ser engañados.
[2464, 2467-2468, 2483, 2485-2486]

Toda mentira atenta contra la justicia y la caridad. La mentira es una forma de violencia; introduce el germen de la división en una comunidad y socava la confianza sobre la que se funda toda comunidad humana.

453 *¿Qué tiene que ver con Dios nuestra relación con la verdad?*

Vivir en el respeto a la verdad no significa únicamente ser fiel a uno mismo. Mirado de cerca, ser veraz significa ser fiel ante Dios, pues él es la fuente de toda verdad. La verdad sobre Dios y toda la realidad la encontramos directamente en Jesús, que es «el camino y la verdad y la vida» (Jn 14,6).
[2465-2470, 2505]

99 Da a los pobres y serás rico.

Proverbio árabe

99 No hacer participar a los pobres de los propios bienes es robarles y quitarles la vida. Lo que poseemos no son bienes nuestros, sino los suyos·

SAN JUAN CRISÓSTOMO

99 Cuando llegaban aspirantes a su congregación, Madre Teresa las tomaba aparte con frecuencia, extendía su mano derecha y luego doblaba los cinco dedos uno a uno, diciendo a la vez con cada dedo una palabra: «A / mí / me / lo / hiciste», las cinco palabras de Jesús en Mt 25,40. Estas palabras y este pequeño gesto eran y son para las hermanas el gran remedio en la lucha interior contra la repugnancia y el rechazo en el servicio a los enfermos y moribundos.

99 El hombre es el ser que necesita absolutamente de la verdad y, al revés, la verdad es lo único que esencialmente necesita el hombre, su única necesidad incondicional.

JOSÉ ORTEGA Y GASSET (1883-1955, filósofo español)

Si decimos que estamos en comunión con él, y vivimos en las tinieblas, mentimos y no obramos la verdad.

1 Jn 1,6

Vive de tal modo que mañana puedas morir como un mártir.

BEATO CARLOS DE FOUCAULD (1858-1916, sacerdote francés, monje y eremita en el Sáhara; él mismo murió mártir)

MÁRTIR
(del griego *martyria* = testimonio): Un mártir cristiano es una persona que está dispuesta a sufrir violencia e incluso dejarse matar por Cristo, que es la verdad, o por una decisión de conciencia que procede de la fe. Esto es justamente lo contrario a lo que hacen los terroristas suicidas islamistas. Usan la violencia contra otros y contra sí mismos a causa de convicciones de fe desviadas y por ello son admirados por los islamistas como «mártires».

Quien sigue realmente a Jesús es cada vez más veraz en su vida. Suprime toda mentira, falsedad, fingimiento y ambigüedad de sus actos y se hace transparente para la verdad. Creer quiere decir convertirse en testigo de la verdad.

454 ¿Hasta qué punto nos obliga la verdad de la fe?

Todo cristiano debe dar testimonio de la verdad y con ello seguir a Jesús, que dijo ante Pilatos: «Yo para esto he nacido y para esto he venido al mundo: para dar testimonio de la verdad» (Jn 18,37).
[2472-2474]

Esto puede suponer incluso que un cristiano entregue su vida por la verdad y por amor a Dios y a los hombres. Esta forma suprema de defender la verdad se llama martirio.

455 ¿Qué es ser veraz?

Ser veraz significa que uno actúa con sinceridad y habla con franqueza. La persona veraz evita la dupli-cidad, la simulación, el dolo y la hipocresía. La forma más grave de faltar a la veracidad es el → PERJURIO.
[2468, 2476]

Un mal grave en toda comunidad es hablar mal de otras personas y la transmisión de lo oído: A dice a B «en confianza» aquellas cosas desfavorables que C ha dicho sobre B.

456 ¿Qué hay que hacer cuando se ha mentido, engañado o estafado?

Toda falta contra la verdad y la justicia exige, aun cuando haya sido perdonada, una reparación.
[2487]

Cuando no es posible reparar en público una mentira o un falso testimonio, hay que hacer todo lo que se pueda, al menos en secreto. Si no se puede indemnizar directa-mente al afectado por el daño causado, se está obligado en conciencia a ofrecerle una reparación moral, es decir, hay que hacer todo lo posible para alcanzar al menos una compensación simbólica.

457 *¿Por qué la verdad exige discreción?*

La comunicación de la verdad debe hacerse con inteligencia y enmarcada en la caridad. Con frecuencia se emplea la verdad como arma arrojadiza, que tiene entonces un efecto destructivo en lugar de constructivo. [2488-2489, 2491]

Al comunicar informaciones hay que pensar en los «tres filtros» de Sócrates: ¿Es verdad? ¿Es bueno? ¿Es útil? Se exige también → DISCRECIÓN en los secretos profesionales. Siempre deben ser guardados, excepto en casos excepcionales, que hay que justificar rigurosamente. Es igualmente culpable quien hace públicos informes confidenciales que se revelaron bajo reserva. Todo lo que se diga debe ser verdad, pero no hay que decir todo aquello que es verdad.

458 *¿Cómo es de secreto el secreto de confesión?*

El secreto de confesión es sagrado y no puede ser revelado bajo ningún pretexto, por importante que sea. [2490]

Ni siquiera el mayor de los crímenes puede ser denunciado por un → PRESBÍTERO. Tampoco las pequeñeces de la confesión de un niño las puede revelar un sacerdote, ni siquiera bajo tortura.

→ 238

? PERJURIO
Un perjurio es la afirmación de una declaración falsa en la que conscientemente se pone a Dios por testigo de una mentira. Es un pecado grave.

" Nunca cuentes un rumor antes de haberlo comprobado. Y si es cierto, entonces cierra la boca con más motivo.

SELMA LAGERLÖF
(1858-1940, escritora sueca)

? DISCRECIÓN
(del lat. *discernere* = discernir): Es la capacidad de diferenciar qué se puede decir y a quién.

? MEDIOS DE COMUNICACIÓN SOCIAL

Los medios que no se dirigen únicamente a personas individuales, sino a toda la sociedad humana e influyen en ella: prensa, cine, radio, televisión, Internet, etc.

459 *¿Qué responsabilidad ética existe ante los medios de comunicación social?*

Los que hacen los medios tienen una responsabilidad ante los usuarios de los mismos. Ante todo, deben informar conforme a la verdad. Tanto la investigación de los verdaderos hechos como su publicación, deben tener en cuenta los derechos y la dignidad de la persona. [2493-2499]

Los → MEDIOS DE COMUNICACIÓN SOCIAL deben contribuir a la construcción de un mundo justo, libre y solidario. En realidad, no pocas veces los medios se emplean como arma en las disputas ideológicas, o, en aras del mayor alcance («cuota de pantalla»), se abandona el necesario control ético de sus contenidos y se convierten en instrumentos para seducir y hacer dependientes a las personas.

Porque donde está tu tesoro, allí está tu corazón.

Mt 6,21

460 *¿Cuál es el peligro de los medios?*

Muchas personas, y en especial los niños, consideran verdad lo que ven en los medios. Cuando, con el fin de divertir, se ensalza la violencia, se aprueba el comportamiento antisocial y se banaliza la sexualidad

humana, pecan tanto los responsables de los medios como las instancias de control que deberían atajar esto. [2496, 2512]

Las personas que trabajan en los medios deben ser siempre conscientes de que sus productos tienen un efecto educativo. Los jóvenes deben examinar continuamente si son capaces de usar los medios en libertad y con sentido crítico, o si ya son adictos a determinados medios. Cada hombre es responsable de su alma. Quien consume, a través de los medios, violencia, odio y pornografía, se embota mentalmente y se causa daño a sí mismo.

461 *¿Cómo media el arte entre la belleza y la verdad?*

La verdad y la belleza van unidas, pues Dios es la fuente tanto de la belleza como también de la verdad. El arte, que se orienta a la belleza, es por ello un camino propio para llegar al todo y a Dios. [2500-2503, 2513]

Lo que no se puede decir con palabras ni comunicar con el pensamiento, se expresa en el arte. Es «una sobreabundancia gratuita de la riqueza interior del ser humano» (CCE 2501). En gran similitud con la actividad creadora de Dios, en el artista se unen la inspiración y la habilidad humana para dar forma válida a algo nuevo, un aspecto de la realidad desconocido hasta ese momento. El arte no es un fin en sí mismo. Tiene que elevar al hombre, conmoverlo, hacerlo mejor y en definitiva llevarlo a la adoración y la acción de gracias a Dios.

EL NOVENO MANDAMIENTO:
No consentirás pensamientos ni deseos impuros.

462 *¿Por qué se opone el noveno mandamiento a la avidez sexual?*

El noveno mandamiento no se opone al deseo sexual en sí, sino al deseo desordenado. La «concupiscencia», contra la que alerta la Sagrada Escritura, es el dominio de los impulsos sobre el espíritu, el predominio de lo

Pues los creó el mismo autor de la belleza.

Sab 13,3

Pues por la grandeza y hermosura de las criaturas se descubre por analogía a su creador.

Sab 13,5

Para mí la perfección en el arte y en la vida brotan de la fuente bíblica.

MARC CHAGALL
(1887-1985, pintor ruso)

Para mí la belleza es reflejo de la verdad.

SANTO TOMÁS DE AQUINO

En consecuencia, dad muerte a todo lo terreno que hay en vosotros: la fornicación, la impureza, la pasión, la codicia y la avaricia, que es una idolatría.

Col 3,5

Bienaventurados los limpios de corazón, porque ellos verán a Dios.

Mt 5,8

Las obras de la carne son conocidas: fornicación, impureza, libertinaje, idolatría, hechicería, [...] os prevengo, como ya os previne, que quienes hacen estas cosas no heredarán el reino de Dios.

Gál 5,19-21

Oh Dios, crea en mí un corazón puro, renuévame por dentro con espíritu firme. No me alejes lejos de tu rostro, no me quites tu santo espíritu. Devuélveme la alegría de tu salvación, afiánzame con espíritu generoso.

Sal 51,12-14

Obrad hoy de forma que mañana no tengáis que avergonzaros.

SAN JUAN BOSCO (1815-1888, sacerdote italiano y fundador de los Salesianos)

impulsivo sobre toda la persona y la pecaminosidad que surge de ello. [2514, 2515, 2528, 2529]

La atracción erótica entre el hombre y la mujer ha sido creada por Dios y es por eso buena; pertenece al ser sexuado y a la constitución biológica del ser humano. Se encarga de que se unan el hombre y la mujer y de que de su amor pueda brotar la descendencia. Esta unión debe ser protegida por el noveno mandamiento. Jugando con fuego, es decir, por un trato imprudente con la chispa erótica entre el hombre y la mujer, no es lícito poner en peligro el ámbito protegido del matrimonio y la familia.

→ 400-425

463 *¿Cómo se logra la «pureza del corazón»?*

La pureza del corazón, necesaria para el amor, se consigue en primer lugar mediante la unión con Dios en la oración. Donde nos toca la gracia de Dios, surge un camino para un amor humano indiviso. Una persona casta puede amar con un corazón sincero e indiviso. [2520, 2532]

Si nos dirigimos a Dios con intención sincera, él transforma nuestro corazón. Nos da la fuerza para corresponder a su voluntad y para rechazar pensamientos, fantasías y deseos impuros.

→ 404-405

464 *¿Para qué sirve el pudor?*

El pudor protege el ámbito íntimo de la persona: su misterio, lo más propio e íntimo, su dignidad, especialmente también su capacidad de amor y de entrega erótica. Se refiere a lo que sólo está autorizado a ver el amor. [2521-2525, 2533]

Muchos cristianos jóvenes viven en un ambiente en el que de forma natural se expone todo y se pierde de forma sistemática el sentido del pudor. Pero la falta de pudor es inhumana. Los animales no conocen el sentido del pudor. Por el contrario, en las personas es un rasgo esencial.

> El pudor existe en todo lugar donde hay un misterio.

FRIEDRICH NIETZSCHE
(1844-1900, filósofo alemán)

No codiciarás los bienes de tu prójimo. No codiciarás la mujer de tu prójimo, ni su esclavo, ni su esclava, ni su buey, ni su asno, ni nada que sea de tu prójimo.

Éx 20,17

Mirad: guardaos de toda clase de codicia. Pues, aunque uno ande sobrado, su vida no depende de sus bienes.

Lc 12,15

> Pues así como el óxido corroe el hierro, así corroe la envidia el alma que la padece.

SAN BASILIO MAGNO,
en su Regla

No esconde algo que carece de valor, sino que protege algo valioso, en concreto la dignidad de la persona en su capacidad de amar. El sentido del pudor se encuentra en todas las culturas, si bien con expresiones diferentes. No tiene nada que ver con mojigatería ni con una educación reprimida. El hombre se avergüenza también de su pecado y de otras cosas cuya publicación le humillaría. Quien hiere el natural sentido del pudor de otra persona mediante palabras, miradas, gestos o actos, lesiona su dignidad.

→ 412-413

EL DÉCIMO MANDAMIENTO:
No codiciarás los bienes ajenos.

465 *¿Qué actitud debe adoptar un cristiano ante la propiedad ajena?*

Un cristiano debe aprender a distinguir los deseos razonables de los injustos e irrazonables y adquirir una actitud interior de respeto ante la propiedad ajena. [2534-2537, 2552]

De la avidez provienen la codicia, el robo, la rapiña y el fraude, la violencia y la injusticia, la envidia y el deseo ilimitado por apropiarse de los bienes ajenos.

466 *¿Qué es la envidia y cómo se puede luchar contra ella?*

La envidia es disgusto y enfado ante el bienestar de otros y el deseo de apropiarse indebidamente de lo que otros tienen. Desear el mal del otro es un pecado. La envidia decrece cuando uno se esfuerza por alegrarse cada vez más de los éxitos y los dones de otros, cuando se cree en la providencia amorosa de Dios también para uno mismo y cuando se orienta el corazón hacia la verdadera riqueza. Ésta consiste en que por medio del Espíritu Santo tenemos ya parte en Dios. [2538-2540, 2553-2554]

> No odiar a nadie. No ser nunca celoso. No actuar por envidia. No buscar pelea. Huir de la arrogancia.

SAN BENITO DE NURSIA, en su Regla

> Ni siquiera Dios podría hacer algo por quien no le deja espacio en su vida. Hay que estar totalmente vacío para dejarle entrar, de modo que haga lo que quiera.

SANTA TERESA DE CALCUTA

467 *¿Por qué nos exige Jesús la «pobreza de corazón»?*

«El cual, siendo rico, por vosotros se hizo pobre para enriqueceros con su pobreza» (2 Cor 8,9).
[2544-2547, 2555-2557]

También los jóvenes experimentan el vacío interior. Pero sentirse así de pobre no es sólo negativo. Sólo necesito buscar con todo el corazón a quien puede llenar mi vacío y convertir mi pobreza en riqueza. Por eso dice Jesús: «Bienaventurados los pobres en el espíritu, porque de ellos es el reino de los cielos» (Mt 5,3).
→ 283-284

468 *¿Qué es lo que el hombre debería desear más ardientemente?*

El anhelo último y mayor del hombre sólo puede ser Dios. Contemplarle a él, nuestro Creador, Señor y Redentor, es la felicidad sin fin.
[2548-2550, 2557] → 285

> El abismo infinito en el hombre sólo puede ser llenado por un objeto infinito e inmutable, es decir, por Dios mismo.

BLAISE PASCAL

> ¡Ah, cómo quisiera una Iglesia pobre y para los pobres!

PAPA FRANCISCO, 16.03.2013

CUARTA PARTE

Cómo debemos orar

4

PREGUNTAS
469
—
527

La oración en la vida cristiana 258
Orar: cómo Dios nos regala su cercanía 258
Las fuentes de la oración 270
El camino de la oración 274
La oración del Señor. El Padrenuestro 280

> **99** Un solo pensamiento del hombre vale más que todo el mundo; por tanto, sólo Dios es digno de él.
>
> SAN JUAN DE LA CRUZ

> **99** Encomiéndate a Dios de todo corazón, que muchas veces suele llover sus misericordias en el tiempo que están más secas las esperanzas.
>
> MIGUEL DE CERVANTES

> **99** Para mí la oración es un impulso del corazón, una mirada lanzada hacia el cielo, un grito de reconocimiento y de amor tanto desde dentro de la prueba como desde dentro de la alegría.
>
> SANTA TERESA DEL NIÑO JESÚS

> **99** Tu mismo deseo es tu oración; si el deseo es continuo, continua es tu oración. No en vano dijo el Apóstol: Orad sin cesar. [...] Tu deseo continuo es tu voz. Callas si dejas de amar. [...] Si subsiste el deseo, también subsiste el clamor; no siempre llega a los oídos de los hombres, pero nunca se aparta de los oídos de Dios.
>
> SAN AGUSTÍN

❧ PRIMERA SECCIÓN ❧
La oración en la vida cristiana

469 *¿Qué es la oración?*

La oración es la elevación del corazón a Dios. Cuando un hombre ora, entra en una relación viva con Dios. [2558-2565]

La oración es la gran puerta de entrada en la fe. Quien ora ya no vive de sí mismo, para sí mismo y por sus propias fuerzas. Sabe que hay un Dios a quien se puede hablar. Una persona que ora se confía cada vez más a Dios. Busca ya desde ahora la unión con aquel a quien encontrará un día cara a cara. Por eso pertenece a la vida cristiana el empeño por la oración cotidiana. Ciertamente no se puede aprender a orar como se aprende una técnica. Orar, por extraño que parezca, es un don que se recibe a través de la oración. No podríamos orar si Dios no nos diera su gracia.

❧ CAPÍTULO PRIMERO ❧
Orar: Cómo Dios nos regala su cercanía

470 *¿Por qué ora el ser humano?*

Oramos porque estamos llenos de un ansia infinita y porque Dios ha hecho a los hombres para estar con él: «Nuestro corazón está inquieto mientras no descansa en ti» (san Agustín). Oramos también porque necesitamos orar; así lo dice Madre Teresa: «Como no puedo fiarme de mí misma, me fío de él las 24 horas del día». [2566-2567, 2591]

A menudo nos olvidamos de Dios, huimos de él y nos escondemos. Pero, aunque evitemos pensar en Dios, aunque lo neguemos, él está siempre junto a nosotros. Nos busca, antes de que nosotros lo busquemos, tiene sed de nosotros, nos llama. Uno habla con su conciencia y se da cuenta, de pronto, de que está hablando con Dios. Uno se encuentra solo, no tiene con quien hablar y percibe entonces que Dios siempre está disponible para hablar. Uno está en peligro y se da cuenta de que Dios responde al grito de auxilio. Orar es tan humano como respirar,

99 Orar no es oírse hablar a uno mismo, orar es quedarse en silencio y esperar hasta que el orante oiga a Dios.

SÖREN KIERKEGAARD

99 De repente experimenté el silencio como una presencia. En el corazón de ese silencio estaba él, que es él mismo silencio, paz y serenidad.

GEORGES BERNANOS (1888-1948, escritor francés)

99 La petición es la riqueza del pobre.

DON LUIGI GIUSSANI

comer, amar. Orar purifica. Orar hace posible la resistencia a las tentaciones. Orar fortalece en la debilidad. Orar quita el miedo, duplica las fuerzas, capacita para aguantar. Orar hace feliz.

471 *¿Por qué es Abraham un modelo de oración?*

Abraham escuchó a Dios. Estuvo dispuesto a partir a donde Dios quisiera y a hacer lo que Dios quisiera. En la escucha y la disponibilidad para ponerse en camino es un modelo para nuestra oración. [2570-2573]

No se nos han transmitido muchas oraciones de Abraham. Pero allí donde iba, construía para su Dios altares, lugares de oración. De este modo, en el camino de su vida, tuvo múltiples experiencias con Dios, también algunas que le pusieron a prueba y le desconcertaron.

99 Procuraba lo más que podía traer a Jesucristo, nuestro bien y Señor, dentro de mí presente, y ésta era mi manera de oración.

SANTA TERESA DE JESÚS

? CONTEMPLACIÓN (del lat. *contemplare* = contemplar): Sumergirse en la presencia de Dios en la oración. *Contemplación* (vida espiritual interior) y *acción* (vida activa) son dos caras de la entrega a Dios. En el cristianismo ambas son inseparables.

99 «Contemplata aliis tradere» (Sólo lo que has entendido y experimentado realmente en la oración es lo que debes transmitir).

Lema de los dominicos

Abrahán seguía en pie ante el Señor. Abrahán se acercó y le dijo: «¿Es que vas a destruir al inocente con el culpable? Si hay cincuenta inocentes en la ciudad, ¿los destruirás y no perdonarás el lugar por los cincuenta inocentes que hay en él? ¡Lejos de ti tal cosa!, matar al inocente con el culpable».

Gén 18,22b-25a

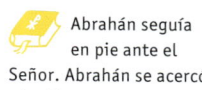

Cuando Abraham vio que Dios quería aniquilar la ciudad pecadora de Sodoma, intercedió por ella. Incluso luchó obstinadamente con Dios. Su intercesión por Sodoma es la primera gran oración de petición en la historia del pueblo de Dios.

472 ¿Cómo oró Moisés?

De Moisés podemos aprender que «orar» es «hablar con Dios». Junto a la zarza ardiente, Dios inicia una verdadera conversación con Moisés y le confía una misión. Moisés pone objeciones y hace preguntas. Finalmente Dios le revela su nombre sagrado. Así como entonces Moisés adquirió confianza con Dios y se dejó

tomar del todo a su servicio, así también debemos orar nosotros y entrar en la escuela de Dios. [2574-2577]

La → BIBLIA menciona el nombre de Moisés 767 veces; esto muestra lo central que es su figura como liberador y legislador del pueblo de Israel. Al mismo tiempo, Moisés fue un gran intercesor por su pueblo. En la oración recibió su misión, de la oración sacaba fuerzas. Moisés tenía una relación íntima y personal con Dios: «El Señor hablaba con Moisés cara a cara, como habla un hombre con un amigo» (Éx 33,11ª). Antes de actuar o enseñar al pueblo, Moisés se retiraba al monte para orar. Por este motivo es el prototipo del orante contemplativo.

473 *¿Qué importancia tienen los salmos para nuestra oración?*

Los salmos son, junto al Padrenuestro, el mayor tesoro de oración de la Iglesia. En ellos se canta de modo incesante la alabanza de Dios. [2585-2589, 2596-2597]

En el → ANTIGUO TESTAMENTO tenemos 150 salmos. Son una colección, que se remonta en parte a varios milenios, de cantos y oraciones que se rezan aún hoy en la comunidad eclesial, en la llamada Liturgia de las horas. Los salmos son de los textos más hermosos de la literatura universal y conmueven también inmediatamente a los hombres modernos por su fuerza espiritual. → 188

474 *¿Cómo aprendió Jesús a orar?*

Jesús aprendió a orar en su familia y en la sinagoga. Pero Jesús superó los límites de la oración tradicional. Su oración mostraba una unión tal con el Padre del cielo como sólo la puede tener quien es el «Hijo de Dios». [2598-2599]

Jesús, que era a la vez Dios y hombre, se familiarizó, como los demás niños judíos de su tiempo, con los ritos y formas de oración de su pueblo, Israel. Pero, como se manifestó en el episodio de Jesús a los doce años en el templo (Lc 2,41ss), había algo en él que no podía venir del aprendizaje: una unión original, honda y única con Dios, su Padre del cielo. Jesús, como todas las personas, esperaba el mundo nuevo y oraba a Dios. Pero al mismo

---

99 [Un salmo de David] El Señor es mi pastor, nada me falta;/ en verdes praderas me hace recostar;/ me conduce hacia fuentes tranquilas/ y repara mis fuerzas;/ me guía por por el sendero justo,/ por el honor de su nombre./ Aunque camine por cañadas oscuras,/ nada temo, porque tú vas conmigo;/ tu vara y tu cayado me sosiegan.

Sal 23,1-4

¿No sabíais que yo debía estar en las cosas de mi Padre?

Lc 2,49

99 Con tan buen amigo presente —nuestro Señor Jesucristo—, con tan buen capitán, que se puso en lo primero en el padecer, todo se puede sufrir. [...] Y veo yo claro que para contentar a Dios y que nos haga grandes mercedes quiere que sea por manos de esta Humanidad sacratísima, en quien dijo su Majestad se deleita.

SANTA TERESA DE JESÚS

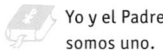
Yo y el Padre somos uno.

Jn 10,30

❞❞ Jesús recita el salmo 21, que comienza con estas palabras: «Dios mío, Dios mío, ¿por qué me has abandonado?» (Sal 21,2). Asume en sí a todo el Israel sufriente, a toda la humanidad que padece, el drama de la oscuridad de Dios manifestando de este modo a Dios justamente donde parece estar definitivamente vencido y ausente.

BENEDICTO XVI,
Viernes Santo de 2005

Por eso os digo: «Todo cuanto pidáis en la oración, creed que os lo han concedido y lo obtendréis».

Mc 11,24

❞❞ La esperanza no es sino la confianza en la infinitud del amor divino.

BEATO CARLOS DE
FOUCAULD

tiempo era también parte de ese otro mundo. Ya en esto se notaba: un día se rezaría a Jesús, se le reconocería como Dios y se le pediría su gracia.

475 *¿Cómo oraba Jesús?*

La vida de Jesús era toda ella una oración. En los momentos decisivos (las tentaciones en el desierto, la elección de los apóstoles, la muerte en la Cruz) su oración fue especialmente intensa. A menudo se retiraba en soledad para orar, especialmente por la noche. Ser uno con el Padre en el Espíritu Santo: ése fue el hilo conductor de su vida terrena.
[2600-2605]

476 *¿Cómo oró Jesús ante la muerte?*

Ante la muerte Jesús experimenta toda la profundidad del miedo humano. Sin embargo sacó fuerzas para confiar en el Padre celeste también en esta hora: «¡Abbá, Padre!; tú lo puedes todo, aparta de mí este cáliz. Pero no sea como yo quiero, sino como tú quieres» (Mc 14,36). [2605-2606, 2620]

«La necesidad enseña a orar». Casi todas las personas experimentan esta verdad en sus vidas. ¿Cómo oró Jesús cuando experimentó la amenaza de la muerte? Lo que le movía en esas horas era la disposición absoluta a abandonarse en el amor y el cuidado de su Padre. No obstante, Jesús pronunció la más impenetrable de las oraciones, que tomó de las oraciones judías de los moribundos: «Dios mío, Dios mío, ¿por qué me has abandonado?» (Mc 15,34; según el salmo 22,1). Toda desesperación, toda queja, todo lamento de los hombres de todos los tiempos y el deseo de encontrar la mano auxiliadora de Dios, se contienen en esta palabra del Crucificado. Tras las palabras: «Padre, a tus manos encomiendo mi espíritu» (Lc 23,46) exhaló su espíritu. En ellas resuena la confianza sin límites en el Padre, que tiene poder para superar la muerte. De este modo, la oración de Jesús anticipa, en el centro de su Pasión, la victoria pascual en su Resurrección. → 100

477 *¿Qué significa aprender de Jesús cómo orar?*

Aprender de Jesús a orar es entrar en su confianza sin límites, unirse a su oración y ser conducido por él, paso a paso, hacia el Padre.
[2607-2614, 2621]

Los discípulos, que vivían en comunión con Jesús, aprendieron a orar escuchando e imitando a Jesús, cuya vida era toda ella oración. Tal como él, ellos tenían que estar vigilantes, luchar por tener un corazón puro, dar todo para que llegue el reino de Dios, perdonar a sus enemigos, confiar en Dios hasta la osadía y poner por encima de todo el amor a Dios. En este ejemplo de entrega, Jesús invitó a sus discípulos a llamar al Dios omnipotente «Abbá, papá». Si oramos en el espíritu de Jesús, especialmente el Padrenuestro, seguimos los pasos de Jesús y podemos estar seguros de que llegamos infaliblemente al corazón del Padre. → 495-496, 512

478 *¿Por qué podemos confiar en que nuestra oración será escuchada por Dios?*

Muchas personas que pidieron su curación a Jesús en su vida terrena fueron escuchadas. Jesús, que ha resucitado de la muerte, vive y escucha nuestras súplicas y las lleva ante el Padre. [2615-2616, 2621]

Todavía hoy conocemos el nombre del jefe de la sinagoga: Jairo fue el hombre que imploró a Jesús que le ayudara y fue escuchado. Su pequeña hija estaba mortalmente enferma. Nadie más podía ayudarle. Jesús no sólo curó a su hijita, sino que incluso la resucitó de entre los muertos (Mc 5,21-43). De Jesús brotaron una gran cantidad de curaciones testificadas con seguridad. Realizó signos y milagros. Los paralíticos, leprosos y ciegos no suplicaron en vano a Jesús. También hay testimonios de oraciones atendidas por todos los santos de la Iglesia. Muchos cristianos tienen la experiencia de haber suplicaron algo a Dios y haber sido escuchados. Sin embargo, Dios no es una máquina. Debemos dejar en sus manos la forma en la que contesta a nuestros ruegos. → 40, 51

Tú, en cambio, cuando ores, entra en tu cuarto, cierra la puerta y ora a tu Padre, que está en lo secreto, y tu Padre, que ve en lo secreto, te lo recompensará.

Mt 6,6

No todo el que me dice «Señor, Señor» entrará en el reino de los cielos, sino el que hace la voluntad de mi Padre que está en los cielos.

Mt 7,21

A la oración de petición corresponden tanto la certeza de ser escuchado como la renuncia completa a ser atendido según los propios planes.

KARL RAHNER
(1904-1984, jesuita y teólogo alemán)

Si le pidieras realmente el don de la conversión, te sería concedido.

SAN JUAN MARÍA VIANNEY, cura de Ars

CUARTA PARTE – CÓMO DEBEMOS ORAR

[1] CAPÍTULO 1º. ORAR: CÓMO DIOS NOS REGALA SU CERCANÍA

> Pide a María con devoción, ella no dejará sin atender tu necesidad, puesto que es misericordiosa, aún más, la madre de la misericordia.

SAN BERNARDO DE CLARAVAL

> Ella se dirige a nosotros diciendo: «No tengas miedo de él. Ten la valentía de arriesgar con la fe. Ten la valentía de arriesgar con la bondad. Comprométete con Dios; y entonces verás que precisamente así tu vida se ensancha y se ilumina, y no resulta aburrida, sino llena de infinitas sorpresas, porque la bondad infinita de Dios no se agota jamás».

BENEDICTO XVI, 08.12.2005

AVE MARÍA (lat. = Te saludo, María): La primera parte de la oración más importante y conocida después del Padrenuestro se refiere a la Biblia (Lc 1,28; Lc 1,42). La segunda parte, «ahora y en la hora de nuestra muerte», es un añadido del siglo XVI.

479 *¿Qué podemos aprender del modo de orar de la Virgen María?*

Aprender a orar con María es unirse a su plegaria: «Hágase en mí según tu palabra» (Lc 1,38). Orar es, en definitiva, la entrega que responde al amor de Dios. Si como María decimos «sí», Dios tiene la oportunidad de vivir su vida en nuestra vida.
[2617-2618, 2622, 2674] → 84-85, 117

480 *¿Qué dice el → AVE MARÍA?*

Dios te salve, María,
llena eres de gracia,
el Señor es contigo.
Bendita tú eres entre todas las mujeres,
y bendito es el fruto de tu vientre, Jesús.
Santa María, Madre de Dios,
ruega por nosotros, pecadores,
ahora y en la hora de nuestra muerte. Amén.

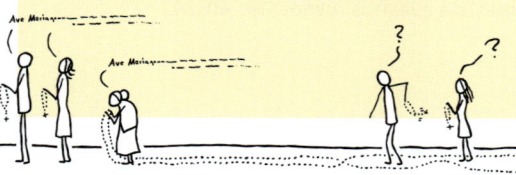

En latín:
Ave Maria, gratia plena.
Dominus tecum.
Benedicta tu in mulieribus,
et benedictus fructus ventris tui, Jesus.
Sancta Maria, Mater Dei,
ora pro nobis peccatoribus,
nunc et in hora mortis nostrae. Amen.

481 ¿Cómo se reza el rosario?

En cada país o cultura hay ciertas adaptaciones, que pueden variar ligeramente, con jaculatorias y otros incisos, como añadir en cada Avemaría, detrás del nombre de Jesús, el misterio que se contempla. La estructura fundamental es:

(1) **En nombre del Padre y del Hijo...**
(2) **Credo (profesión de la fe) u otra oración («Señor mío Jesucristo»).**
(3) **Padrenuestro.**
(4) **Tres Avemarías (con las que se pueden pedir las tres virtudes teologales de la fe, la esperanza y la caridad; o invocar a María como hija del Padre, Madre del Hijo y esposa del Espíritu Santo).**
(5) **Gloria al Padre y al Hijo y al Espíritu Santo, como era en un principio, ahora y siempre y por los siglos de los siglos. Amén.**
(6) **Cinco decenas formadas por un Padrenuestro seguido de diez Avemarías y un Gloria.**

Se contemplan los misterios gozosos, luminosos, dolorosos y gloriosos.

Misterios gozosos (lunes y sábado)
1. La Encarnación del Hijo de Dios.
2. La Visitación de Nuestra Señora a su prima santa Isabel.
3. El Nacimiento del Hijo de Dios en Belén.
4. La Presentación de Jesús en el templo de Jerusalén.
5. El Niño Jesús perdido y hallado en el templo.

Misterios luminosos (jueves)
1. El Bautismo de Jesús en el Jordán.
2. La autorrevelación de Jesús en las bodas de Caná.
3. El anuncio del Reino de Dios invitando a la conversión.
4. La Transfiguración.
5. La Institución de la Eucaristía.

> El Rosario es mi oración predilecta. ¡Plegaria maravillosa! Maravillosa en su sencillez y en su profundidad. En esta plegaria repetimos muchas veces las palabras que la Virgen María oyó del Arcángel y de su prima Isabel. Palabras a las que se asocia la Iglesia entera. [...] En efecto, con el trasfondo de las Avemarías pasan ante los ojos del alma los episodios principales de la vida de Jesucristo. [...] Al mismo tiempo nuestro corazón puede incluir en estas decenas del Rosario todos los hechos que entraman la vida del individuo, la familia, la nación, la Iglesia y la humanidad. Experiencias personales o del prójimo, sobre todo de las personas más cercanas o que llevamos más en el corazón. De este modo la sencilla plegaria del Rosario sintoniza con el ritmo de la vida humana.

SAN JUAN PABLO II,
29.10.1978

ROSARIO
Es el nombre de un instrumento y de un ejercicio de oración que se desarrolló en el siglo XII, especialmente entre los cistercienses y cartujos, cuyos hermanos legos no tomaban parte en la Liturgia de las Horas, que era en latín. Por ello, en el rosario tenían una forma propia de oración, que llamaban el «salterio mariano». Más tarde el rosario fue fomentado sobre todo por los dominicos, pero también por las demás órdenes religiosas. Los Papas siempre han recomendado esta oración y es muy apreciada por muchas personas.

El Señor te bendiga y te proteja, ilumine su rostro sobre ti y te conceda su favor. El Señor te muestre su rostro y te conceda la paz.

Núm 6,24-26

Misterios dolorosos (martes y viernes)
1. La Oración de Jesús en el Huerto.
2. La Flagelación del Señor.
3. La Coronación de espinas.
4. Jesús con la cruz a cuestas camino del Calvario.
5. La Crucifixión y Muerte de Nuestro Señor.

Misterios gloriosos (miércoles y domingo)
1. La Resurrección del Hijo de Dios.
2. La Ascensión del Señor a los cielos.
3. La venida del Espíritu Santo sobre los apóstoles.
4. La Asunción de Nuestra Señora a los cielos.
5. La Coronación de la Santísima Virgen como Reina de cielos y tierra.

482 *¿Qué importancia tenía la oración entre los primeros cristianos?*

Los primeros cristianos oraban intensamente. La Iglesia primitiva se movía por el impulso del Espíritu Santo, que había descendido sobre los discípulos y a quien la Iglesia debía su atractivo: «Y perseveraban en la enseñanza de los apóstoles, en la comunión, en la fracción del pan y en las oraciones» (Hch 2,42). [2623-2625]

483 *¿Cuáles son las cinco formas principales de oración?*

Las cinco formas principales de oración son la → BENDICIÓN, la adoración, la oración de petición y de intercesión, la oración de acción de gracias y la oración de alabanza. [2626-2643]

484 *¿Qué es una bendición?*

Una bendición es una oración que pide la → BENDICIÓN de Dios sobre nosotros. Toda bendición procede únicamente de Dios. Su bondad, su cercanía, su misericordia son bendición. La fórmula más breve de la bendición es «El Señor te bendiga». [2626-2627]

Todo cristiano debe pedir la bendición de Dios para sí mismo y para otras personas. Los padres pueden trazar sobre la frente de sus hijos la señal de la cruz. Las personas que se aman pueden bendecirse. Además el

→ PRESBÍTERO, en virtud de su ministerio, bendice expresamente en el nombre de Jesús y por encargo de la Iglesia. Su oración de bendición es especialmente eficaz por medio del sacramento del Orden y por la fuerza de la oración de toda la Iglesia.

99 De la bendición de Dios todo depende.

Refrán alemán

485 *¿Por qué debemos adorar a Dios?*

Toda persona que comprenda que es criatura de Dios reconocerá humildemente al Todopoderoso y lo adorará. La adoración cristiana no ve únicamente la grandeza, el poder y la → SANTIDAD de Dios. También se arrodilla ante el amor divino que se ha hecho hombre en Jesucristo. [2628].

Quien adora verdaderamente a Dios se pone de rodillas ante él o se postra en el suelo. En esto se muestra la verdad de la relación entre Dios y el hombre: él es grande y nosotros somos pequeños. Al mismo tiempo el hombre nunca es mayor que cuando se arrodilla ante Dios en una entrega libre. El no creyente que busca a Dios y comienza a orar puede de este modo encontrar a Dios.

→ 353

99 La oración no es otra cosa que atención en su forma más pura.

SIMONE WEIL

99 El teólogo que no reza y no adora a Dios termina hundido en el más desagradable narcisismo. Y esta es una enfermedad eclesiástica.

PAPA FRANCISCO, 26.04.2014

¿Acaso Cristo Jesús, que murió, más todavía, resucitó y está a la derecha de Dios y que además intercede por nosotros? ¿Quién nos separará del amor de Cristo?

Rom 8,34-35

Jacob respondió: «No te soltaré hasta que me bendigas».

Gén 32,27

Al buen Dios le gusta ser molestado.

SAN JUAN MARÍA VIANNEY, cura de Ars

Hombre, eres un pobre que tiene que pedir todo a Dios.

SAN JUAN MARÍA VIANNEY, cura de Ars

Todos los Santos Padres que dan tanto valor a la oración, son de la opinión que una actitud piadosa, como ponerse de rodillas, juntar las manos, cruzar los brazos sobre el pecho, tiene mucha importancia. →

---

486 *¿Por qué debemos pedir a Dios?*

Dios, que nos conoce completamente, sabe lo que necesitamos. Sin embargo, quiere que «pidamos»: que en las necesidades de nuestra vida nos dirijamos a él, le gritemos, le supliquemos, nos quejemos, le llamemos, que incluso «luchemos en la oración» con él. [2629-2633]

Ciertamente Dios no necesita nuestras peticiones para ayudarnos. La razón por la que debemos pedir es por nuestro propio interés. Quien no pide y no quiere pedir, se encierra en sí mismo. Sólo el hombre que pide, se abre y se dirige al origen de todo bien. Quien pide retorna a la casa de Dios. De este modo la oración de petición coloca al hombre en la relación correcta con Dios, que respeta nuestra libertad.

¿Qué expresan los cristianos mediante las diferentes posturas de oración?

Con el lenguaje del cuerpo, los cristianos ponen su vida ante Dios: Se postran ante Dios. Unen sus manos en la oración o las extienden (postura del orante). Hacen la genuflexión o se arrodillan ante el Santísimo Sacramento. Escuchan el Evangelio de pie. Meditan sentados.

 La postura de estar **de pie** ante Dios expresa respeto (uno se pone en pie cuando entra alguien de más categoría), y al mismo tiempo atención y disponibilidad (uno está dispuesto a ponerse inmediatamente en camino). Si al mismo tiempo se extienden las manos para alabar a Dios (postura del orante), se adopta el gesto original de la alabanza.

 Sentado ante Dios el cristiano escucha en su interior, deja resonar la Palabra en su corazón (Lc 2,51) y la medita.

 De rodillas el hombre se hace pequeño ante la grandeza de Dios. Reconoce su dependencia de la gracia de Dios.

 **Postrándose** el hombre adora a Dios.

 **Juntando las manos** el hombre se recoge frente a la dispersión y se une a Dios. Las manos enlazadas son también el gesto originario de la petición.

487 *¿Por qué debemos pedir a Dios por otras personas?*

Del mismo modo que Abraham intercedió a favor de los habitantes de Sodoma, así como Jesús oró por sus discípulos, y como las primeras comunidades no sólo buscaban su interés «sino todos el interés de los demás» (Flp 2,4), igualmente los cristianos piden siempre por todos; por las personas que son importantes para ellos, por las personas que no conocen e incluso por sus enemigos. [2634-2636, 2647]

Cuanto más aprende un hombre a rezar, tanto más profundamente experimenta que pertenece a una familia espiritual, por medio de la cual la fuerza de la oración se hace eficaz. Con toda mi preocupación por las personas a las que amo, estoy en el centro de la familia humana, puedo recibir la fuerza de la oración de otros y puedo suplicar para otros la ayuda divina. → 477

488 *¿Por qué debemos dar gracias a Dios?*

Todo lo que somos y tenemos viene de Dios. San Pablo dice: «¿Tienes algo que no hayas recibido?» (1 Cor 4,7). Dar gracias a Dios, el dador de todo bien, nos hace felices. [2637-2638, 2648]

La mayor oración de acción de gracias es la «→ EUCA-RISTÍA» (en griego «acción de gracias») de Jesús, en la que toma pan y vino para ofrecer en ellos a Dios toda la Creación transformada. Toda acción de gracias de los cristianos es unión con la gran oración de acción de gracias de Jesús. Porque también nosotros somos transformados y redimidos en Jesús; así podemos estar agradecidos desde lo hondo del corazón y decírselo a Dios de muchas formas.

Recitad entre vosotros salmos, himnos y cánticos inspirados; cantad y tocad con toda el alma para el Señor.

Ef 5,19

Sed constantes en la oración; que ella os mantenga en vela, dando gracias a Dios.

Col 4,2

Especialmente el Evangelio me interpela durante mi oración interior; en él encuentro todo lo que necesita mi alma. En él descubro continuamente nuevas perspectivas, contenidos escondidos y misteriosos.

SANTA TERESA DEL NIÑO JESÚS

Siete veces al día te alabo.

Sal 119,164

Este número siete santificado es llevado a cabo por nosotros los monjes cuando prestamos nuestro servicio debido en los tiempos de Laudes, Prima, Tercia, Sexta, Nona, Vísperas y Completas.

SAN BENITO DE NURSIA

489 *¿Qué quiere decir alabar a Dios?*

Dios no necesita ningún aplauso. Pero nosotros necesitamos expresar espontáneamente nuestra alegría en Dios y nuestro gozo en el corazón. Alabamos a Dios porque existe y porque es bueno. Con ello nos unimos ya a la alabanza eterna de los ángeles y los santos en el cielo. [2639-2642] → 48

✧ CAPÍTULO SEGUNDO ✧
Las fuentes de la oración

490 *¿Es suficiente con orar cuando se tienen ganas de hacerlo?*

No. Quien sólo ora según sus apetencias no toma a Dios en serio y pierde la práctica de la oración. La oración vive de la fidelidad. [2650-2651]

491 *¿Se puede aprender a orar a partir de la Biblia?*

La → BIBLIA es una fuente para la oración. Orar con la Palabra de Dios es aprovechar las palabras y los acontecimientos de la Biblia para la propia oración. «Desconocer la Escritura es desconocer a Cristo» (san Jerónimo). [2652-2653]

La Sagrada Escritura y especialmente los salmos y el → NUEVO TESTAMENTO son un valioso tesoro; en ellos se encuentran las oraciones más hermosas y penetrantes del mundo judeocristiano. Pronunciar estas oraciones nos une a millones de orantes de todos los tiempos y culturas, pero en especial con el mismo Cristo, que está presente en todas estas oraciones.

492 *¿Tiene mi oración personal algo que ver con la oración de la Iglesia?*

En el culto divino de la Iglesia, en la Liturgia de las Horas y en la Santa Misa, se pronuncian comunitariamente oraciones que proceden de la Sagrada Escritura o de la tradición de la Iglesia. Unen a cada uno con la comunión orante de la Iglesia. [2655-2658, 2662]

La oración cristiana no es un asunto privado, aunque sí es muy personal. La oración personal se purifica, se amplía y se refuerza cuando entra regularmente en la oración de toda la Iglesia. Es un signo grande y hermoso cuando en todas las partes del mundo personas creyentes están unidas a la vez en las mismas oraciones entonando así un único canto de alabanza a Dios. → 188

493 ¿Cuáles son los rasgos de la oración cristiana?

La oración cristiana es una oración en actitud de fe, esperanza y amor. Es constante y se abandona a la voluntad de Dios. [2656-2658, 2662]

El cristiano que ora sale en ese mismo momento de sí mismo y entra en actitud de confianza creyente en el único Dios y Señor; al mismo tiempo pone toda su confianza en Dios: en que Él le escucha, lo acoge y lo perfecciona. San Juan Bosco dijo en una ocasión: «Para conocer la voluntad de Dios se necesitan tres cosas: orar, esperar y dejarse aconsejar». Por último, la oración cristiana es siempre expresión del amor que procede del amor de Cristo y que busca el amor divino.

494 ¿Cómo puede mi vida cotidiana ser una escuela de oración?

Cada acontecimiento, cada encuentro puede ser un impulso para una oración. Pues cuanto más profundamente vivimos en unidad con Dios tanto más profundamente comprendemos el mundo que nos rodea. [2659-2660]

Quien busca la unidad con Dios ya desde la mañana es capaz de bendecir a las personas con las que se encuentra, incluso a sus rivales y enemigos. A lo largo del día pone todos sus problemas en manos del Señor. Tiene más paz en su interior y la irradia. Emite sus juicios y toma sus decisiones preguntándose cómo actuaría Jesús en esa circunstancia. Vence el miedo por medio de la cercanía a Dios. En las circunstancias desesperadas no es inestable. Lleva en sí la paz del cielo y con ello la transmite al mundo. Está lleno de agradecimiento y de alegría por todo lo bueno, pero también soporta las dificultades que se encuentra. Esta atención a Dios es posible incluso durante el trabajo.

Yo esperaba con ansia al Señor; él se inclinó y escuchó mi grito.

Sal 40,2

Mantén tu alma en paz. Deja que Dios actúe en ti. Acoge los pensamientos que eleven tu alma hacia Dios. Abre las ventanas del alma de par en par.

SAN IGNACIO DE LOYOLA

Mi secreto es muy sencillo: yo rezo. Y mediante mi oración me hago una con el amor de Cristo y comprendo que orar es amarle, que orar es vivir con él y esto significa hacer verdad sus palabras. Orar es para mí estar 24 horas al día unida a la voluntad de Jesús, vivir para él, por él y con él.

SANTA TERESA DE CALCUTA

495 *¿Podemos estar seguros de que nuestras oraciones alcanzan a Dios?*

Nuestras oraciones, hechas en el nombre de Jesús, llegan allí donde llegaban también las oraciones de Jesús: al corazón del Padre celestial. [2664-2669, 2680-2681]

Cuanto más confiemos en Jesús tanto más seguros podemos estar de esto. Porque Jesús nos ha abierto de nuevo el camino del cielo que estaba cerrado para nosotros por el pecado. Dado que Jesús es el camino hacia el Padre, los cristianos concluyen sus oraciones con la fórmula «por Jesucristo, nuestro Señor». → 477

496 *¿Para qué necesitamos cuando rezamos al Espíritu Santo?*

La → BIBLIA dice: «Pues nosotros no sabemos pedir como conviene; pero el Espíritu mismo intercede por nosotros con gemidos inefables» (Rom 8,26). [2670-2672]

Orar *a* Dios sólo se puede hacer *con* Dios. Que nuestra oración llegue ante Dios no es únicamente un mérito nuestro. Los cristianos hemos recibido el Espíritu de Jesús, que anhelaba intensamente ser uno con el Padre: ser totalmente amor, escuchar plenamente al otro, entenderse mutuamente del todo, querer todo lo que quiere el otro. Este Espíritu Santo de Jesús está en nosotros, y habla dentro de nosotros cuando oramos. En el fondo, orar significa que desde lo hondo de mi corazón Dios habla a Dios. El Espíritu Santo ayuda a nuestro espíritu a orar. Por eso debemos repetir continuamente: «Ven, Espíritu Santo, ven y ayúdame a orar». → 120

497 *¿Por qué nos ayuda dejarnos guiar por los santos en la oración?*

Los santos son personas inflamadas por el Espíritu Santo; mantienen vivo el fuego de Dios en la Iglesia. Ya en el tiempo de su vida terrena los santos fueron orantes fervientes y contagiosos. En su cercanía es fácil rezar. Aunque no debemos nunca adorar a los santos, podemos invocar a quienes están en el cielo para que intercedan por nosotros ante el trono de Dios. [2683-2684]

99 El Espíritu Santo es el Espíritu de Jesucristo, el Espíritu que une al Padre con el Hijo en el amor.

BENEDICTO XVI, Vigilia de Pentecostés 2006

99 Ven, Espíritu divino, manda tu luz desde el cielo.

Secuencia de Pentecostés

El Espíritu acude en ayuda de nuestra debilidad.

Rom 8,26a

God is Love.
& He loves you
Love others as
He loves you.
& through this love
bring Peace in the
World.
God bless you
M Teresa mc

> Si buscas a Dios y no sabes cómo empezar, aprende a orar y tómate la molestia de orar todos los días.
>
> SANTA TERESA DE CALCUTA

> Cuanto más generoso seas con Dios, tanto más generoso experimentarás que es él contigo.
>
> SAN IGNACIO DE LOYOLA

> No todos los santos tienen el mismo tipo de santidad. Hay algunos que no podrían haber vivido nunca con otros santos. No todos siguen el mismo camino: pero todos llegan a Dios.
>
> SAN JUAN MARÍA VIANNEY, cura de Ars

ESPIRITUALIDAD (del latín *spiritus* = espíritu): Las formas de la devoción en la Iglesia, que se han conformado de forma múltiple a partir de la práctica de vida de los santos, penetrada del Espíritu Santo. Por eso se habla, por ejemplo, de la espiritualidad benedictina, franciscana o dominica.

Alrededor de los grandes santos se han formado escuelas particulares de devoción (→ ESPIRITUALIDAD), que, como los colores de un espectro, señalan todas la luz pura de Dios. Todas parten de un elemento fundamental de la fe para conducir, cada una por una puerta diferente, al núcleo de la fe y de la entrega a Dios. Así, la espiritualidad franciscana parte de la pobreza de espíritu, la benedictina, de la alabanza a Dios, la ignaciana, de la decisión y la vocación. Una espiritualidad por la que uno se siente atraído según sus características personales es también una escuela de oración.

498 *¿Se puede rezar en cualquier parte?*

Sí, se puede rezar en cualquier lugar. Sin embargo un católico siempre buscará los lugares en los que Dios «habita» de un modo especial. Éstos son sobre todo las iglesias católicas, donde Nuestro Señor está presente bajo las apariencias (especies) de pan en el sagrario o → TABERNÁCULO. [2691, 2696]

De un modo espiritual nosotros, mediante nuestra oración, abarcamos toda la Creación de Dios, desde el planeta más alejado hasta las profundidades del mar, una capilla solitaria en un monasterio así como una iglesia abandonada, una clínica abortista en una ciudad y la celda de la cárcel en otra... Sí, el cielo y las puertas del infierno. Estamos unidos con cada parte de la Creación. Oramos con cada criatura y por cada criatura, para que todos, por quienes se derramó la sangre del Hijo de Dios, sean salvados y santificados.

SANTA TERESA DE CALCUTA

Es necesario acordarse de Dios más a menudo que de respirar.

SAN GREGORIO NACIANCENO

Por eso os invito a buscar cada día al Señor, que no quiere otra cosa que el que seáis verdaderamente felices. Mantened viva una relación fuerte y constante en la oración y, según vuestras posibilidades, estableced momentos en vuestra jornada en los que busquéis sólo su compañía. →

Es muy importante que oremos en cualquier parte: en el colegio, en el metro, en mitad de una fiesta, reunidos con los amigos. Todo el mundo debe estar penetrado de → BENDICIÓN. Pero es igualmente importante que acudamos a los lugares sagrados en los que Dios, en cierto modo, nos espera, para que descansemos junto a él, y seamos fortalecidos, plenificados y enviados por él. Un verdadero cristiano no hace sin más turismo cuando visita una iglesia. Permanece un momento en silencio, ora a Dios y renueva su amistad y su amor por él.
→ 218

↬ CAPÍTULO TERCERO ↫
El camino de la oración

499 *¿Cuándo se debe rezar?*

Desde los primeros tiempos, los cristianos oran al menos por la mañana, en las comidas y por la tarde. Quien no reza con regularidad pronto ya no rezará nunca. [2697-2698, 2720]

Quien ama a una persona y a lo largo del día nunca le hace llegar una señal de su amor, no la ama de verdad. Lo mismo sucede con Dios. Quien le busca verdaderamente le mandará continuamente señales intermitentes de su deseo de cercanía y amistad. Al levantarse por la mañana dedicar el día a Dios, pedirle su bendición y suplicar su «compañía» en todos los encuentros y necesidades. Darle gracias, especialmente a la hora de las comidas. Al final del día ponerse en sus manos, pedirle perdón y la paz para uno mismo y para los demás. Así es un día maravilloso, lleno de señales de amor que son aceptadas por Dios. → 188

500 *¿Hay diferentes modos de orar?*

Sí, existen la oración vocal, la meditación y la oración de contemplación. Las tres formas de oración presuponen el recogimiento del corazón. [2699, 2721]

501 *¿Qué es la oración vocal?*

Ante todo la oración es una elevación del corazón a Dios. Y, sin embargo, Jesús mismo ha enseñado la oración vocal. Con el *Padrenuestro* nos ha dejado la oración vocal más perfecta, es como su testamento sobre cómo debemos orar. [2700-2704, 2722]

En la oración no sólo debemos tener pensamientos piadosos. Debemos expresar lo que nos preocupa y ponerlo ante nuestro Dios como queja, ruego, alabanza o acción de gracias. A menudo son las grandes oraciones vocales —los salmos y los himnos de la Sagrada Escritura, el padrenuestro, el avemaría— las que nos indican los verdaderos contenidos de la oración y las que nos conducen a una oración interior libre. → 511-527

502 *¿Cuál es la esencia de la meditación?*

La esencia de la meditación es una búsqueda orante, que parte de un texto sagrado o una imagen sagrada e indaga en ellos la voluntad, los signos y la presencia de Dios. [2705-2708]

No se pueden «leer» las imágenes y los textos sagrados como se leen los asuntos de un periódico, que no nos afectan directamente. Hay que meditarlos, es decir, hay

→ Si no sabéis cómo debéis orar, pedidle entonces a él que os enseñe, y pedid a su Madre del cielo que ore con vosotros y por vosotros.

BENEDICTO XVI, a jóvenes de Holanda, 21.11.2005

❞ Hay muchos caminos de oración. Unos siguen sólo uno, otros siguen todos. Hay momentos de una certeza viva: Cristo está presente, habla en nuestro interior. En otros momentos es él quien calla, un desconocido lejano. Para todos la oración, en sus infinitas variaciones, sigue siendo el paso a una vida que no viene de nosotros mismos, sino de otra parte.

HERMANO ROGER SCHUTZ

❞ Que nuestra oración se oiga no depende de la cantidad de palabras, sino del fervor de nuestras almas.

SAN JUAN CRISÓSTOMO

> No el mucho saber harta y satisface el ánima, más el sentir y gustar de las cosas internamente.

SAN IGNACIO DE LOYOLA

> Yo le miro y él me mira.

Un campesino de Ars en respuesta a su párroco cuando le preguntó por su oración

MEDITACIÓN (del lat. *meditare* = reflexionar): La meditación es un ejercicio espiritual practicado en diferentes religiones y culturas en el cual el hombre quiere encontrarse a sí mismo (y a Dios). El cristianismo conoce y valora una gran variedad de ejercicios de meditación, pero rechaza las prácticas que prometen la unión con Dios o con la divinidad como resultado de una determinada técnica de meditación.

que elevar el corazón a Dios y decirle que ahora estoy totalmente abierto a como él quiera hablarme por medio de lo que he leído u observado. Además de la Sagrada Escritura hay muchos textos, que nos conducen a Dios, apropiados para la meditación. → 16

503 *¿Qué es la oración de contemplación?*

La oración de contemplación es amor, silencio, escucha, estar ante Dios. [2709-2719, 2724]

Para la oración de contemplación hace falta tiempo, decisión y ante todo un corazón puro. Es la entrega pobre y humilde de una criatura, que, dejando caer todas las máscaras, cree en el amor y busca con el corazón a su Dios. La oración de → CONTEMPLACIÓN es denominada con frecuencia también oración interior y oración del corazón. → 463

504 *¿Qué puede alcanzar un cristiano por medio de la meditación?*

En la → MEDITACIÓN un cristiano busca el silencio para experimentar la cercanía de Dios y encontrar la paz en su presencia. Espera la experiencia palpable de su presencia como un *regalo inmerecido de su gracia*; no la espera como producto de una determinada técnica de meditación.

La meditación puede ser una ayuda importante para la fe y para el fortalecimiento y la maduración de la persona. Sin embargo, las técnicas de meditación que prometen la experiencia de Dios o incluso la unión espiritual con Dios son un fraude. A causa de estas falsas promesas, muchas personas creen que Dios las ha abandonado, porque no lo sienten. Pero Dios no se deja manejar por determinados métodos. Él se comunica con nosotros cuando y como él quiere.

505 *¿Por qué la oración es, en ocasiones, un combate?*

Los maestros espirituales de todos los tiempos han descrito el crecimiento en la fe y en el amor a Dios como un combate, en el que se lucha a vida o muerte.

El campo de batalla es el interior de la persona. El arma del cristiano es la oración. Podemos dejarnos vencer por nosotros o por nuestro egoísmo, perdernos en nimiedades o ganar como premio a Dios. [2725-2752]

Quien quiere orar tiene que dominar primero sus bajos instintos. Lo que hoy llamamos «no tener ganas», los Padres del desierto lo conocían como «acedía». La falta de ganas de Dios es un gran problema en la vida espiritual. Tampoco el espíritu de nuestro tiempo ve ningún sentido en la oración y la agenda llena no le deja ningún lugar. Asimismo toca luchar contra el tentador, que se atreve a todo para impedir que el hombre se entregue a Dios. Si Dios no quisiera que lo encontráramos en la oración, no lograríamos vencer en el combate.

506 ¿No es la oración una especie de monólogo?

Precisamente lo característico de la oración es que se pasa del yo al tú, del ensimismamiento a la apertura radical. Quien ora realmente puede experimentar que Dios habla y que frecuentemente habla de forma diferente a lo que nosotros deseamos y esperamos.

Los orantes experimentados dicen que con frecuencia se sale de la oración de forma diferente a como se ha entrado. A veces se cumplen las expectativas: uno está triste y es consolado; uno está desanimado y logra una nueva fuerza. Pero también puede suceder que uno quiera olvidar las dificultades y se encuentre en una inquietud aún mayor; que uno quiera que le dejen tranquilo y reciba una misión. Un verdadero encuentro con Dios, como sucede continuamente en la oración, puede alterar nuestras ideas, tanto de Dios como de la oración.

507 ¿Qué pasa cuando se experimenta que la oración no ayuda?

La oración no busca el éxito superficial, sino la voluntad y la cercanía de Dios. Precisamente en el aparente silencio de Dios se esconde una invitación a dar un paso más hacia la entrega total, la fe sin límites, la esperanza infinita. Quien ora debe dejar a Dios la

---

Mientras vivimos, luchamos, mientras luchamos es signo de que no estamos derrotados y de que el buen espíritu vive en nosotros. Y si la muerte no te encuentra como vencedor, que al menos te encuentre como combatiente.

SAN AGUSTÍN

Orar es más escuchar que hablar. Contemplar es más ser mirado que mirar.

CARLO CARRETTO (1910-1988, escritor italiano, místico y religioso)

Todas las dificultades en la oración tienen una única causa: orar como si Dios no estuviera allí.

SANTA TERESA DE JESÚS

No obtenéis, porque no pedís. Pedís y no recibís, porque pedís mal, con la intención de satisfacer vuestras pasiones.

Sant 4,2-3

No fuerce la máquina. No admite violencias esta práctica [la oración] toda sobrenatural. Ha de ser obra de la gracia.

SAN JOSÉ MARÍA RUBIO

> Todo hombre tiene una oración que le pertenece sólo a él, así como tiene un alma que sólo le pertenece a él. De la misma manera que a cada hombre le cuesta encontrar su alma, así le cuesta también encontrar su oración.

ELIE WIESEL
(*1928, escritor americano de origen rumano, superviviente del holocausto)

libertad plena de hablar cuando él quiera, de cumplir lo que él quiera y de donarse como él quiera. [2735-2737]

A menudo decimos: he rezado y no ha servido de nada. A lo mejor no rezamos con suficiente intensidad. El santo cura de Ars le preguntó en una ocasión a un compañero que se quejaba de su fracaso: «Has orado, has suplicado; pero ¿has ayunado y velado también?». Y también podría suceder que le pidamos a Dios lo que no nos conviene. En una ocasión dijo santa Teresa de Jesús: «Sabe el Señor lo que puede sufrir cada uno, y a quien ve con fuerza no se detiene en cumplir con él su voluntad». → 40, 49

> El mejor remedio contra la sequedad consiste en ponernos como mendigos en la presencia de Dios y de los santos. Y, como un mendigo, ir de un santo a otro pidiendo una limosna espiritual, con la misma insistencia inoportuna con la que un pobre de la calle pediría limosna. →

508 *¿Qué ocurre cuando no se siente nada en la oración o cuando incluso se experimenta una aversión a la oración?*

La distracción en la oración, el sentimiento de vacío interior y de sequedad e incluso la aversión a la oración son experiencias que tiene todo orante. Ser constante en la fidelidad es ya en sí oración. [2729-2733]

Incluso santa Teresa del Niño Jesús estuvo mucho tiempo sin poder experimentar nada del amor de Dios. Poco antes de su muerte la visitó por la noche su hermana Céline. Vio que Teresa tenía las manos enlazadas. «¿Qué haces? Deberías intentar dormir», dijo Céline. «No puedo, sufro demasiado. Pero rezo», respondió Teresa. «¿Y qué le dices a Jesús?» «No le digo nada. Le amo».

509 *¿No es la oración una huida de la realidad?*

Quien ora no huye de la realidad: más bien abre los ojos para ver toda la realidad. Recibe del mismo Dios todopoderoso la fuerza para resistir la realidad.

La oración es como una gasolinera donde se recibe gratis la energía para recorrer caminos lejanos y para los retos más extremos. La oración no saca de la realidad, sino

→ SAN FELIPE NERI
(1515-1595, llamado
«apóstol de Roma»,
fundador del Oratorio)

99 La espiritualidad del cristiano no puede ser ni una huida de la realidad ni un activismo que sigue cualquier moda. Impregnada por el Espíritu Santo, es una espiritualidad que quiere transformar el mundo.

SAN JUAN PABLO II, 02.12.1998

que introduce plenamente en ella. Orar no es perder el tiempo, sino que duplica el tiempo que queda, lo llena de sentido desde dentro. → 356

510 *¿Es posible orar siempre?*

Orar es siempre posible. Orar es una necesidad vital. La oración y la vida son inseparables. [2742-2745, 2757]

No se puede despachar a Dios con un par de palabras por la mañana o por la tarde. Nuestra vida debe convertirse

 Estad siempre alegres. Sed constantes en orar. Dad gracias en toda ocasión: ésta es la voluntad de Dios en Cristo Jesús sobre vosotros. No apaguéis el espíritu.

1 Tes 5,16-19

en oración, y nuestras oraciones deben hacerse vida. La historia de cada vida cristiana es también una historia de oración, un único y largo intento de unirse cada vez más íntimamente con Dios. Como en muchos cristianos está vivo el deseo de estar siempre junto a Dios en su corazón, recurren a la llamada «oración de Jesús», que es una costumbre antigua especialmente en las iglesias orientales. El orante intenta integrar una fórmula sencilla de oración —la más conocida es «Jesús, Hijo de Dios, ten misericordia de mí»— de tal modo en su jornada, que se convierte en una oración constante.

⟨⟩ SEGUNDA SECCIÓN ⟨⟩
La oración del Señor. El Padrenuestro

511 *¿Qué dice el Padrenuestro?*

**Padre nuestro que estás en el cielo,
santificado sea tu Nombre;
venga a nosotros tu reino;
hágase tu voluntad en la tierra como en el cielo.
Danos hoy nuestro pan de cada día;
perdona nuestras ofensas,
como también nosotros perdonamos
a los que nos ofenden;
no nos dejes caer en la tentación,
y líbranos del mal.**

**Tuyo es el reino, tuyo el poder
y la gloria por siempre, Señor.**

En latín:

*Pater noster, qui es in caelis;
sanctificetur nomen tuum;
adveniat regnum tuum,
fiat voluntas tua,
sicut in caelo et in terra.
Panem nostrum quotidianum da nobis hodie;
et dimitte nobis debita nostra,
sicut et nos dimittimus debitoribus nostris;
et ne nos inducas in tentationem;
sed libera nos a malo.*

*Quia tuum est regnum, et potestas, et gloria
in saecula. Amen.*

El Padrenuestro es la única oración que Jesús mismo enseñó a sus discípulos (Mt 6,9-13; Lc 11,2-4). Por eso el Padrenuestro se llama también «la oración del Señor». Cristianos de todas las confesiones la rezan a diario, tanto en las celebraciones litúrgicas como en privado. El añadido «Tuyo es el reino...» se menciona ya en las Constituciones apostólicas (Didaché, que data de alrededor del año 150 d.C.) y se puede añadir al Padrenuestro.

512 *¿Cómo surgió el Padrenuestro?*

El Padrenuestro surgió por la petición de un discípulo de Jesús, que veía orar a su Maestro y quería aprender del mismo Jesús cómo se ora bien.
→ 477

513 *¿Qué estructura tiene el Padrenuestro?*

El Padrenuestro consiste en siete peticiones al Padre misericordioso del cielo. Las tres primeras peticiones se refieren a Dios y a cómo debemos servirle. Las últimas cuatro peticiones llevan nuestras necesidades humanas fundamentales ante nuestro Padre del cielo. [2803-2806, 2857]

514 *¿Qué posición ocupa el Padrenuestro entre las demás oraciones?*

El Padrenuestro es «la más perfecta de todas las oraciones» (santo Tomás de Aquino) y «el resumen de todo el Evangelio» (Tertuliano). [2761-2772, 2774, 2776]

El Padrenuestro es más que una oración, es un camino que conduce directamente al corazón de nuestro Padre. Los primeros cristianos pronunciaban esta oración fundamental de la Iglesia, que es entregada a cada cristiano en el Bautismo, tres veces al día. Y, entre nosotros, no debe pasar ningún día en el que no intentemos pronunciar con la boca la oración del Señor, recogerla en el corazón y hacerla verdad en nuestra vida.

Una vez que estaba Jesús orando en cierto lugar, cuando terminó, uno de sus discípulos le dijo: «Señor, enséñanos a orar, como Juan enseñó a sus discípulos».

Lc 11,1

Oremos, pues, hermanos queridísimos, como Dios, el Maestro, nos ha enseñado. Es una oración íntima y ferviente cuando oramos a Dios con lo que es suyo, cuando hacemos subir a sus oídos la oración de Cristo. Que el Padre reconozca las palabras de su Hijo cuando las pronunciamos en la oración... Consideremos que estamos ante la mirada de Dios.

SAN CIPRIANO DE CARTAGO

¡Oh Hijo de Dios y Señor mío! ¿Cómo dais tanto junto a la primera palabra? [...] ¿Cómo nos dais en nombre de vuestro Padre todo lo que se puede dar, pues queréis que nos tenga por hijos, que vuestra palabra no puede faltar? Obligáisle a que la cumpla... Si nos tornamos a Él, como al hijo pródigo hanos de perdonar, hanos de consolar en nuestros trabajos, hanos de sustentar como lo ha de hacer un tal Padre...

SANTA TERESA DE JESÚS

Pues no habéis recibido un espíritu de esclavitud, para recaer en el temor, sino que habéis recibido un Espíritu de hijos de adopción, en el que clamamos: «¡Abba, Padre!».

Rom 8,15

Dios nunca cesa de ser Padre de sus hijos.

SAN ANTONIO DE PADUA
(1195-1231, franciscano)

Todas las criaturas son hijas de un único Padre y por ello hermanas.

SAN FRANCISCO DE ASÍS

El cristiano no dice «Padre mío», sino «Padre nuestro», hasta en lo más secreto de un cuarto cerrado, porque sabe que en cualquier lugar, en cualquier circunstancia vital, es miembro del único y mismo cuerpo.

BENEDICTO XVI,
06.06.2007

515 *¿De dónde sacamos la confianza de llamar Padre a Dios?*

Tenemos la osadía de llamar a Dios Padre porque Jesús nos ha llamado a su lado y nos ha hecho hijos de Dios. En comunión con él, que «está en el seno del Padre» (Jn 1,18), nos atrevemos a decirle a Dios «¡Abba, Padre!». [2777-2778, 2797-2800]

→ 37

516 *¿Cómo pueden los hombres llamar «Padre» a Dios, si han sido atormentados o abandonados por su padre o por sus padres?*

Los padres y las madres alteran a veces la imagen de un Dios paternal y bondadoso. Pero nuestro Padre del cielo no es idéntico a nuestras experiencias humanas de paternidad y maternidad. Debemos purificar nuestra imagen de Dios de ideas insuficientes de él, para poder encontrarnos con él con una confianza plena. [2779]

Incluso personas que han sido violadas por su propio padre pueden aprender a rezar el Padrenuestro. Con frecuencia es tarea de toda su vida dejarse abandonar a un amor que le fue negado de una forma cruel por los hombres, pero que sin embargo existe de una manera maravillosa, más allá de toda comprensión humana.

517 *¿Cómo somos transformados por el Padrenuestro?*

El Padrenuestro nos permite descubrir, llenos de alegría, que somos hijos de *un único* Padre. Nuestra común vocación es alabar a nuestro Padre y vivir entre nosotros como «un solo corazón y una sola alma» (Hch 4,32). [2787-2791, 2801]

Puesto que Dios, el Padre, ama a cada uno de sus hijos con el mismo amor exclusivo, como si fuera el único ser objeto de su afecto, nosotros tenemos que tratarnos entre nosotros de un modo totalmente nuevo: llenos de paz, respeto y amor; de forma que cada uno pueda *ser* la regocijante maravilla, que realmente es en presencia de Dios. → 61, 280

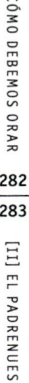

518 *Si el Padre está «en el cielo», ¿dónde está ese cielo?*

El cielo está allí donde está Dios. La palabra cielo no indica ningún lugar, sino que designa la existencia de Dios, que no está sometido ni al tiempo ni al espacio. [2794-2796, 2802]

No debemos buscar el cielo por encima de las nubes. En cualquier lugar donde nos dirigimos a Dios en su gloria y al prójimo en su necesidad; allí donde experimentamos la alegría del amor; donde nos convertimos y nos dejamos reconciliar con Dios, *allí se abren los cielos*. «No donde está el cielo está Dios, sino que donde está Dios está el cielo» (Gerhard Ebeling). → 52

519 *¿Qué quiere decir: «santificado sea tu Nombre»?*

Santificar el Nombre de Dios quiere decir ponerlo por encima de todo. [2807-2815, 2858]

El «nombre» en la Sagrada Escritura señala la verdadera esencia de una persona. Santificar el nombre de Dios significa hacer justicia a su realidad, reconocerlo, alabarlo, hacerlo respetar y honrar, y vivir conforme a sus mandamientos. → 31

" Decimos todos juntos en la oración del Señor: «Padre nuestro». Así lo dice el emperador, así el mendigo, así el siervo, así el señor. Todos son hermanos, porque tienen un mismo Padre.

SAN AGUSTÍN

" El cielo en la tierra está en cualquier lugar donde los hombres están llenos de amor a Dios, a sus prójimos y a sí mismos.

SANTA HILDEGARDA DE BINGEN (1098-1179, mística benedictina)

El reino de Dios es justicia, paz y alegría en el Espíritu Santo.

Rom 14,17

El centro del anuncio de Jesús es el reino de Dios, es decir, Dios como fuente y centro de nuestra vida, y él nos dice: sólo Dios es la redención del hombre. Y en la historia del último siglo podemos ver que, en los estados en los que se suprimió a Dios, no sólo se destruyó la economía, sino que se destruyeron también, y por encima de todo, las almas.

BENEDICTO XVI, 05.02.2006

La renuncia total a uno mismo quiere decir aceptar con una sonrisa lo que ÉL da y lo que ÉL toma... Dar todo lo que pida, aunque sea el buen nombre o la salud: esto es renuncia a uno mismo, y entonces eres libre.

SANTA TERESA DE CALCUTA

---

520 *¿Qué quiere decir «venga a nosotros tu reino»?*

Cuando decimos «venga a nosotros tu reino», pedimos que Cristo regrese, como ha prometido, y que se implante definitivamente la soberanía de Dios, que ya ha comenzado aquí.
[2816-2821, 2859]

François Fénelon dice: «Querer todo lo que Dios quiere, quererlo siempre, en toda ocasión y sin reservas, esto es el reino de Dios que está en el interior» → 89, 91

521 *¿Qué quiere decir «hágase tu voluntad en la tierra como en el cielo»?*

Cuando oramos para que se cumpla universalmente la voluntad de Dios, pedimos que en la tierra y en nuestro propio corazón sea ya todo como es en el cielo.
[2822-2827, 2860]

Mientras nos apoyemos en nuestros propios planes, en nuestros deseos y en nuestras ideas, la tierra no se podrá convertir en el cielo. Uno quiere esto, el otro quiere lo otro. Pero nuestra felicidad la encontramos cuando queremos conjuntamente lo que Dios quiere. Orar es hacer sitio en esta tierra, paso a paso, a la voluntad de Dios. → 49-50, 52

522 *¿Qué quiere decir «danos hoy nuestro pan de cada día»?*

Pedir el pan de cada día nos convierte en personas que lo esperan *todo* de la bondad de su padre celestial, también los bienes materiales y espirituales necesarios para vivir. Ningún cristiano puede formular esta petición sin pensar en su responsabilidad real por todos aquellos a quienes en el mundo les falta lo necesario para vivir. [2828-2834, 2861]

523 *¿Por qué el hombre no vive sólo de pan?*

«No sólo de pan vive el hombre, sino de toda palabra que sale de la boca de Dios» (Mt 4,4, según Dt 8,3). [2835]

99 Hay hambre del pan común, pero también hay hambre de amor, bondad y de respeto recíproco; y ésta es la gran pobreza que sufren los hombres de hoy.

SANTA TERESA DE CALCUTA

Padre del cielo, no te pido ni salud ni enfermedad, ni vida ni muerte, sino que tú dispongas sobre mi salud y mi enfermedad, sobre mi vida y mi muerte, para tu gloria y para mi salvación. Sólo tú sabes lo que me conviene. Amén.

BLAISE PASCAL

Si alguno dice: «Amo a Dios», y aborrece a su hermano, es un mentiroso; pues quien no ama a su hermano, a quien ve, no puede amar a Dios, a quien no ve.

1 Jn 4,20

Quien no es tentado, no es puesto a prueba; quien no es puesto a prueba, no progresa.

SAN AGUSTÍN

Sabemos que somos de Dios, y que el mundo entero yace en poder del Maligno.

1 Jn 5,19

Esta palabra de la Escritura nos recuerda que los hombres tienen un hambre espiritual que no se puede saciar con medios materiales. Se puede morir por falta de pan; pero también se puede morir porque sólo se ha recibido pan. En el fondo somos alimentados por aquel que tiene «palabras de vida eterna» (Jn 6,68) y un alimento que no perece (Jn 6,27): la sagrada → EUCARISTÍA.

524 *¿Qué quiere decir «perdona nuestras ofensas como también nosotros perdonamos a los que nos ofenden»?*

El perdón misericordioso, que nosotros concedemos a otros y que buscamos nosotros mismos, es indivisible. Si nosotros mismos no somos misericordiosos y no nos perdonamos mutuamente, la misericordia de Dios no puede penetrar en nuestro corazón. [2838-2845, 2862]

Muchas personas tienen que luchar durante toda la vida para poder perdonar. El bloqueo profundo de la intransigencia sólo se disuelve finalmente mirando a Dios, que nos ha aceptado «siendo nosotros todavía pecadores» (Rom 5,8). Dado que tenemos un Padre bondadoso, son posibles el perdón y la vida reconciliada. → 227, 314

525 *¿Qué quiere decir «no nos dejes caer en la tentación»?*

Como cada día estamos en peligro de caer en pecado y decir no a Dios, le suplicamos que no nos deje indefensos ante el poder de la tentación. [2846-2849]

Jesús, que experimentó él mismo la tentación, sabe que somos hombres débiles, que por nuestras propias fuerzas podemos oponer poca resistencia al mal. Él nos regala esta petición del Padrenuestro, que nos enseña a confiar en la ayuda de Dios en la hora de la prueba.

526 *¿A quién se refiere la petición «líbranos del mal»?*

Con «el mal» no se habla en el Padrenuestro de una fuerza espiritual o energía negativa, sino del mal en persona que la Sagrada Escritura conoce bajo el nombre de tentador, padre de la mentira, Satanás o diablo. [2850-2854, 2864]

Nadie negará que el mal en el mundo tiene un poder devastador, que estamos rodeados de insinuaciones diabólicas, que en la historia a menudo se desarrollan procesos demoníacos. Sólo la Sagrada Escritura llama a las cosas por su nombre: «Porque nuestra lucha no es contra hombres de carne y hueso sino contra los principados, contra las potestades, contra los dominadores de este mundo de tinieblas» (Ef 6,12). La petición del Padrenuestro de ser librados del mal pone ante Dios toda la miseria de este mundo y suplica que Dios, el Todopoderoso, nos libere de todos los males, como se expresa también en el → EMBOLISMO.

527 *¿Por qué terminamos el Padrenuestro con un «Amén»?*

Tanto los cristianos como los judíos terminan desde muy antiguo todas sus oraciones con «Amén», con lo que quieren decir: «Así sea». [2855-2856, 2865]

Allí donde un hombre dice «Amén» a sus palabras, «Amén» a su vida y su destino, «Amén» a la alegría que le espera, se unen el cielo y la tierra y estamos en la meta: con el amor que nos creó en el principio. → 165

EMBOLISMO
(del griego *emballein* = insertar, intercalar): Un comentario que en la Santa Misa sigue al Padrenuestro: *Líbranos de todos los males, Señor, y concédenos la paz en nuestros días, para que, ayudados por tu misericordia, vivamos siempre libres de pecado y protegidos de toda perturbación, mientras esperamos la gloriosa venida de nuestro Salvador, Jesucristo.*

El Amén de nuestra fe no es la muerte, sino la vida.

CARDENAL MICHAEL VON FAULHABER (1869-1952, arzobispo de München-Freising)

Índice temático

Los números se corresponden con los números de las preguntas. Cuando aparece en negrita indica la referencia principal del tema; los demás indican aspectos complementarios.

Abba, Padre 38, 290, **477**

Aborto 237, 292, 379, **383,** 421, 498

Absolución 231, **233,** 237, 239, 458

Absolución general 233

Abuso sexual 386, 410

Adán y Eva 66, 68

Adicción 287, **389**

Adopción 422, 435

Adoración 149, 218, 461, 483, **485**

Adoración eucarística 218, 270

Adulterio 424

Afán de lucro 428

Agnus Dei 214

Agradecimiento 59, 371

Agua bendita 272

Alegría 1, 2, 21, 38, 71, 108, 120, 170, 179, 187, 200, 239, **285,** 311, 314, 365, 438, 489, 517, 520, 527

Aleluya 214

Alianza de Dios 8, 116, 194, 210, 334–336

Alma 62–63, 79, 120, 153, 154, 160, 205, 241, 330, 418, 460

Altar 191, 213, 214, 215–217, 255

Amén 165, 527

Amor 402

Amor a los animales 57, 437

Amor a los enemigos 34, 329, 396, 477, 487, 494

Amor a los hijos 372

Amor a los padres 367, 368, 372, 418, 516

Amor a uno mismo 315, **387**

Amor al prójimo 220, 270, 321, 329, 373

Amor de Dios 2, 61, 91, 115, 127, 156, 169, 200, 229, 270, 271, **309,** 314–315, 339–340, 402, 424, 479

Amor y castidad 404

Amor y sexualidad 403

Ángel de la guarda 55

Ángeles 52, **54,** 55, 179, 183, 489

Anhelo 281, **468,** 470

Año litúrgico 185, **186**

Apóstol 12–13, 26, **92,** 99, 106, 118, 129, 137, 140–141, 143, 175, 209, 227, 252, 259, 482

Apostolicidad de la Iglesia 137, 141

Apuestas 434

Arrepentimiento 159, **229,** 232

Arte 461

Ascensión de Cristo 106, **109**

Ateísmo 5, **357**

Autodestrucción del propio cuerpo 387

Autodisciplina 300

Automutilación 379

Autoridad 325, 326, 329, 367, 375, 392, 399, 446

Autoridad del Papa 141

Avemaría 480

Banquete del Señor 212

Banquete eucarístico 166

Bautismo 130, 151, 193, **194–202**

Bautismo de niños 197

Bautismo, administración del 195

Bautismo, condiciones para el 196

Bautismo, fórmula del 195

Bautismo, ministro del 198

Bautismo, nombre de 201, 361

Bautismo, ¿única vía de salvación? 199

Belleza 461

Bendición 170, 213, 259, 272, 483, **484,** 498, 499

Bendición de san Blas 272

Biblia 12–19

Biblia y Espíritu Santo 119

Biblia y oración 491

Biblia, errores de la 15
Biblia, índice de los libros bíblicos 22
Biblia, leer correctamente la 16
Bien común 296
Bien y el mal, criterios para discernir entre
el 234, **291-292**, 295, 296
Bienaventuranza eterna 1, 52, 61, 164, **285,**
468
Bienaventuranzas 282, **283,** 284
Biotecnología **435**
Blasfemia 316, 359, 455

Canon de las Sagradas Escrituras 14
Capital/Capitalismo 331, 435, 439, **442**
Caridad, virtud de la 305, **309**
Carisma 113, 119, 120, 129, 257, **393**
Castidad 145
Casualidad 20, **43**
Catecumenado 196
Católico 130, **133,** 134, 220, 222, 267-268,
Celebración común de la Eucaristía 222
Celebrante 215
Celibato 255, **258,** 261
Ceniza, imposición de la 272
Cielo **52,** 123, **158,** 242
Cielo nuevo y tierra nueva 111, **164**
Ciencia y fe 15, **23,** 41, 42, 62, 106
Cirio pascual 272
Clérigo 138
Completas 188
Compromiso social **427**
Comunidad 12, 24, 64, 86, 99, 122, 211,
248, 321, 368, 397
Comunión de los santos 146
Comunión, posibilidad de los no católicos
de recibir la 222
Comunión, Sagrada **208,** 212, 213, 221
Comunismo **439**
Conciencia 1, 4, 20, 120, 136, 232, 291,
295-298, 312, 354, 397-398, 470
Conciencia, actuar contra la **296**
Conciencia, examen de 232, 233
Conciencia, formación de la **297**
Concilio 140

Concilio ecuménico **143**
Confesión 151, 173, 175, 193, 206, 220,
225-239, 317, 458
Confesión de la fe 24, **26-29,** 136, 165, 307
Confesión general de los pecados **214**
Confesión, obligación de la **234**
Confesor 236
Confianza 20, **21-22,** 155, 307-308,
476-477, 515
Confirmación 193, **203-207**
Confirmación, condiciones de la **206**
Confirmación, ministros de la **207**
Conocer a Dios mediante la razón **4,** 6
Consagración **213**
Consagración, palabras de la 210
Consejos evangélicos **145**
Consentimiento matrimonial **261,** 262
Contraer matrimonio en libertad **261**
Contraer matrimonio, condiciones sacra-
mentales para **262**
Conversión 131, 235, 328,
Cónyuge, separación del 269
Corazón 3, **7,** 20, 38, 113, 205, 281, 283,
290, 307, 314, 463, 470
Corrupción **428**
Creación **7, 42-50,** 52, 56, 57, 163, 165, 263,
308, 364, 366, 368-370, 401, 426, 436, 488
Credo 24, 26, **76,** 214, 307
Credo de los apóstoles **28**
Credo de Nicea-Constantinopla **29**
Crisma, unción con el 203
Cristianos no católicos **130**
Cristo, el Señor **110,** 363
Cristo, Juez del mundo **112**
Cristo, sacramento original **193**
Cruz 96, 98, **101-103,** 360
Cruz, cargar con la 102
Cruz, sacrificio de la 155, **191,** 208, 216,
217, 250
Cruz, señal de la 360
Cuerpo resucitado de Cristo **107**
Cuestión del porqué **2,** 48, 59
Cuestión obrera **439**
Culto divino 166

Dar de comer al hambriento 450
Defensa propia 378, **380**
Derechos y obligaciones 136, 302, **326–330**, 333, 370, 376, 380, 381, 383, 387, 392, 398, 401, 420, 422, 423, 427, 430, 436, 441, 442,445, 459
Desempleo **444**
Deseo 264, 406, 462
Desesperación 98, 476
Desigualdad entre los hombres 331, 446
Determinación ajena 286
Deudas 430
Devoción 497
Devoción popular 274
Diácono 140, **255**
Diácono, funciones del 255
Diagnóstico genético preimplantacional 423
Diez mandamientos, los 349
Difuntos 146
Dios es amor 2, **33,** 145, 156, 309
Dios es misericordioso **314**
Dios Espíritu Santo 38, 113–120
Dios Hijo 39
Dios Padre 37
Dios, adoración a 302, **352,** 365
Dios, alabar a 48, 183, **489,** 519
Dios, buscar a 3–4, 89, 136, 199, 467, 470
Dios, casa de 189, **190,** 214, 498
Dios, dar gracias a 461, **490,** 494, 501
Dios, el Creador 41, **44,** 330
Dios, fidelidad de 8, 49, 64, 176, 263
Dios, imágenes de 355, 358
Dios, negar la existencia de 5
Dios, nombre de 31, 359
Dios, obedecer a 20, **34**
Dios, omnipotencia de 40, 49, 66, 485
Dios, omnisciencia de 51
Dios, providencia de **49,** 50, 466
Dios, temor de 310, 353
Dios, verdad de 13, **32,** 307, 359, 453, 461
Discernimiento, don del 291
Discreción 457

Discriminación 398, 415,
Divorciados vueltos a casar 270
Divorcio 270
Doble moral 347, **405**
Doctrina Social de la Iglesia 323, **438**
Dogma 83, **143**
Domingo 47, 187, **364–366**
Donación de órganos 391
Dones del Espíritu Santo 310
Doxología 214
Drogas 389

Economía de mercado **442**
Ecumenismo 130, **131,** 134, 222
Empresarios 443
Encarnación 9, 76, **152**
Enfermedad 89, 224, 240–245, 273, 280, 310, 379, 450
Enfermos, atención de los 242
Engaño 428, 465
Entierro 278, 394
Entrega 263, 402, 479
Entrega a Dios **145,** 258, 485, 497, 507
Envidia 120, 318, 465, **466**
Erotismo 65, 417, 462
Esoterismo 55, 355, **356**
Especulación **432**
Especulación en bolsa 432
Esperanza 105, 108, 146, 152, 305–306, **308,** 337, 352, 493
Espiritismo 355
Espíritu Santo **113–120**
Espíritu Santo en nosotros 120, 203
Espíritu Santo y Bautismo 176, **195**
Espíritu Santo y la Confirmación 167, **203–207**
Espíritu Santo y la Iglesia **119**
Espíritu Santo y los profetas 116
Espíritu Santo, como don 205
Espíritu Santo, poder del 138, 177, 203, 205, 227, 241, 242, 249, 254, 290
Espíritu Santo, sus signos y sus nombres 115
Espiritualidad **497**

Espiritualidad benedictina 497
Espiritualidad franciscana 497
Espiritualidad ignaciana 497
Estado 289, **322, 326,** 333, 366, 367, 370, 376, 377, 381, 383, 388, 392, 420, 427, 428, 431, 439, 441
Estado de derecho 326
Estado, principios fundamentales del 388
Estructuras de pecado 320
Ética económica 428
Eucaristía 19, 99, 126, 160, 167, 193, **208–223,** 365, 488, 523
Eucaristía, condiciones para participar en la 220
Eucaristía, efectos de la 221
Eucaristía, institución de la 99, **209**
Eutanasia 379, **382**
Evangelio 10, 18, 19, **71,** 199, 213, 282, 491
Evolución 42, 43, 280
Ex cathedra **143**
Ex opere operato **178**
Excomunión 237
Exorcismo 273
Experiencia 148, **504,** 507, 508
Experiencia del dolor 66

Familia 86, 138, 139, 271, 322, 327, **368– 370,** 373, 374, 419, 474
Fe 20, **21–22**
Fe e Iglesia 24
Fe y ciencias naturales 15, **23,** 41, 42, 62, 106
Fe, profesión de la fe 24, 25, **26,** 27, 307
Felicidad, búsqueda de la 3, 57, 281, 282, **285**
Fidelidad en el matrimonio 262
Fin del mundo 111, 164
Fornicación 410
Fortaleza 300
Fracción del pan 212, 223, 482
Fraude fiscal 428
Frutos del Espíritu Santo 311
Fuerza 261, 288, 296, 420

Genuflexión 75, 218, **485**
Globalización 327, **446–447**
Gloria 214
Gracia 197, 206, 274, 279, 285, 337, **338–341**
Gracia actual 339
Gracia como comunicación de Dios 338
Gracia de estado 339
Gracia habitual 339
Gracia sacramental 339
Gracia santificante 339
Guerra 379, 398
Guerra justa 399

Hambre 91, 446, 522, 523
Hermanos y hermanas de Jesús 81
Hijos 86, 262, 271, 354, 368, **371–372,** 374, 383, 384, 416, 418, 419, 422, 460
Hijos de Dios 113, 125, 138, 173, **200,** 226, 279, 283, 401
Hipocresía 455
Hombre 64, 401
Hombre como imagen y semejanza de Dios 56, **58,** 64, 262–263, 330, 402
Hombre como medio para un fin 322
Hombre como mercancía 435
Hombre como persona 56, **58,** 63, 322, 327, 383, 401, 430, 464, 519
Hombre y mujer, creados como 260, 401
Hombre, derechos del 136, 262, 441
Hombre, dignidad del 58, **280,** 289, 353, 382, 392, 411, 412, 438, 441, 444
Hombre, posición privilegiada del 56, 59
Homicidio 237, 316, **379**
Homilía 214
Homosexuales, personas con tendencias 65, 415
Hospitalidad 271, 450
Humildad 235, 485

Iconos 358
Idolatría 355
Iglesia 121–128
Iglesia como Cuerpo de Cristo 121, **126,**

129, 131, 146, 175, 196, 208, 211, 217, 221, 343

Iglesia como esposa de Cristo 127

Iglesia como institución 121, **124**

Iglesia como pueblo de Dios 121, **125**, 128, 138, 191, 204

Iglesia como templo del Espíritu Santo 119, **128**, 189

Iglesia doméstica 271, 368

Iglesia local 141, **253**

Iglesia Oriental 258

Iglesia primitiva 482

Iglesia y democracia 140

Iglesia y Espíritu Santo 119

Iglesia y Reino de Dios 89, 91, 110, **123**, 125, 138, 139, 284, 520

Iglesia y religiones no cristianas **136**, 198, 438

Iglesia y Sagrada Escritura 19

Iglesia, apostolicidad de la 137, 140

Iglesia, catolicidad de la 133, 134

Iglesia, colegialidad de la 140

Iglesia, concepto de la 121

Iglesia, constitución de la 138

Iglesia, división de la 130, **131**, 267

Iglesia, esencia de la 125

Iglesia, estructura jerárquica de la 140

Iglesia, función de la 123, 150

Iglesia, mandamientos de la 345

Iglesia, no puede equivocarse 13, 143

Iglesia, santidad de la 124, **132**

Iglesia, templo 189, **190**, 214, 498

Iglesia, unidad y unicidad de la 129, 141

Igualdad de todos los hombres 61, 330–331, 401, 441

Imagen de Dios 39, **58**, 64, 122, 262–263, 271, 279, 402

Imagen del Padre 516

Imitación de Jesús 477

Impedimentos al matrimonio 261, 268

Imposición de las manos 115, 137, **174**, 203, 254

Impulsividad 462

Inculturación 274

Indisolubilidad del matrimonio 262, **263**

Individualidad 62, 173, **201**

Individualismo 321

Infalibilidad del Papa 143

Infección por VIH 414

Infecundidad 422

Infierno 51, 53, 157, **161–162**

Inseminación artificial 423

Inseminación heteróloga 423

Inseminación homóloga 423

Inspiración 14–15

Institución del sacramento de la Penitencia 227

Intercesiones 85, 214, 361, 497

Investigación 459

Investigación con células madre embrionarias 385

Investigación en personas vivas 390

Ira 120, 293, 318, **396**

Jesús como modelo 60, 449

Jesús como orante 474–477

Jesús y el Espíritu Santo 114

Jesús y los enfermos 241

Jesús, angustia ante la muerte de 100

Jesús, Bautismo de 87

Jesús, condena a muerte de 96

Jesús, el Cristo 73

Jesús, el judío 336

Jesús, el Salvador 70, **72**, 101, 136, 330, 468

Jesús, el Señor 75

Jesús, la revelación de Dios 8–10

Jesús, ¿más que un hombre? 74, 77, 78

Jesús, milagros de 90, 91

Jesús, ¿muerte aparente? 103

Jesús, Muerte de 96–103

Jesús, nombre de 72

Jesús, relación con 348, 454, 491

Jesús, verdadero hombre 79, 88

Jesús, vida oculta de 86

Judíos y cristianos 30, 97, **135**, 349, 358

Judíos, ¿culpables de la muerte de Jesús? 97, 135

Judíos, odio a los 135
Juegos de azar 434
Juicio Final 163
Juicio individual 112, **157**
Juramento 359, 455
Justicia 89, 111, 123, 164, 283, 300, **302,** 323–329, 376, 392, 395, 438, 520
Justicia conmutativa 430
Justicia social 329, 449
Justificación 337

Kyrie 214

Laicos 138, **139,** 214, 440
Lamparilla del sagrario 191
Laudes 188
Lavatorio de los pies 99, 375
Lecturas 191, 213, 214
Ley de la Antigua Alianza 8, 135, 334, **335,** 336, 363
Ley moral natural 326, **333–334,** 344
Leyes 326, 377
Leyes de la naturaleza 45, 333
Libertad 49, 51, 59, 68, 125, 136, 161, 178, 285, **286,** 290
Libertad de elección 68, **69,** 161, 287, 296
Libertad de religión 354
Libertad y adicciones 287
Libertad, derecho a la 289
Libre voluntad 289
Limosna 345, 447, 449
Limpieza de corazón 89, 282–283, **463,** 469, 477, 503
Liturgia 167, 192, 212
Liturgia celestial 179
Liturgia de la Palabra 213
Liturgia de las Horas 188
Lucha de clases 439
Lugares litúrgicos 191

Madre de alquiler 423
Magia 91, 177, 355, 356
Maitines 188
Mal, el/Maligno, el 51, 111, 161, 163, 164,

234, 273, **285–296,** 315, 318, 320, 333, 386, 396, 397, 525, **526**
Maldecir 359
Mandamientos 17, 67, 307, **348,** 337, 352
Mandato creador 370, 427, **436**
Mandato misionero 11, 123
María como modelo 147
María y el Espíritu Santo 117
María y los santos 147
María, auxilio por medio de 148
María, culto a 149
María, la Inmaculada Concepción 83
María, la Virgen 80
María, Madre de Dios 82, 84, 147
María, Madre de todos los cristianos 85, 147, 148
María, orar como 479
Mártires 289, 455
Martirio 454
Masturbación 409
Matrimonio con no católicos 267
Matrimonio con no cristianos 268
Matrimonio de diferentes confesiones («mixto») 267
Matrimonio e hijos 418, 419
Matrimonio, carácter de signo del 263
Matrimonio, consumación del 261
Matrimonio, efectos del sacramento del 261
Matrimonio, ministros del sacramento del 261
Matrimonio, nulidad del 269
Matrimonio, problemas en el 64
Matrimonio, rasgos esenciales del 416
Matrimonio, sacramento del 193, **260–267**
Matrimonio «sin papeles» 425
Matrimonio, vínculo del 261
Medio ambiente, responsabilidad sobre el 288
Medios 404, 412, 459, 460
Medios de comunicación social 459
Meditación 504
Memorial de la Pasión 212
Mentira 359, **452,** 453, 456

Métodos anticonceptivos 421
Miedo 245, 438, 470, 476, 494
Milagros 90, 91
Ministerio pastoral 138, 252. 253, 257
Ministerio petrino 129, 140, **141**
Misericordia 302, 450, 451, 524
Misericordia de Dios 89, 226, **314, 337,**524
Misión 11, 91, 137–138, 144, 193, **248–250,** 259
Mojigatería 404
Monopolios 442
Monoteísmo 30
Muerte 154, 155, 393
Muerte y morir 154–156
Mujer 64, 401
Mujeres ¿sacerdotes? 257
Música en la Liturgia 183

Niños soldado 435
Niños, tráfico de 435
No violencia 397
Nona 188
Nuevo Testamento 18

Obediencia 145, 326
Obispos 92, 134, 137, **142–144,** 213, 253, 258
Obispos y el Papa 142
Obispos, funciones de los 144, 246, 440
Obligar a creer 354
Obras corporales de misericordia 450
Obras espirituales de misericordia 451
Obras, buenas 120, 151, 274, **341,** 450–451
Ocultismo 355
Ofertorio 214
Oficio de enseñar en la Iglesia 141, 252, 344
Oficio de gobernar en la Iglesia 252
Óleo sagrado 115, 170, 174, 203, 244
Omnipotencia de Dios 40, 66, 485
Omnisciencia de Dios 51
Oración 469–470
Oración como diálogo 472
Oración con regularidad 499

Oración constante 510
Oración contemplativa 472
Oración cristiana 493
Oración de acción de gracias 371, 469, 483, 485, **488**
Oración de alabanza 483, **489**
Oración de intercesión 146, 213, 483, **487**
Oración de la Iglesia 492
Oración de los salmos 473
Oración de los santos 497
Oración de meditación 500, **502**
Oración de petición 471, **483**
Oración del corazón 503
Oración en la Iglesia primitiva 482
Oración en la necesidad 476
Oración interior 500, **503**
Oración personal 492
Oración vocal 500, **501**
Oración y Espíritu Santo 496
Oración y lucha 505
Oración y vida cotidiana 494
Oración, Abraham y la 471
Oración, distracciones en la 508
Oración, escuchada por Dios 478, 495
Oración, falta de ganas en la 490
Oración, lugares de 498
Oración, modos principales de 483
Oración, Moisés y la 472
Oración, ¿sin efecto? 507
Oración, tiempo para la 499
Oración, tiempos de 188
Oración, ¿un monólogo? 506
Oración, ¿una huida? 509
Ordenación diaconal 255
Ordenación episcopal 252
Ordenación sacerdotal 173, 249, **254,** 257
Ordenación sacerdotal, efectos de la 254

Pacifismo 398
Padrenuestro 511–527
Palabras litúrgicas 182
Pan y vino 99, 181, **208,** 213, 216, 218, 488
Papa 92, 140, **141–143**
Papa y obispos 142

Papa, infalibilidad del 143
Parábola del hijo pródigo 227
Pascua 95, 171, 209
Pascua, acontecimiento de la 105, 227
Pascua, fiesta de la 171, 187, 365
Pasión de Cristo 94–103, 277
Pasiones 293, 294
Paz 66, 115, 164, 282, 284, 327, 370, **395,** 396, 398, 436
Paz interior 38, 159, 233, 245, 311, 393, 494, 503, 504, 517
Pecado 1, 8, 66–67, 70–71, 76, 87, 98, 221, 224–239, **315,** 337
Pecado mortal 316
Pecado original 68–70, 83, 197
Pecado venial 316
Pecado, esclavitud del 95, 288
Pecados, perdón de los 150–151, 228, 236
Pena de muerte 381
Penitencia 195, **230,** 232, 276
Penitencia, condiciones del sacramento de la 231
Penitencia, sacramento de la (*véase también* **Confesión**) 151, 172, **224–239,** 345
Pentecostés, acontecimiento de 118, 204
Perdón, obtener el 226
Perdón, petición de 524
Peregrinación 276
Perjurio 455
Personalidad del hombre 56, 323, 404, 421, 423
Personas con discapacidad 51, 302, 379, 384
Personas que viven solas 265
Personas, tráfico de 435
Petición del pan (Padrenuestro) 522, 523
Placer 400, 404, 409, 411, 417
Plan de la Creación 368, 444
Planificación familiar natural 421
Plegaria eucarística 214
Pobreza 27, 354, **446–449,** 497, 523
Pobreza de Cristo 284, 449, 467
Pobreza del corazón 467
Pobreza, consejo evangélico de 138, 145

Poder 140, 328
Poder de atar y desatar 140
Poder de Cristo 92, 139–144, 242, **249**
Politeísmo 355
Política 139, 438, **440,** 446, 447
Pornografía 412, 460
Precepto de ayuno y abstinencia 151, 345
Precepto dominical 219, 345
Presencia real de Cristo 19, 168, 191, 212, **216–218**
Preservativos 414
Principio de subsidiariedad 323
Principios sociales 324
Procesiones 274
Profesión 138, 328
Profetas 8, 30, 113, 116, 135, 240, 308, 310, 336
Prohibición de imágenes 358
Prohibición de matar 378
Promesa matrimonial 261
Propiedad 426–428, 433, 465
Propiedad intelectual 429
Propiedad privada 426–427
Propósito, buen 232
Prostitución 411, 435
Providencia 49–50, 466
Prudencia 300, **301**
Pudor 159, **464**
Purgatorio 159, 160

Queja 111, 164, 476, 486, 501

Racismo 61, **330,** 377, 398
Razón 4–5, 7, 23, 32, 291, 297, 300, 333, 334, 351
Reconciliación con Dios 226, **239**
Regulación de la fecundidad 420
Reino de Dios 89, 139, 520
Relato de la institución (de la Eucaristía) 210
Religión 3, 30, 37, 136, 268, 289, 504
Religiones no cristianas 136
Religiosos 138, **145,** 258, 339, 374, 440
Reliquias, veneración de 274, 275

Reparación 232, 430
Representación 146
Responsabilidad 288, 290
Resurrección 104–108
Resurrección de la carne 153
Resurrección de los muertos 152
Resurrección, pruebas de la 106
Revelación 7, 8, 10, 36, 333, 351, 356
Revelaciones privadas 10
Rito del matrimonio 266
Robo 426
Romerías 274, **276**
Rosario 149, **481**

Sábado, descanso sabático 39, 47, 90, 96, 349, **362,** 363, 364
Sacerdocio 99, **249–250**
Sacerdocio común 259
Sacerdocio de Cristo 250
Sacerdocio ordenado 257, **259**
Sacerdote y perdón de los pecados 150, 193, 227, 228, 233, 236
Sacramentales 272
Sacramento de la Reconciliación 226
Sacramento del Orden 193, **249–251**
Sacramento del Orden, condiciones del 256
Sacramentos de la Iglesia 129, **172–178,** 193
Sacramentos y Espíritu Santo 119, 128
Sacramentos y fe 177
Sacramentos, dispensación indigna de los 178
Sacrificio de la misa 212
Sacrilegio 355
Sagrada Comunión 208, 212, 213, 217, **221,** 247
Sagrada Escritura e Iglesia 128
Sagrada Escritura y Tradición 11–12, 143, 492
Sagrada Escritura, inspirada por Dios 14, 15
Salario justo 332, 426, 428
Salmos 17, 214, **473,** 491, 501
Salvación 10, 21, 136, 174, **199,** 335

Sanación 224
Sanación, carisma de la 242
Sanidad 388, 389
Santa Misa 168, 212, **213–214,** 365
Santa y divina Liturgia 212
Santidad, llamada a la 342
Santísimo, el 212, 218
Santo 214
Santo Sacrificio 212
Santos 132, **146,** 275, 342, 497
Santos como modelos 202, 235, 342–343, 497
Santos misterios 212
Santos patronos 146, **202,** 361
Secreto de confesión 238, 458
Secuestro 392
Seducción 386
Seguridad de la sociedad 327, 367, 369,
Sentido de la vida 1, 5, 41–43, 406, 427, 465
Sentimiento de culpa 229
Señorío de Cristo 110
Separación de mesa y cama 269
Separación matrimonial 424
Servicio del altar 214
Sexismo 61, 330, 377
Sexo antes del matrimonio 407
Sexo en el matrimonio 417
Sexo fuera del matrimonio 410
Sexta 188
Sexualidad 400
Sida 414
Signos sagrados 115, 123, 128, 167, 174, 181, **189**
Simonía 355
Sínodo 140
Soborno 428
Sobriedad 220, 304
Sociedad 139, 271, **322–325,** 329, 369, 440, 444
Sociedad civil 447
Solidaridad 61, 323, **332,** 376, 395, 447
Subdesarrollo 448
Subida de precios 428

Sucesión apostólica 92, 137, 141
Suicidio 379
Superstición 355, 356

Templanza 300, 301, **304**
Tentación 88, 525
Teodicea (defensa de Dios ante la presencia del mal en el mundo) 51
Tercia 188
Terrorismo 392
Tiempo 184, 185, 187, 364, 492
Toma de rehenes 392
Torá 335
Trabajo 47, 50, 66, 332, 362, 366, 426, 428, 439, 442, **444-445,** 494
Trabajo de los seis días 42, **46**
Trabajo y capital 439
Tradición 12, 141, 143
Tráfico de embriones 435
Transfiguración de Cristo 93
Transmisión de la fe 11-12, 143, 175
Transubstanciación 217
Trascendencia de Dios 358
Trinidad 35, 36, 122, 164
Trucos en el pago de impuestos 431

Última Cena de Jesús 92, **99,** 166, 171, 192, 208-223, 259
Últimos sacramentos 393
Unción 115, 174, **181,** 195, 203, 244
Unción de enfermos 193, **243-246**
Unción de enfermos, condiciones de la 243
Unción de enfermos, efectos de la 245
Unción de enfermos, ministros de la 246
Unción de enfermos, rito de la 244
Unidad de la Iglesia 25, 92, **129,** 131, 134, 137, 141, 143, 222

Vacío interior 467, **508**
Vandalismo 433
Venganza 396
Venida de Cristo 111, 157
Veracidad 452-455, 485
Vía crucis 277

Viático 247
Vicios 294
Vida eterna 61, 98, 108, 136, 155, **156,** 161, 247, 280, 285, 317, 348, 364
Violación 386, 392
Violencia 284, 296, 386, **392,** 397, 399, 413, 452, 460
Violencia militar 398-399
Violencia, ensalzamiento de la 460
Virtud 294, **299**
Virtudes cardinales 300
Virtudes teologales 305
Visitar a presos 450
Vísperas 188
Vivir en castidad 311, **404-406,** 463
Vocación 73, 138, 139, 144, 145, 205, 250, 255, 265, 340
Vocación de los apóstoles 92
Voluntad de Dios 1, 50, 52, 100, **309,** 335, 337, 463, 493, 502, 507, 521

Yahvé 8, 31, 214

Definiciones

Los números indican la página donde aparece la definición.

Absolución 137
Agnosticismo 198
Agnus Dei 130
Aleluya 128
Amén 99
Antiguo Testamento 22
Apóstol 20
Ateísmo 197
Avemaría 264
Bendición 104
Biblia 21
Bien común 182
Canon 21
Carismas 73
Castidad 220
Catecumenado 117
Celibato 147
Clero 86
Comunión 127
Concilio ecuménico 90
Confirmación 120
Consagración 126
Consejos evangélicos 91
Contemplación 260
Creacionismo 37
Credo 27
Crisma 120
Custodia 131
Decálogo 194
Diácono 145
Discreción 249
Dispensa 153
Doble moral 192
Doce apóstoles 85
Doctrina Social de la Iglesia/ Principios sociales 181
Dogma 90
Doxología 131

Ecumenismo 82
Embolismo 287
Encarnación 17
Esoterismo 196
Espiritualidad 273
Eucaristía 123
Evolución 37
Ex cathedra 90
Excomunión 139
Exorcismo 156
Frutos del Espíritu Santo 76
Génesis 39
Gloria 128
Homilía 128
ICHTHYS 52
Icono 198
Iglesia 77
Iglesias y comunidades eclesiales 82
Iniciación 115
Inspiración 21
Jerarquía 87
JHWH/Yahvé 31
Juicio 96
Justificación 188
Kyrie eleison 127
Laicos 86
Ley moral natural 186
Libertad religiosa 84
Liturgia 102
Magisterio 20
Mártir 248
Masturbación 223
Medios de comunicación social 250
Meditación 276
Misión 18
Misterio 55

Monogamia 150
Monoteísmo 31
Nuevo Testamento 22
Obispo 87
Obras de la carne 76
Ocultismo 197
Panteísmo 197
Papa 87
Parusía 72
Pasión 67
Paternidad responsable 228
Pentecostés 75
Perjurio 249
Plagio 234
Planificación familiar natural 229
Poligamia 150
Presbítero 88
Principio de solidaridad 186
Proselitismo 195
Religión 15
Reliquia 157
Revelación 17
Roma 89
Rosario 266
Sábado 200
Sacerdote (= Presbítero)
Sacramento 105
Sacrilegio 196
Sagrario (= Tabernáculo)
Santidad 83
Santo 129
Sucesión apostólica 86
Superstición 196
Tabernáculo o sagrario 131
Transubstanciación 129
Trascendencia 198
Trinidad 34

Abreviaturas de los libros bíblicos

Gén	Génesis	**Cant**	Cantar de los	**Jn**	Juan
Éx	Éxodo		Cantares	**Hch**	Hechos de los Apóstoles
Lev	Levítico	**Sab**	Sabiduría	**Rom**	Romanos
Núm	Números	**Eclo**	Eclesiástico	**1 Cor**	1 Corintios
Dt	Deuteronomio	**Is**	Isaías	**2 Cor**	2 Corintios
Jos	Josué	**Jer**	Jeremías	**Gál**	Gálatas
Jue	Jueces	**Lam**	Lamentaciones	**Ef**	Efesios
Rut	Rut	**Bar**	Baruc	**Flp**	Filipenses
1 Sam	1 Samuel	**Ez**	Ezequiel	**Col**	Colosenses
2 Sam	2 Samuel	**Dan**	Daniel	**1 Tes**	1 Tesalonicenses
1 Re	1 Reyes	**Os**	Oseas	**2 Tes**	2 Tesalonicenses
2 Re	2 Reyes	**Jl**	Joel	**1 Tim**	1 Timoteo
1 Crón	1 Crónicas	**Am**	Amós	**2 Tim**	2 Timoteo
2 Crón	2 Crónicas	**Abd**	Abdías	**Tit**	Tito
Esd	Esdras	**Jon**	Jonás	**Flm**	Filemón
Neh	Nehemías	**Miq**	Miqueas	**Heb**	Hebreos
Tob	Tobías	**Nah**	Nahún	**Sant**	Santiago
Jdt	Judit	**Hab**	Habacuc	**1 Pe**	1 Pedro
Est	Ester	**Sof**	Sofonías	**2 Pe**	2 Pedro
1 Mac	1 Macabeos	**Ag**	Ageo	**1 Jn**	1 Juan
2 Mac	2 Macabeos	**Zac**	Zacarías	**2 Jn**	2 Juan
Job	Job	**Mal**	Malaquías	**3 Jn**	3 Juan
Sal	Salmos	**Mt**	Mateo	**Jds**	Judas
Prov	Proverbios	**Mc**	Marcos	**Ap**	Apocalipsis
Ecl	Eclesiastés	**Lc**	Lucas		

Siglas de documentos conciliares y de otras fuentes

CCE *Catechismus Catholicae Ecclesiae,* Catecismo de la Iglesia Católica

CIC *Codex Iuris Canonici*, Código de Derecho Canónico de la Iglesia católica

CIV *Caritas in Veritate* (2009), encíclica de Benedicto XVI

DH *Dignitatis Humanae,* declaración sobre la libertad religiosa del Concilio Vaticano II

DV *Dei Verbum,* constitución dogmática sobre la divina Revelación del Concilio Vaticano II

GS *Gaudium et Spes,* constitución pastoral sobre la Iglesia en el mundo actual del Concilio Vaticano II

LE *Laborem Exercens* (1981), encíclica de san Juan Pablo II

LG *Lumen Gentium,* constitución dogmática sobre la Iglesia del Concilio Vaticano II

PP *Populorum Progressio* (1967), encíclica de Pablo VI

VS *Veritatis Splendor* (1993), encíclica de san Juan Pablo II

Agradecimientos

Los editores quieren agradecer a las siguientes personas su colaboración en la elaboración de esta obra: Dr. Johannes zu Eltz (Frankfurt), Michaela zu Heereman (Meerbusch), Bernhard Meuser (München) y Dr. Christian Schmitt (Münster). Aportaron su consejo y su ayuda Dr. Arnd Küppers (Mönchengladbach), Prof. Dr. Dr. Michael Langer (Oberaudorf), Dr. Manfred Lütz (Bonn), Prof. Dr. Edgar Korherr (Graz), Otto Neubauer (Wien), Bernhard Rindt (Wien), Regens Martin Straub (Augsburg) y Dr. Hubert-Philipp Weber (Wien).

Agradecemos también su aportación a los siguientes jóvenes colaboradores: Agnes, Alexander, Amelie, Anne-Sophie, Angelika, Antonia, Assunta, Brit, Carl, Claudius, Clemens, Coco, Constantin, Damian, Daniela, Dario, Dominik, Donata, Esther, Felicitas, Felix, Felix, Gina, Giuliano, Huberta, Ida, Isabel, Ivo, Johanna, Johannes, Josef-Erwein, Karl, Katharina, Katrin, Kristina, Lioba, Lukas, Marie-Sophie, Marie, Marie, Mariella, Matern, Monika, Nico, Nicolo, Niki, Niko, Philippa, Pia, Rebekka, Regina, Robert, Rudolph, Sabine, Sophie, Stephanie, Tassilo, Theresa, Theresa, Theresa, Theresa, Teresa, Uta, Valerie, Victoria.

Descubre todos los libros de la serie YOUCAT

YOUCAT AMOR PARA SIEMPRE

SOLTEROS, NOVIOS, ESPOSOS

NOVEDAD

240 páginas | 125x205mm
14.00 € | ISBN: 978-84-1339-260-8

¿Es posible un amor que dure para siempre? En un mundo de relaciones frágiles y promesas que se rompen con facilidad, este libro responde al deseo profundo de amar sin miedo y para toda la vida.

Inspirado en la llamada a un verdadero catecumenado matrimonial, este libro es una guía imprescindible para quienes se preparan para el sacramento del matrimonio. No se trata de unas pocas charlas, sino de un camino serio, profundo y realista para aprender a amar, decidir con libertad y construir una alianza sólida ante Dios.

Basado en casi mil preguntas de jóvenes de más de treinta países, y elaborado por sacerdotes, matrimonios y teólogos, este libro acompaña a la pareja antes, durante y después de la preparación matrimonial, ayudándola a reflexionar, dialogar y crecer en el amor.

YOUCAT - TU LIBRO DE ORACIÓN

176 páginas | 125x205mm
9.99 € | ISBN: 978-84-9055-058-8

La tercera entrega de la serie YouCat nos ofrece un compendio de oraciones sacadas de la Sagrada Escritura y de grandes orantes de ayer y de hoy. El libro se divide en dos partes: la primera propone una guía para orar y la segunda comprende oraciones agrupadas por temas para hacer uso de ellas según nuestras necesidades.

DOCAT

¿Qué hacer? La Doctrina Social de la Iglesia

320 páginas | 125x205mm
13.00 € | ISBN: 978-84-9055-152-3

Este libro explica la Doctrina Social de la Iglesia Católica en 12 capítulos. Al final de cada capítulo hay una selección de los correspondientes documentos de la Iglesia. Es como un diccionario donde los jóvenes pueden buscar lo que la Iglesia Católica tiene que decir sobre las cuestiones de la vida cotidiana y la política, como el capitalismo, la guerra, la paz, la globalización, etc.

YOUCAT CONFESIÓN - UPDATE!

88 páginas | 100x150mm
6.50 € | ISBN: 978-84-9055-153-0

¿Por qué es difícil buscar la reconciliación con Dios y cómo hacerlo? Con la ayuda de jóvenes, se ha creado esta pequeña guía práctica que quita el miedo de la confesión y muestra cómo funciona. Incluye ejemplos de buenas oraciones para la confesión.

YOUCAT CURSO DE FE

Comprender el cristianismo

180 páginas | 125x205mm
14.00 € | ISBN: 978-84-1339-030-7

El CURSO DE FE YOUCAT, explica la esencia de la fe católica en 26 entretenidos capítulos e invita a reflexionar y dialogar sobre sus contenidos. Es un perfecto complemento al YOUCAT, pero también puede ser leído sin su «hermano mayor». El CURSO DE FE YOUCAT ofrece respuestas sencillas y a la vez profundas a las preguntas fundamentales sobre la fe católica. Es un instrumento ideal para aquellos jóvenes y adultos que quieran descubrir por qué la fe y la Iglesia pueden seguir siendo interesantes hoy en día y para todos los que deseen experimentar la alegría de la fe.

YOUCAT CONFIRMACIÓN

Libro de catequesis para la confirmación

114 páginas
125x205mm

9.99 €
ISBN: 978-84-9055-010-6

Este libro es tu entrenador personal y te acompaña hasta el gran día de tu Confirmación. En él encontrarás un buen programa de entrenamiento, muchos consejos para una vida emocionante con Dios, pero ante todo, encuentras referencias a dos libros importantes: la BIBLIA y el YOUCAT.

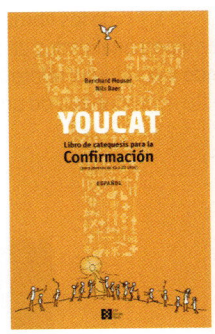

MANUAL DEL CATEQUISTA YOUCAT CONFIRMACIÓN

104 páginas | 210x296mm

12.00 € | ISBN: 978-84-9055-111-0

Disponibles en www.edicionesencuentro.com

YOUCAT BIBLIA

Biblia joven de la Iglesia Católica

432 páginas | 145x225 mm
13.00 € | ISBN: 978-84-1339-264-6

YouCat Biblia, la Biblia joven de la Iglesia católica, está formada por una cuidadosa selección de textos del Antiguo y del Nuevo Testamento con la que se recorren los momentos más importantes de la historia de la salvación.

YouCat Biblia ha sido concebida para hacer llegar el texto bíblico de forma comprensible y atractiva a los jóvenes de hoy. Para ello, ofrece en sus páginas una amplia cantidad de materiales que favorecen la lectura y comprensión del texto, tales como una introducción a cada uno de los libros bíblicos, centenares de notas aclaratorias, citas de santos, papas y personalidades de todo tipo, decenas de testimonios de jóvenes de todo el mundo y continuas referencias al YouCat, Catecismo joven de la Iglesia católica. Todo esto acompañado de un gran número de fotografías a todo color e ilustraciones.

YOUCAT CATEQUESIS EN DIÁLOGO

Un método innovador

104 páginas | 145x225 mm
9.99 €

ISBN: 978-84-1339-199-1

Catequesis en diálogo. Un método innovador es el **manual** para todo el que quiera saber cómo hacer la **catequesis** de una forma nueva dejando una huella profunda en la gente joven. Una introducción general a la catequesis moderna, pero también, y muy especialmente, un complemento ideal para todos aquellos que trabajan hoy con YOUCAT, el catecismo joven de la Iglesia católica.

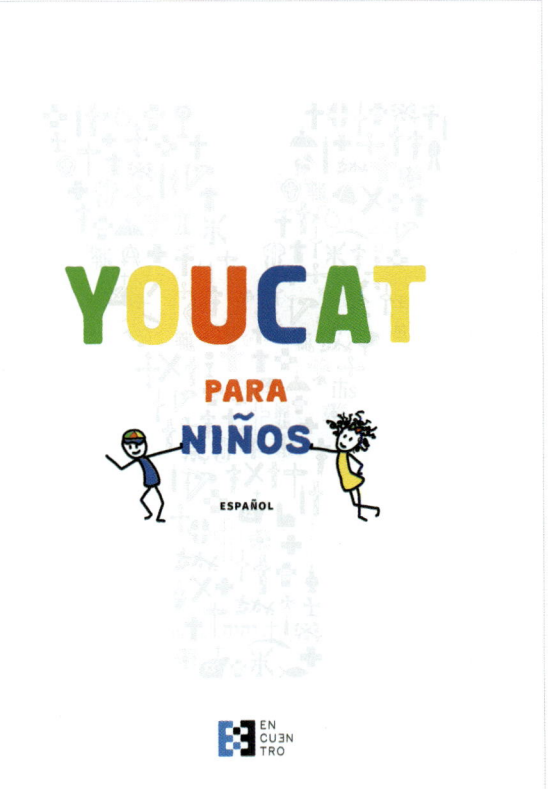

YOUCAT para niños

Catecismo católico para niños y padres

240 páginas | 174x225 mm

15.00 € | ISBN: 978-84-9055-936-9

El YOUCAT para niños, escrito en un lenguaje adaptado a chicos y chicas de entre 8 y 13 años, contiene el conjunto de la fe católica tal y como ha sido expuesta en el Catecismo de la Iglesia Católica, sin que se pretenda abarcar la totalidad de sus contenidos. La obra está diseñada en un formato ágil de preguntas y respuestas sencillas, etc.

© Ediciones Encuentro S.A., Madrid
Primera edición: septiembre 2024
Tercera edición: febrero 2026

Impresión y encuadernación
Cofás-Madrid
ISBN: 978-84-1339-200-4
Depósito legal: M-16211-2024
Printed in Spain

Para informarse sobre las obras publicadas o en programa y para propuestas de nuevas publicaciones, dirigirse a:
Redacción de Ediciones Encuentro
Conde de Aranda 20, bajo B - 28001 Madrid
Tel. +34 915322607 - encuentro@edicionesencuentro.com - www.edicionesencuentro.com

Mis notas